科技工作者科学传播译丛

主　编：王　挺　陈　玲
副主编：李红林

别做这样的科学家
走出科学传播的误区

〔美〕兰迪·奥尔森（Randy Olson）◎著
王大鹏　王　芳◎译
翟杰全◎审校

Don't Be Such A Scientist:
Talking Substance in an Age of Style

科学出版社
北京

图字：01-2019-0298 号

内 容 简 介

作为一位从大学教授跨界到好莱坞并开始拍摄电影的科学传播人员，兰迪·奥尔森深谙科研人员开展科学传播面临的一系列窘境和困惑，他力图通过自己的亲身经历来为科学家出谋划策，告诉他们该如何更好地开展科学传播。本书是想要从事科学传播但又不得法的科研人员，甚至包括在校生该如何让"科学更加人性化"的有益指南。

本书适合科技工作者、科学传播从业者，以及对科学传播感兴趣的广大读者研读。

Orginal title: *Don't Be Such a Scientist: Talking Substance in an Age of Style*
Copyright © 2018 Randy Olson
Published by arrangement with Island Press through Bardon-Chinese Media Agency
Translation copyright © 2019 by China Science Publishing and Media Ltd. (Science Press)

图书在版编目（CIP）数据

别做这样的科学家：走出科学传播的误区 /（美）兰迪·奥尔森（Randy Olson）著；王大鹏，王芳译. —北京：科学出版社，2022.1
（科技工作者科学传播译丛 / 王挺，陈玲主编）
书名原文：Don't Be Such A Scientist: Talking Substance in an Age of Style
ISBN 978-7-03-070841-0

Ⅰ.①别… Ⅱ.①兰… ②王… ③王… Ⅲ.①科学技术–传播学–研究 Ⅳ.①G206.2

中国版本图书馆 CIP 数据核字（2021）第 259855 号

责任编辑：张 莉 / 责任校对：韩 杨
责任印制：李 彤 / 封面设计：有道文化

科学出版社 出版
北京东黄城根北街 16 号
邮政编码：100717
http://www.sciencep.com

北京建宏印刷有限公司 印刷
科学出版社发行 各地新华书店经销
*
2022 年 1 月第 一 版 开本：720×1000 1/16
2022 年 8 月第二次印刷 印张：16 1/4
字数：230 000
定价：78.00 元
（如有印装质量问题，我社负责调换）

本书的第二版献给我的母亲——墨菲·穆斯（Muffy Moose），她总是对我说："你必须振作起来！"

丛 书 序

习近平总书记深刻指出,"科技创新、科学普及是实现创新发展的两翼,要把科学普及放在与科技创新同等重要的位置",殷切希望广大科技工作者"以提高全民科学素质为己任,把普及科学知识、弘扬科学精神、传播科学思想、倡导科学方法作为义不容辞的责任,在全社会推动形成讲科学、爱科学、学科学、用科学的良好氛围,使蕴藏在亿万人民中间的创新智慧充分释放、创新力量充分涌流"[①]。

科技工作者是科学研究与探索的实践者、亲历者,对本领域的科学知识有清晰的认识和理解,对科学方法、科学精神有直接的体验和感悟,对本领域的未来发展有理性的认知和展望,具有从事科学传播与普及的天然优势,是连通科技创新和科学普及、将科技创新成果转化为科普作品的核心群体。

科技工作者从事科学传播与普及,在科学发展的历史上由来已久。近代科学摆脱宗教和神学桎梏而诞生,很大程度上得益于自然哲学家不断向公众传播科学,赢得越来越多的公众对科学的兴趣和支持。近代科学确立后,科学家开展科学传播与普及的优良传统得到了传承和发扬。1799年英国皇家科学研究所成立时明确提出,"通过定期的讲座和实验,向公众传播知识和有用的机械发明及进展,并教会他们将科学应用于日常生活之中",并开创了科学家面向公众开展科学传播与普及的经典活动——"圣诞科学讲座",一直沿袭至今。化学家戴维、物理学家

---

① 习近平. 为建设世界科技强国而奋斗——在全国科技创新大会、两院院士大会、中国科协第九次全国代表大会上的讲话. 北京:人民出版社,2016.

迈克尔·法拉第、生物学家查尔斯·达尔文、博物学家托马斯·亨利·赫胥黎等科学巨匠都参与其中，热心向公众传播科学。伴随着现代科学的发展，卡尔·萨根、史蒂芬·霍金等科学家更因其在科学传播与普及方面的伟大成就广为世人所知，我国也涌现了一批热心科普的科学家。

当前，我们正迎来新一轮科技革命和产业变革，科学技术的迅猛发展从来没有像今天这样深刻地影响着人们的工作和生活，科学传播与普及也肩负着更神圣的使命——让公众理解科学，让科学普惠人类，以科学素质的整体提升构筑理性、和谐、美好的未来。放眼世界，科技工作者们正通过出版物、影视作品和新媒体等各种平台，以科学写作、演讲咨询等各种形式，与政府、媒体、科技教育界等合作互动，为科学发声，为公众解惑，为科学更好地造福人类而孜孜以求。

我国拥有世界最大体量的科技工作者，如果能调动、引导对科普感兴趣、有热情、有能力的一部分科技工作者投入科学普及，我国的科普人才队伍将得到极大的提升。

基于这样的初衷，中国科普研究所科普创作研究室团队围绕国外科技工作者开展科普（尤其是科学写作）领域的指南类书籍展开调研，并选取经典著作进行译介，期望能为我国科技工作者开展科学传播与普及提供一些实用、可操作的借鉴，也能为已经在从事科学传播与普及的科技工作者提升传播技能提供参考。

我们愿与广大科技工作者一起，积极探讨符合科技创新规律和时代发展需要的科学传播与普及方式方法技巧，弘扬科学精神，普及科学知识，为提升全民科学素质，厚植创新沃土共同努力，贡献力量。

王 挺

2020 年 1 月

译者序

科学已经渗透到我们生活的方方面面，即使有时候是以"润物细无声"的方式。同时，科学传播也不是可有可无的，它已然成为科研人员面向公众的一项必备技能。

诚如卡尔·萨根（Carl Sagan）在1989年发表的一篇文章——《我们为什么需要理解科学》（Why We Need to Understand Science）中所言，"我们生活在一个完全依赖科学和技术的社会中，然而几乎没有人能完全了解这些科学和技术"。[①] 这实际上是在呼吁科研人员要积极从事科学传播工作。科研人员往往被称作科学传播的"第一发球员"，他们作为科学知识、科学方法、科学思想和科学精神的发现者、生产者、创建者和弘扬者，在开展科学传播方面有着天然的优势。他们的科学传播活动，可以最大化地增加知识的力量。正如培根说，知识就是力量，这种力量不仅取决于其本身价值的大小，更取决于它是否被传播以及被传播的深度和广度。

我们不能否认的是，并不是所有的科研人员都善于或者愿意从事科学传播工作，也不能要求所有的科研人员都去开展科学传播工作，因为这既不可能，也不现实。同时我们也需要看到的是，科研人员在开展科学传播时有所谓的"四不"窘态，即不愿做科普、不屑做科普、不擅长做科普、不敢做科普，这些都给他们开展科学传播工作带来了一定的限制或者说张力。即便是那些想要从事科学传播的科研人员也可能面临一些困境，比如科学传播已经远远不再是单纯依靠直觉就能够做好的一项

---

① Sagan C. Why We Need to Understand Science. Mercury, 1993, 22(2): 52.

工作了，它需要理论与方法的指导。但从另一方面来说，正如诺丁汉大学（University of Nottingham）的科学传播专家布里吉特·奈里奇（Brigitte Nerlich）在一篇博文中写到的那样："在告诉科研人员该如何去传播，传播什么，以及为何传播上，学术圈开始繁荣起来。对这些领域的研究开始激增，然而不幸的是，这些研究的结果仍然在很大程度上存在于科研人员不会去看的学术期刊中，而且其语言也是科研人员可能难以真正理解的。因而在那些仍然从事传播的人与那些想告诉他们如何传播的人之间存在着某种隔阂。"[①] 因而，就需要有一些能够衔接起理论与实践的科学传播从业者，他们可以充当桥梁和纽带，把理论研究和实践经验进行有效的"嫁接"和"匹配"，从而让科学传播真正地"科学"起来。

兰迪·奥尔森（Randy Olson）应该就是这样的人选之一，他的职业生涯历经学术研究与影视制作两个领域，而且都颇有建树。也正是这样的职业体验，让他有感于科学界在做好科学传播方面尚存在一些需要逾越的障碍和有待迎接的挑战。他现身说法，力求为科研人员开辟一条让"科学更加人性化"的传播之路。

纵览全书，我们可以发现他做到了，他用一个个鲜活的案例和撞得"头破血流"的经历为想要从事科学传播但往往不得法的科研人员找到了一条"捷径"。称其为"捷径"，是因为这些经验和教训都是他亲身体验后总结提炼而来的。但是，无论是他还是作为译者兼科学传播研究人员的我们，都不希望即将进入科学传播实践领域的各位把它真的当成某种"捷径"，毕竟科学传播是实践性很强的工作，"纸上得来终觉浅，绝知此事要躬行"。或者我们可以诙谐地把本书称作是科学传播的"避坑指南"，比如从事科学传播的人不能太过理智（当然不是说要丧失理智），不能没有想象力，不能做一个拙劣的故事讲述者，不能不讨人喜欢，不能不善于倾听，等等。作者提出了这么多的"不能"，究其根

[①] Nerlich B. https://blogs.nottingham.ac.uk/makingsciencepublic/2018/03/04/science-communication-what-was-it-what-is-it-and-what-should-it-be/［2020-10-01］.

本，不外乎是要让"科学更加人性化"。因为在信息爆炸和信息泛滥的当下，人们不仅关注事物的客观方面，有时候甚至对主观方面的关注会超过客观方面，因而形式往往就是内容。

因此，本书既可以作为那些新近踏入或者打算踏入科学传播领域的科研人员的有益参考，也可以作为那些熟谙科学传播之道的专家的进阶指南。

当然，我们需要承认的是，这是一本"难产"的译作。译本的初稿完成于2018年与2019年之交，而后在编辑的多次敦促与指导之下，我们几易其稿，进行了大幅度的修改和完善，目的无外乎要给读者呈现一个更加原汁原味，但也更加符合中国语境的版本，进而能以微力助力我国的科学传播工作发展。翻译的过程也是学习和自我提升的过程，比如在阅读原书和翻译的过程中，我们发现了很多值得参考和借鉴的原则与方法，比如"'ABT'结构""雪莉法则""唤起和满足"，等等。

在几易其稿的过程中，众多同行和师友给予了我们很多的支持与帮助，赵维杰、金庄维、金烨、吴倩、沈丹丽等都在一定程度上参与了本书初稿的翻译工作，在此一并表示感谢。

"科技创新、科学普及是实现创新发展的两翼，要把科学普及放在与科技创新同等重要的位置。没有全民科学素质普遍提高，就难以建立起宏大的高素质创新大军，难以实现科技成果快速转化。"[①] 这是习近平总书记在2016年的"科技三会"上做出的重要指示，也是新发展阶段科普和科学素质建设高质量发展的根本遵循。科学传播关乎未来，意欲做好科学传播，科研人员不能缺位。郭金虎在《生命的时钟》一书中说，"科学缺席之处，就是伪科学泛滥的地方"[②]，约翰·C.伯纳姆（John C.Burnham）在《科学是怎样败给迷信的：美国的科学与卫生普及》(*How Superstition Won and Science Lost：Popularizing Science and Health*

---

① 习近平. 为建设世界科技强国而奋斗——在全国科技创新大会、两院院士大会、中国科协第九次全国代表大会上的讲话. 北京：人民出版社，2016.
② 郭金虎. 生命的时钟. 上海：上海科技教育出版社，2020：288.

in the United States）一书中也表达过"科学战败的原因是科学家离开了科学普及阵地"[①]。

2021年6月3日，国务院印发了《全民科学素质行动规划纲要（2021—2035年）》，科学谋划了我国新发展阶段的科普事业和科学素质建设路线图，也设定了2025年的目标和2035年远景目标。同时文件指出了"十四五"时期计划实施的5项重点工程，其中之一就是"科技资源科普化工程"，这就要求我们要努力提升科技工作者的科普能力。希望本书能为从事科学传播的科研人员提供一定的参考借鉴，让"科学更加人性化"。如果能达到这样的目标，那么我们引进、翻译和出版本书的目的也就达到了。

王大鹏
2021年9月7日

[①] 约翰•C.伯纳姆. 科学是怎样败给迷信的：美国的科学与卫生普及. 钮卫星译. 上海：上海科技教育出版社，2006：343.

前　言

"你想的太多了！你这个自以为是的人，限你5分钟内离开我的课堂，不然我就要叫警察了，让他们以非法侵入住宅罪拘捕你。我不是在开玩笑，你这个混球！"

这是本书第一版前言的开头。

9年前，本书的第一版出版。23年前，那个疯狂的表演课老师怒吼着对我说出了上面那些话，不过多年来我仍然亲切地称她为老师。我用了很长时间去思考她为什么要说那样的话。有一件事是肯定的，直到今天，那依然是我整个职业生涯中最重要的时刻。

当时我38岁，立志成为一名电影制片人，我刚刚辞去了新罕布什尔大学（University of New Hampshire）海洋生物学的终身教职。动身前往好莱坞后，我在当地一位资深人士的建议下选择了上她的表演课，上课时间安排在晚上。但是对于接下来即将发生的事情，我完全没有心理准备。如今我60多岁了，回想起来，我的人生可以划分为两个阶段——"遇到疯狂的表演课老师之前"和"遇到疯狂的表演课老师之后"。就是这么简单。

她对我所做的事情一直让我耿耿于怀。她点名批评我，这件事恰恰发生在我为期两年的表演课学习的第一个晚上。她警告我们说，不许在她的课堂上提问，只能听她讲。但我是一个学者，我所接受过的训练就是让我们质疑一切啊！当我最终抑制不住自己的时候，她允许我提问一个问题。但是，随后她便失控了，于是就有了开头所描述的那段针对"我的风格"的言辞激烈的攻击性言论，最终的结局是我们双方面红耳赤，不欢而散。

我之前从未遇到这样的事情。我惊恐地离开了教室。虽然最终我们解决了问题，而且我最终完成了她的全部课程，但是我花了二十多年的时间才最终理解了她当时为何要把我从课堂上轰出去。现在我仍在从中吸取教训。

虽然我会因为那个让我倍感羞辱的夜晚而一直憎恨这位表演课老师，不过我也会一直敬爱她，因为她让我学会从一个完全不同的视角来认识世界。生命本来就是一段不断学习的旅程。现在，于我而言，这段旅程带我来到了一个中心议题，那就是我对叙事有了更深入的理解：叙事不仅是传播的核心，而且是人类灵魂本身的精髓。

你可能会嘲笑上面的那句话，但是不妨读一下 2007 年克里斯托弗·沃格勒（Christopher Vogler）在他的《作家之旅：源自神话的写作要义》（*The Writer's Journey: Mythic Structure for Writers*）第二版中所写的序言，这部里程碑式的作品于 1992 年首次出版，被认为可能是好莱坞电影编剧家讲述故事最重要的参考文本。它详细阐述了"英雄之旅"[①]，如神话学大师约瑟夫·坎贝尔所说，这是全世界讲述故事的核心模板。

沃格勒说道："起先，我想寻找讲述故事的设计法则，但在寻找的过程中我发现了另一样东西——一整套的生活法则。我开始相信，'英雄之旅'就是一本生活指南，这套完整的教程能够教你如何驾驭人生。"

沃格勒讨论的是叙事，以及如何驾驭人生，这也是我如今最想要讨论的事情。于是有了这篇于 2017 年夏季新写就的前言。

一、书页的折角

对一个作者来说，最温暖人心的事情莫过于读者拿着你出版的第一

[①] 参见：1948 年，约瑟夫·坎贝尔（Joseph Campbell）讨论神话中英雄的性质的作品——《千面英雄》（*The Hero with A Thousand Faces*）。——译者注

本书在签售会上排队等你签名，读者手中的书页还有折角。自2009年本书第一版出版以来，我经历过很多这样的场景。印象最深的一次是在华盛顿特区的国家公园管理局（National Park Service）会议期间。

当时，我正端坐在桌前签售一本新书，一位三十多岁的女性在丈夫的陪伴下来到我的面前，手里拿着一本破旧的《别做这样的科学家》让我签名。她看上去有些紧张，带着几分尴尬的羞涩和闪躲的目光。她告诉我说，这本书改变了她的人生。

她说几年前自己还在攻读保育生物学博士学位。虽然她非常喜欢自己研究的动物——蝙蝠，但并不打算从事科学研究这一职业。就在这个时候，一位朋友送给她一本《别做这样的科学家》。

这本书让她认识到自己有多么喜欢从事科学，同时也让她意识到，她更喜欢的是向别人讲述科学，而非从事科研。几乎一口气读完整本书之后，她做出了一个重大的人生决定：放弃自己正在攻读的保育生物学博士学位，转而攻读传播学硕士学位。她现在是一个蝙蝠保育组织的科学传播负责人，非常享受现在的生活。我能从她紧张的声音中感受到她的感激之情。在讲述了书中她最喜欢的几部分之后，最后她对我说："谢谢您向人们展示了科学人性的一面。"

这句话在我脑海中挥之不去。如果必须用一句话来概括我的传播工作所要努力传达的信息——包括写了本书以及其他几本书，过去30年中制作的影片，以及我的教学工作——那应该是，我们需要展示科学这个美妙的事物从根本上来说就是关于人类的。这是一项无止境的艰难挑战。

在科学世界的核心，有一种力量在把它推向非人性的方向，我们多年以来都可以感受到这种力量。从机器人的制造到通过战争技术摧毁人性，任其发展的科学逐渐偏离了正确的方向。发生这一切并非由于从事科学的人具有邪恶的意图，而仅仅是因为缺乏自我意识。科学为人类造福良多，但也需要有一种不断阻止它向非人性的方向发展的声音（鉴于人工智能的快速出现，我们比以往任何时候都更加需要这种声音）。

在写本书的时候，我拟定的议题就是要找到在传播科学的过程中所看到的主要问题，包括科学界内的传播以及面向公众的传播。而完成书稿之后，我看到了一个基本主题，它是我不得不说的全部内容的基础，也将是我一贯想表达的核心信息。我当时并且至今仍然想表达的这个首要信息是，我们必须坚持不懈地努力让"科学更加人性化"。

二、持久且强烈的嘲讽

本书第一版在2009年面世后便受到了大量的指责。实际上，在它出版之前，书名和封面就已经引起了一些科学博主的不快（他们中的很多人正是我在书中抱怨的那些人）。他们看着书名说："我们不需要这样一本看似负面的关于科学的书。"

我非常熟悉这些对我以往作品的控诉，比如我的专题纪录片电影《渡渡鸟群：进化论–智慧设计马戏团》（*Flock of Dodos: The Evolution-Intelligent Design Circus*）（以下简称《渡渡鸟群》）。出于类似的原因，史密森学会（Smithsonian Institution）的一些科学家想方设法地阻止原定放映的影片，我读研究生时就认识他们中的很多人，他们认为"这部影片对科学家的形象没有一丝赞美"。对此，我的回应一直都是：我认为我们接受的训练是让我们成为呈现事实的科学家，而非阿谀奉承的科学家。

关于本书，还有一件趣事。2010年夏季的某一天，位于亚特兰大的美国疾病控制与预防中心（Centers for Disease Control and Prevention）款待了我，那是我职业生涯中最具挑战也非常有收获的一次经历。但是当天下午，一个组织者把我拉到一边悄悄地告诉我说，一周前，一些科学家试图阻止我的这次来访。一直以来，本书给他们留下的印象是其中充满了反科学的长篇大论。实际上他们中没有一个人真正读过本书；他们忽略了书名中有"这样"（such）这个词语，而只是认为本书要传递的信息是"不要做科学家！"

他们的解读背离了我写作的初衷,不过我对此已经习以为常。事实上,本书确实用了一些篇幅来批评有些科学家如何在传播上误入歧途。但这并不完全是批评。相反,本书的基调是非常积极的,最后一章的标题就是"要为科学发声"。

我没有奉承科学家,为此我付出的代价包括遭到排挤、不计其数的暗讽(其中我最喜欢的一条评论是亚马逊上的一位一星评论者写的,他说他对这本书的憎恨程度就如同"烈日千阳般的愤怒"一般),以及来自科学机构的冷落,还有得不到尊敬。然而讽刺的是,一个朋友告诉我,无论何时,如果你在亚马逊上搜索关键词"科学传播",非常有可能会看到我在2015年出版的书出现在排名第一的位置上。这意味着有很多人至少对我的赋予科学人性的主张感兴趣。

对此我已经司空见惯了。即使那些自以为是的人无法忍受我简单和直白的方式,我知道至少有些人,就像在图书签售现场排队的那位女士,已经听到了我要传达的信息,那就是让"科学更加人性化"。

三、该回去工作了

我多希望可以去庆祝一下,但事实上我还有很多工作要做。

在这一版《别做这样的科学家》中,你会了解到我如今感受到的科学传播的核心问题。2009年,我认为核心问题是如何讲故事。本书最长的一个章节(第三章)就足以证明,它的标题是"别做差劲的故事讲述者"。

本书有关讲故事的一章仍然可以为科学家提供一些重要的经验和教训,我更加深入地探讨了这个难题。我比过去更加明智,现在想进一步完善它。对科学进行传播的核心问题不是关于讲故事的,而是关于叙事的。二者并不相同,有着以下区别。

讲故事由三部分组成:作为故事开端的非叙事性阶段(约瑟夫·坎贝尔称之为"平凡的世界");叙事性阶段(约瑟夫·坎贝尔称之为"特

别的世界"),这时通常会探究一个问题的解决方案;然后回到非叙事性阶段,一切恢复常态。

叙事性阶段开始于发现问题之际(比如在一宗神秘谋杀案中,发现了一具尸体),而在问题解决后结束(揭示了"是谁干的")。位于叙事性部分前后的是非叙事性部分:开头部分的设定以及结局部分的综合(在打败坏人之后,英雄会发表长篇大论,解释这个故事的寓意)。

虽然听起来非常简单,但叙事是极其复杂且永远不能被完全掌握的事情。即便极其复杂,它仍然有一个简单的内核,可以用"ABT"来概括。这三个字母代表的是我在过去 6 年里总结出来的"并且(and)、但是(but)、因此(therefore)"结构。这个结构是我从好莱坞人士那里改编而来的,不过归根结底,是从 17 世纪的哲学家格奥尔格·威廉·弗里德里希·黑格尔(Georg Wilhelm Friedrich Hegel)以及古希腊人那里改编而来的。"ABT"结构是"英雄之旅"的中心,就是沃格勒所描述的生活法则的中心。英雄生活在和平的世界里并且(and)感到心满意足,但是(but)出现了一个问题,因此(therefore)英雄踏上了斩荆披棘的旅程。是的,核心就是这么简单。

在创造出"ABT"结构之前我就已经完成了本书第三章的写作,实际上它就是关于叙事性的"ABT"结构与非叙事性的"AAA"(and,and,and)结构的。只是我当时还没有找到一个专业术语来概括它,现在有了。

第二版中新增的内容分为三个部分。一是增加了一个新的前言;二是增加了一章"别做差劲的倾听者";三是在第一版原有的五章的每一章后面都增加了简短的介绍,均以"ABT"结构中的"T"(因此……)为标题。

那么,我们现在就开始吧!

四、我们还有很多工作要做

自本书第一版出版以来，对科学的攻击正在日益猖獗。现在普遍的共识是，整个科学事业都在遭受攻击。

是时候再版本书了。原因在于改善科学传播的使命尚未完成，我们仍处于这个（英雄）旅程之中。更具体地说，我们正处于故事专家通常所说的"至暗时刻"。像马修·温克勒（Matthew Winkler）在 TED 教育频道上那个精彩的演讲"是什么造就了英雄？"中说的那样[已在"故事圈叙事培训（Story Circles Narrative Training）计划"中展示过上千次]，这是英雄"面临死亡，甚至可能是无法逃脱"的关键时刻。

我们所说的"英雄"指的是尊重科学且关心科学所处环境的所有人。我们肩负一项使命，我们面临一个问题，我们正处于一段叙事的中间（如之前所述，就是发生在寻求问题的解决方案过程中的一系列事件）。

我们的问题是，未来某一天要建设一个克里斯·穆尼（Chris Mooney）和雪莉·柯申鲍姆（Sheril Kirshenbaum）在 2009 年的著作《科学离我们有多远？》（*Unscientific America*）① 中梦寐以求的"具有科学素养的世界"。我们终将会取得胜利，但是现在我们还有很多事情要做，不容盲目乐观。

2017 年，10 万人聚集在华盛顿特区以及其他一些地方为科学而游行。于我而言，这是我看到过的为了未来而发起的最光明且最有希望的事件。这也隐约指出了科学需要前进的方向——与本书所传达的"别做这样的科学家"的信息完美融合的方向。到底发生了什么，让我们来看一些细节。

五、为科学而游行让这个问题明朗起来

这是一场自发组织的游行，但自发性并不是科学领域常见的特质

---

① 该书中文版由湖南科学技术出版社出版，高天羽译。——译者注

（图I-1）。我在本书第一章中会详细地讨论这一点——科学家有多么缺乏自发性，而即兴表演将如何促进自发性。如果说极端理性是一个问题的话，那么自发性就是解药。

为科学而游行
（这个想法始于直觉，游行时还没有非常清晰的相关信息）

图I-1　2017年为科学而游行自发地始于直觉（in the gut）。虽然在叙事上它简直是一团糟，但是它却因具有人情味而让我有所感触（图片来源：网络）

如果能让科学家掌控即将发生的每一件事情，他们会做得非常棒。做实验的过程就是一个很好的例子。做实验时，通常会有被"控制"的事物。"控制"这个词会让你略微感觉到科学家对待自发性的态度吗？一旦出其不意地发生了某些计划之外的事情，可就要格外留神了。

为科学而游行这个美妙又鼓舞人心的故事就是这样的。在刚刚开始的时候，参与者没有一位是科学领域的高层人物。

用军事行动来打比方，这就好像是基层士兵们谋划了一场大型集会，他们把集会计划拿到高级将领面前，用枪指着他的头问："你会支持的，对吧？"为科学而游行实际上也是这种情况，当计划呈现在重要科学组织面前时，其实一切都已经计划完备。他们中的很多人觉得时间过于仓促，感到压力过大，于是拒绝给予官方支持。

开展游行的想法萌芽于 2017 年 1 月红迪网（Reddit）上的一场讨论，那时距离游行举行不过才 3 个月时间。当时，一些人正无心地讨论着一个月之前发生的妇女游行，那场游行有超过 400 万的参与者。有些人提到科学界也可以发起同样的活动，一小群人表示了赞同。他们只是普通民众，并没有任何组织的首脑。在脸书（Facebook）上创建了一个群组后，他们出乎意料地发现入群的人数开始激增。

瓦洛丽·阿奎诺（Valorie Aquino）是发起这场游行的三个联合负责人之一，我跟她进行了交流。她说他们举行过一次电话会议，Facebook 群体中当时已有 1000 名成员。会议结束时，他们有了一个如何在一个月内让其群成员增加到 3000 人的清晰计划。

第二天清晨一觉醒来，他们得到了一个令人震惊的消息，群成员人数一夜之间达到了 1 万人。一周之内，这个数字超过了 10 万。在我与她交流时，人数已经接近 100 万了。显然，他们的想法引发了大家的共鸣。但是这些活力来自何处呢？

我的朋友阿伦·休尔塔斯（Aaron Huertas）加入了这个项目的传播团队。起初，我们都认为这场游行要有一条清晰的信息，也就是需要有"一段叙事"——一种清晰的解决问题的驱动力。现在我明白我可能错了。

《大西洋月刊》（*Atlantic*）的埃德·扬（Ed Yong）指出游行的组织者提到的 21 条信息让大家觉得有些混乱。也有一系列文章批评游行本身，很多文章控诉说为这次游行所付出的全部努力都在让科学变得政治化。

结果，组织者们的确不太确定这个事件是否应该成为一个（像一场科学节一样的）欢快又好玩的家庭科学日活动，还是应该成为几个月前妇女游行的成人科学界翻版。

六、把杂乱的碎片整合成信息

最终，这次游行所传递的信息变得一塌糊涂，但那又如何呢？实际上有时候并不需要信息。我想起了2011年9月曾对这个观点有过争论，当时出现了占领华尔街行动。在引起大众注意力的第一周，示威者的陈述并不十分清晰。很多新闻评论人士也批判这场运动，包括我长期仰慕的英雄人物、隶属于微软全国广播公司（MSNBC）《硬球》（Hardball）的主持人克里斯·马修斯（Chris Matthews），他们认为，"示威者并不知道自己想要什么"。

但是，群众性运动通常源于普通群众，他们只是受到了直觉的驱使，清晰的想法才逐渐在脑海中形成。正如我们5年后看到参议员伯尼·桑德斯（Bernie Sanders）在竞选总统时开始明确地陈述一项行动计划，行动目标其实基本上与那些占领华尔街的无组织的年轻人的目标没有区别。

因此，2017年春天的那个周六，尽管华盛顿下着雨，但依然有成千上万欢欣喜悦且激情四射的人涌上街头，活动异常成功。人们举着各种富有创意又鼓舞人心的标语，游行开始之前还发表了一系列演说。那些演说并没有像华盛顿历史上重要的抗议活动中的演说一样具有标志性意义，演讲人似乎根本不知道要说什么，因为这次游行并没有清晰的信息。但那又如何？

游行结束后，国会山建筑的前面并没有留下什么。只有一个妇女拿着扩音器，告诉站在雨中的每个人要去访问活动的网站，并且要继续为此努力。那已经无关紧要了，因为这场活动的关键在于这个长达一个半小时的游行本身，以及它所呈现出来的纯粹的人性——科学家也要表现出人性化的一面。

有大约10万人参加了游行。如果想吸引朋友们的注意，你大可以说不知这场活动的意义何在，把它批得体无完肤。或者你只需要享受整个过程甚至投入一些感情即可。我倾向于后者。

就在游行快要开始的时候，我从罗纳德·里根大厦（Ronald Reagan Building）里走出来，暂时离开那里正在举办的一个环保活动，我遇到了海洋生物学老同行——缅因大学（The University of Maine）的鲍勃·斯特耐克（Bob Steneck）。我们一起走向人群，并在游行起点——华盛顿纪念碑附近加入队伍当中。几分钟后，我们又偶遇了另外一位老朋友——著名鱼类生物学家丹尼尔·保利（Daniel Pauly）教授，是他创造出了"移动基线"（shifting baselines）这个流行术语，我会在第一章中进行讨论。在走到宪法大道半路时，鲍勃和我离开了游行队伍，沿着楼梯走上了国税局大楼，俯瞰着如潮水般行进的人群。那场面真是让人叹为观止。

游行者的年龄跨度最让我为之感动，很多家庭扶老携幼。一些我们攀谈过的人实际上跟科学界没有任何关联，他们参与进来仅仅是因为受到精神上的感染。

一些人携带着精彩的标语，比如两个孩子举着一块牌子，上面写着"这个家庭出了5位科学家！"还有一个人推着一个轮椅，一名年轻女性手托标牌坐在轮椅上，标牌上写的是"感谢对多发性硬化症的科学研究"。看到这些，我情不自禁地低下头，强忍着泪水。真正打动人的是这个活动呈现出的强大而崇高的人性光辉。

但是大家肯定会有疑问，是什么让如此众多的人冒着大雨，激情澎湃地参与这次科学游行？以下是我的解析。

七、"美国国家科学院主席"约翰·奥利佛

气候科学界一直在努力突破令人乏味的专业形象。劳瑞·戴维（Laurie David）曾率先尝试在2006年拍摄了电影《难以忽视的真相》（An Inconvenient Truth），而不计其数的追随者也未能突破她那单调乏味的风格。现状仍然需要改变，假如喜剧演员约翰·奥立佛（John Oliver）可以成为美国国家科学院院长的话，情况可能有所改观。

问题在于，有效的传播对科学来说是必不可少的。以我自己为例，我想成为一名科学家的动力来自学生时期遇到的一些海洋生物学家前辈，他们都十分擅长讲故事。他们能够吸引我，不是因为他们拥有关于

有效传播的理论知识，而是他们有着让我着迷的讲故事的能力。

这些人包括已故的鲍勃·佩因（Bob Paine）（我将本书的第一版献给他）；我在"移动基线海洋媒体项目"（Shifting Baselines Ocean Media Project）的搭档杰里米·杰克逊（Jeremy Jackson）（我在本书中经常会引用他的话）；我大学时的好友戴安娜·帕迪拉（Dianna Padilla）（她为本书写了推介）；教会我在南极冰层下如何潜水活下来的保罗·戴顿（Paul Dayton）；以及我刚刚提到过的鲍勃·斯特耐克。我见过的科学同行还有不少都擅长讲故事，上面提到的只是其中几位。

但是，气候科学界的那些人不只是让人感到无聊，他们已经把无聊的标准降到了非常低的水平，以至于"传播"这个词都要被他们重新定义了。十多年来，我一直在指责他们的这种做法。今年春天，在美国家庭影院频道（HBO）《上周今夜秀》（Last Week Tonight）节目中，主持人约翰·奥立佛只用了短短几句话就让这个问题成为焦点。

当时唐纳德·特朗普（Donald Trump）总统刚刚宣布美国退出《巴黎协定》。奥立佛说道：

> 这个礼拜也许是标志性的一周，促使大家团结起来组织气候主题的运动。因为显然对地球的热爱并不足够激励我们去做些什么（他举起地球的照片），但是，也许现在出于对这个家伙（他举起特朗普的照片）的憎恶，我们可以激励自己去做点事情。

他说的是热爱与憎恶。"热爱"是一个充满赞同的词语，而"憎恶"则是一个包含冲突的词语。

现在，让我们从叙事原理的角度来看看这个问题。叙事不同阶段的三个基本推动力是共识、冲突和结果。约翰·奥立佛说的是，在过去的十多年里，气候运动大多借助这三个动力里的"共识"来取得成功。气候科学界不停地呈现我们所有人都认同的事实，但是效果并不好。这种叙事手法是让人感到厌倦乏味的"AAA"（and，and，and）结构。

以《难以忽视的真相》为例。这部电影以阿尔·戈尔（Al Gore）"既然我们都认同全球气候变暖正在发生……"这句话作为结尾，他试图将气候变化怀疑论者一笔略过，在影片中只给了他们一分钟的时间，仅仅引述了纳奥米·奥雷斯克斯（Naomi Oreskes）对那些认同气候变化事实的科学家所做的研究。戈尔选择性地把那些摆在他面前的矛盾因素，也就是那些气候变化怀疑论者忽略掉。

这种方法收效甚微。把故事讲好，要借助共识、冲突和结果这三个推动力，并用更强的冲突进一步增强效果。

但愿气候运动能够好好利用这三个推动力。

所以，科学所面临的挑战非常明确，那就是接受反对意见，努力回击，并且推翻反科学的力量。那么，问题来了。

八、但是……"科学家并不理解媒体"——迈克尔·克莱顿，1999年

核心问题是，我们生活在一个媒体社会中，作为科技驱动型社会变化的催化剂，很多科学家并不理解媒体。不仅只有我持有这种令科学家不悦的观点，科幻作家迈克尔·克莱顿（Michael Crichton）也是这么说的。1999年，面向美国科学促进会（American Association for the Advancement of Science，AAAS）这个世界上最大的科学组织，他发表了意义深远、铿锵有力又有先见之明的主题演讲。

他应邀就"改善科学家的媒体形象"进行发言。但他真正讲的是，没有人在乎公众如何看待科学家，真正重要的是公众如何看待科学。现在回过头来看，为解答这个问题，他当时的提议可以说为如何应对反科学运动提供了蓝图，在之后的几年里得以逐渐形成并得到了巩固。

为什么我们应该倾听迈克尔·克莱顿当年的提议呢？你可能会不自觉地认为他所说的话都要打个折扣，因为他差不多在生命的最后阶段离经叛道，变成一个高调的气候变化怀疑论者。我对此事了解甚多，因为

在2007年拍摄影片《咝咝声：一部全球变暖的喜剧》(*Sizzle：A Global Warming Comedy*)（以下简称《咝咝声》）的时候，在3个月的时间里我与他进行了40多次的邮件交流。

他确实有些丧失了理智。在给我的第一封邮件中，他曾提醒我说："我有可能是世界上最愤世嫉俗的人。"不过那是2007年的事情。1999年他还没有发展到这种地步。实际上，他当年精彩的演说被人忽略可能是驱使他走向反对气候变化的一部分原因。

克莱顿的演讲值得一听，因为他可能比其他任何人都更加了解科学和媒体融合在一起的世界。他放弃了生物医学这个稳定的科学职业方向，为了追随自己的本心去了好莱坞。1994年，他的图书《叛逆性骚扰》(*Disclosure*)、电影《侏罗纪公园》(*Jurassic Park*)和电视剧《急诊室的故事》(*ER*)同时获得销售排行冠军，目前历史上只有两个人创下这样的纪录，另外一位是非学者身份的演员蒂姆·艾伦（Tim Allen）。

卡尔·萨根都没有取得这样骄人的成就。史蒂文·斯皮尔伯格（Steven Spielberg）也没有。克莱顿是懂媒体的人。

我再补充一句，学术和媒体两段职业生涯的对比让我联想到一句描述死亡和喜剧的名言："死亡容易、喜剧难写。"这里我想说的是，"科学容易，媒体难懂"。

抱歉，但这就是事实。科学家并不十分了解媒体，他们需要学习，因为我们生活在被媒体包围的社会里。

实际上，在今天看来，克莱顿的那场演讲中还有另外一句重要的话："信息社会将由那些最善于操控媒体的人所主导。"

理解媒体不再是一件不务正业、无关紧要的事情了。如今要了解我们是谁，理解媒体不可或缺。我们可以寄予希望的是：媒体即叙事。

九、因此，科学需要叙事

各位可以继续盲目地为科学，STEM［科学（science）、技术

（technology）、工程（engineering）、数学（mathematics）]，STEAM[科学（science）、技术（technology）、工程（engineering）、艺术（art）、数学（mathematics）]以及任何认为需要推进的基础教育解决方案而欢呼，不过我对此持保留意见。各位也可以请求公众给予更多的科研经费，并且信誓旦旦地说我们正落后于世界其他国家。不过我不能再忍受这样的信息了。

我们有充足的科学储备，但是人性却远远不够。

下面是我对科学界的忠告。我提出的首要请求是把焦点放在生命中那些更加人性的因素上，而且我会告诉你一个实现这个目标的工具。

这个工具被称为叙事。它基本上是所有事情的核心，显然它也是讲故事的核心。此外，它还是论证、逻辑、推理的核心，没错，它甚至还是科学方法的核心。

对很多人来说，从科学跨越到电影艺术的40年职业生涯让我看起来像是完全着迷于叙事了，在很大的程度上的确如此。我刚刚为美国科学促进会制作了一个视频，开头第一句话就是"叙事就是一切"。我对此深信不疑。

但实际要比这深刻得多，我也不会为自己这种半宗教式的痴迷找借口。让我再次回到克里斯托弗·沃格勒，加上我在前言中引述的他原话的下一段，看看他接下来说的是什么，看看他是如何在直观上把"英雄之旅"与科学的各个方面进行比较的：

> "英雄之旅"不是发明出来的，而是一种观察。它是对美妙构思的认可，是管理人生的准则，以及向人们讲述物理学和化学如何支配物质世界的一套规律。你可以微妙地感觉到"英雄之旅"是以某种方式存在的，比如一种永恒的事实、一种柏拉图式的理想形态，抑或是一种神圣的模式。在这种模式的基础上，可以产生无限的和充满变化的衍生品，它们分别拥有各自的本质精神。

所有那些顽固的科学家，包括那些当我于1994年放弃海洋生物学终身教职前往好莱坞并就读南加利福尼亚大学（University of Southern California）电影艺术学院时确信我遭遇到了中年危机的前同事们，现在请听我说。

如果你把沃格勒的两段话放在一起就会发现，他认为叙事的基本要素为我们提供了一份生活指南。难道你不认为每个理科生都应该熟练掌握这份生活指南吗？这样的要求过分吗？难道你不认为所有主要科学领域的每一本入门级教材的开头都应该有一个关于叙事的章节吗？

就在几周之前，我收到了《坎贝尔生物学》（*Campbell Biology*）的第九版。我翻阅了一下，发现书中都是一成不变的陈旧信息，相当枯燥，几乎没有一句话体现出科学一半是知识一半是传播。整本书简直让人感觉无望地仿佛陷入了渐新世的泥潭中。

让事情更糟糕的是，近期我同老朋友乔·勒文（Joe Levine）一起吃了一顿午饭，他和米勒（Miller）一起写了《生物学》（*Biology*）一书，该书是迄今最受欢迎的大学生物学教材之一。他向我解释了教材出版面临的苛刻环境，他说这是一种零和博弈，意思是如果要在书中加入某些有关传播的内容，就必须削减某些信息性的内容，例如海星如何繁殖。把信息从科学教育者手中夺走就如同从查尔顿·赫斯顿（Charlton Heston）冰冷麻木的手中夺走手枪一样。

假如我能按照自己的方式来做，那么，从生物学到物理学再到天体物理学的每一本入门级科学书籍，都应该在开头提及传播在当今世界的重要性。我也会提及并推广我的朋友杰瑞·格拉夫（Jerry Graff）和他的妻子凯茜·比肯施泰因（Cathy Birkenstein）的著作《他们说/我说》（*They Say/I Say*）。杰瑞曾在我的影片《渡渡鸟群》中出镜。自2006年首次出版以来，这本介绍论证模板的基础性图书已经销售了近200万册。每当我与理科生或文科生交流时，我都会问谁读过这本书，大约会有一半的学生举手，不过举手的大多是文科生。

为何科学家仍然如此无视人类世界中发生的事情呢？应该要求每个

人都去读读他们的书。实际上,他们的书名《他们说/我说》恰恰是叙事的前两种推动力:共识和冲突,也就是"ABT"结构中的"A"和"B"。这种"ABT"结构是通用的。是时候让每个人都来了解它了。

好吧,我觉得带来改变并让"科学更加人性化"(图I-2)是一个长期的过程,但总要从某个地方开始。

图I-2 如果有足够的动力去为科学游行制作一个标语的话,它会是这样的——让科学更加人性化[克里斯汀·布莱克(Kristin Black)作图,www.etsy.com/shop/ProtestNation]

十、因此,要让科学更加人性化

这就是迈克尔·克莱顿那句引语里间接讨论到的问题——科学家并不理解媒体。媒体就是叙事,叙事就是故事,故事就是生活指南。只有科学家充分地理解和掌握了叙事,并把叙事作为他们职业的核心原则,他们才能真正理解媒体,并让科学变得更加人性化。

但是问题在于，故事，或者更确切地说是叙事，我们在孩提时代并没有具体学习过。是的，小时候我们会没完没了地讲故事和听故事，但是成年后知道如何使用这项技能就没有那么简单了。

只需要看一下好莱坞的每家大型电影公司，各位就能知道我所言非虚。它们都有所谓的故事组（story department）。我希望世界上每一个科研机构都能尽快拥有自己的叙事部门（narrative department），我也确信不久的将来一定会实现。

这就需要至少有一个人接受过叙事核心原则的深度培训，他要知道如何分析叙事，以及如何处理叙事。这个人要负责确保发布的所有信息都具有很强的叙事结构，只有这样才能让传播不再无聊乏味和令人困惑，而是变成能让普通公众产生共鸣的充满趣味的信息。

这并不是说要在科学家严肃的作品中随意插入幽默、情感等方面的内容。如果认为这就是叙事的话，那么很不幸，你和很多科学传播理论家一样都被误导了。实际上，我们要去理解叙事是有关解决问题的基本原理的，要去理解我们的大脑是懒惰的，要去理解搭建良好的叙事结构绝对是一个无止境的、耗费精力的挑战，完成这项挑战仅仅通过一个人的努力是不够的。

如果科学界理解了叙事，就能够理解反科学的行为并予以反击，就有能力管理科学知识的社会应用，并且引导社会，而不是被扼住喉咙任人摆布。

这种情况在如今的国会中再明显不过了，简直是昭然若揭。在国会的535名成员中，名副其实的科学家从未超过两位，这种趋势仍在持续。这几乎说明了一切。

在某种程度上，这就是为什么要为科学而游行。这不仅仅是对公然敌视科学和学术界的总统当选人表达愤怒，也是对科学界缺乏领导力感到沮丧。我们需要通晓科学语言和叙事语言的科学领袖，这个要求并不过分。我们只需要从那些教科书开始，从一开始就传播这样一条信息：科学家需要具有人性。

注　释

[1] C. Vogler, *The Writer's Journey: Mythic Structure for Writers*, 3rd ed. (New York: Michael Wiese Productions, 2007).

[2] J. Campbell, *The Hero with a Thousand Faces* (New York: Pantheon Books, 1961).

[3] M. Winkler, "What Makes a Hero?" (TED-Ed video, 2013).

[4] C. Mooney and S. Kirshenbaum, *Unscientific America: How Scientific Illiteracy Threatens Our Future* (New York: Basic Books, 2009).

[5] E. Yong, "What Exactly Are People Marching for When They March for Science?," *Atlantic*, March 7, 2017.

[6] J. Oliver, *Last Week Tonight*, HBO, Season 4, Episode 14, 4 June 2017.

[7] M. Crichton, "Ritual Abuse, Hot Air, and Missed Opportunities," *Science* 283, no. 5407 (5 March 1999): 1461-1463.

[8] G. Graff and K. Birkenstein, "*They Say/I Say*": *The Moves That Matter in Academic Writing* (New York: W. W. Norton, 2015).

目录

丛书序 / i

译者序 / iii

前言 / vii

第一章 不要过于理智 / 001

 一、引发观众产生共鸣的四种器官理论 / 003

 二、过于草率："不超过1%"运动 / 007

 三、踢打撒在地上的花：不深思熟虑也有价值 / 008

 四、向无剧本娱乐的转变 / 010

 五、科学传播的基本原则 / 013

 六、客观与主观的分野 / 015

 七、如何找到自发性 / 016

 八、绝非玩笑：科学家的即兴喜剧 / 019

 九、更多地来自肠道：直觉 / 023

 十、渡渡鸟直觉 / 024

 十一、直觉 / 027

 十二、继续向前…… / 030

 十三、让即兴成为科学的主流 / 030

 十四、"底层"即兴表演团体：源源不断的馈赠 / 032

 十五、笨拙地传播科学，忽视直觉 / 033

第二章　不要太没有想象力 / **037**

一、两点之间最短的距离 / 038

二、科学家的理想世界 / 039

三、可逆转的潮流？ / 049

四、解决之道：记住这只章鱼 / 053

五、一种强有力的观念：唤起和满足 / 054

六、学术界与被提前激发的观众 / 057

七、为什么科学家需要艺术家？ / 058

八、异端的警示：电影并非有效的教育媒介 / 058

九、另一个异端的警示：教育科技常常被夸大了 / 059

十、最终的（好的）警示：电影是优秀的激励媒介 / 061

十一、广大观众注重风格多于内容 / 062

十二、电影是一种视觉媒介 / 062

十三、回到"唤起和满足"的老问题 / 064

十四、并置的魔力 / 065

十五、现在是时候讲个故事了…… / 066

十六、想象力匮乏的永恒之光 / 067

十七、被提前激发的冲浪/关注气候人群 / 067

十八、叙事的三种力量 / 069

十九、大人物如何进行叙事：美国家庭影院频道的《真实体育》 / 070

二十、复杂性：业余思维的祸患 / 071

第三章　别做差劲的故事讲述者 / **074**

一、你挺没意思的 / 076

二、科学家不擅长讲故事 / 076

三、打造《渡渡鸟群》的故事 / 081

四、但有一点，你必须暂停怀疑 / 085

五、原型情节、微情节和反情节 / 086

六、科学家是骗子吗？ / 088

七、科学写作依然是机器式的 / 091

八、"现实终结于此" / 092

九、准确或乏味：讲故事会犯的两种错误 / 095

十、案例分析：2006年两部关于全球变暖的电影 / 098

十一、你选择准确但不受欢迎，还是受欢迎但不准确 / 102

十二、科学家讲故事的又一障碍 / 102

十三、故事的核心是张力或冲突的源头 / 103

十四、简洁和电梯演说 / 104

十五、简洁和低俗化 / 106

十六、奈尔·德葛拉司·泰森和讲得很好的《泰坦尼克号》的故事 / 107

十七、"ABT"拯救世界 / 108

十八、移动总统的基线 / 110

十九、来自《南方公园》的最后忠告 / 111

第四章 不要如此不讨人喜欢 **114**

一、如同彻底的无梦之眠 / 115

二、高高在上 / 118

三、公开展示的不讨人喜欢：失礼的争辩 / 121

四、很不幸，科学是一种否定性的职业 / 122

五、一种称为"批判性思维"的关键事物 / 122

六、被科学家折磨 / 124

七、核心问题："不"不等同于"是" / 126

八、真正的信徒 / 127

九、博客圈的"爱恨情仇" / 128

十、积极正面性与自然选择 / 130

十一、采访的困境:"是"与"不是" / 131

十二、所以你在告诉我们去接受一下好莱坞式的大改造? / 132

十三、蓝色幻灯片先驱 / 132

十四、今天,形式就是本质 / 133

十五、讨人喜欢 / 135

十六、讨人喜欢的候选人 / 135

十七、"胖大伯布巴"与"铁氟龙总统" / 136

十八、讨人喜欢的律师 / 137

十九、瞬间判断 / 137

二十、杰克·布莱克的力量 / 138

二十一、是什么让人变得讨人喜欢呢? / 140

二十二、学术界的自大继续盛行 / 141

二十三、"我是如何获得博士学位的?" / 142

二十四、"另一种愚蠢" / 143

第五章 别做差劲的倾听者 / **146**

一、我终于听到(听懂)了那个疯狂的表演课老师的话 / 147

二、如何使人倾听:蜂蜜还是醋? / 148

三、表演教会人倾听 / 149

四、迈克尔·克莱顿:未来的科学世界 / 150

五、让人扫兴到死 / 152

六、迈克尔·曼博士:我找到了敌人,它是唯智主义 / 153

七、叙事指数 / 157

八、希拉里·克林顿:可悲的是,她像这样一个科学家 / 158

九、如果让你为希拉里起草讲稿,你会怎么做? / 161

十、希拉里·克林顿演讲节选 / 161

十一、"ABT"结构改写 / 161

十二、在没有招牌的饭店里享用晚餐 / 162

十三、雪莉法则 / 165

十四、最后,"ABT"结构中的"A"才是倾听的秘诀 / 167

十五、程式化大脑的自动重启 / 169

十六、你能用到的倾听建议:如何讲解海报 / 170

第六章 要为科学发声 / **172**

一、被美国国家科学院拒之门外的卡尔·萨根 / 176

二、科学同类相残的三分之一法则 / 177

三、不加批判的科学:如同没有鲨鱼的大海 / 178

四、否定的精致艺术 / 179

五、找到优秀的传播者! / 180

六、科学家的声音 / 182

七、从未有过的生活 / 182

八、让变革开始:达达主义和注意力 / 184

九、你的声音 / 187

十、本书是科学传播的宝典? / 190

十一、那么,本书的名字是什么意思? / 191

十二、成为"双语"人才 / 192

十三、真正为科学发声 / 193

十四、与权威斗争 / 196

十五、少有人走的路 / 198

十六、科学家为何不理解媒体? / 199

十七、大脑移植实验 / 201

十八、赋予科学人性 / 202

附录 为科学家制作电影 / **204**

一、在约束之内开展工作 / 204

二、这是一种视觉媒介 / 205

三、故事结构 / 205

四、故事的核心是张力或冲突的源头 / 205

五、好故事的力量在于细节 / 206

六、唤醒和满足 / 207

七、挑选演员 / 207

八、展示给我们看,不要讲给我们听 / 207

致谢 / 209

关键词中英文对照 / 211

第一章　不要过于理智

2000年,《首映》(Premiere)杂志刊登了一篇文章,讲述了电影《完美风暴》(The Perfect Storm)的制作过程。人称"迈奇·马克"(Marky Mark)的演员马克·沃尔伯格(Mark Wahlberg)谈到了在马萨诸塞州海岸边拍摄电影的场景,他说当时自己回头看到几条灰鲸从附近游过。尽管当时我已经辞去教师工作6年了,但是作为一个科学家所拥有的判断力从未丧失,所以他谈到的细节不禁让我感到疑惑。我给《首映》杂志的编辑写了一封信,解释说迈奇·马克看到的要么不是灰鲸(因为灰鲸早就在大西洋灭绝了),要么是从太平洋游来的其他"替身"。《首映》杂志刊登了我的这封信。几个月以后,在一场好莱坞派对上,我自豪地对在场的人说:"大伙儿,来听听这个。"随后大声地念起来我写给编辑的信。读完后,我得意地抬起头望向众人,可我得到的并不是一阵掌声,而是一脸"这是什么?"的疑惑。我来自电影艺术学院的好友贾森·恩斯勒(Jason Ensler)最终打破了尴尬,解围道:"你们懂的,兰迪这个人啊,他有一半时间和我们认识的好莱坞最酷的人一样,但另一半时间,呃,他就是个书呆子。"

所以,我要从那位疯狂的表演课老师以及她夜复一夜灌输到我们脑中的简单概念开始讲起。7年之后,当我回过头来与学术界合作时,有一个最重要的概念在我的脑海中浮现出来。这个概念非常简单,却无比强大,所以我把它作为第一章的内容。我要讲述的大部分内容也是从这个概念衍生而来的。

这个概念是这样的……

一、引发观众产生共鸣的四种器官理论

如果要引起所有观众的共鸣，有四种身体器官非常重要，那就是大脑、心脏、肠道（the gut，亦为"直觉"的意思）和性器官（图1-1）。目标是要从大脑开始让信息继续传达，能够触动心脏，让幽默到达肠道（直觉），更理想的是，凭性感的魅力触动性器官。

图1-1　大众传播涉及的四种器官（图片来源：网络）

为触及最广泛的观众，你需要让信息从大脑（1）出来向下移动，真诚地触动心脏（2），让幽默和直觉到达肠道（3），在理想情况下，运用性感的魅力触动性器官（4）

事情就是这么简单。其他人在跟我交谈时已经听过我的这番说法，他们会发表自己的看法，会谈论轮穴、"身心灵"，还有新新人类那套让人听得云里雾里的说辞。此外，在心理学领域也存在大量探讨这种理论的作品。卡尔·荣格（Carl Jung）谈到过人格类型，以及在第二次世界大战期间发展出的迈尔斯-布里格斯类型指标（Myers-Briggs Type

Indicator，MBTI）考察了人体内这条纵向的能量轴。但是，就我们的目标而言，我们要让它保持单纯，摆脱各种心理学呓语。如果你已经上过不少心理学课程，可能会发现这其实再简单不过了。如果你没有上过心理学课，我希望你可以像我一样发现这非常有用。

区别在于，是让你的大脑还是你的性器官成为你的驱动力。这是有区别的。

我们分别探讨一下这四种身体器官。

大脑是高智商人群的主场。（在理想状况下）大脑会产生大量的逻辑和分析。当你努力为某些事情理出头绪的时候，这一切就发生在你的大脑中。位于大脑中的事物往往更加理性，更加经过深思熟虑，因此很少会自相矛盾。学者生活在他们的头脑之中，哪怕这会让他们整日静坐桌前，眼盯墙壁，我过去就常常会这样。"三思而后行"是他们生活的信条。他们经常会自问："你确定彻底想清楚了吗？"这是他们人生方程式中一个神圣不可侵犯的标志。

心脏是充满激情之人的主场。被心绪主导的人非常容易情绪化，他们与自己的情感有更紧密的联系，多愁善感，情绪容易受到戏剧情节的影响，也容易为情所困。演员通常内心情感丰富，这有时候也会让他们因此而烦恼。在日舞频道（Sundance Channel）的热门节目《特立独行》（*Iconoclasts*）中，有一集是蕾妮·齐薇格（Renée Zellweger，心绪驱动型的演员）和克里斯汀·阿曼普（Christiane Amanpour，头脑驱动型的记者）参观位于纽约市的世界贸易中心纪念碑，节目中蕾妮情绪激动，因死去的人们而泪流满面，因人类的苦难命运而深感痛苦，深陷于情感之中无法自拔。克里斯汀则给出了理性评论，细述恐怖分子犯下如此可怕的罪行是件多么可悲的事，她的评论条分缕析，她也没有流下一滴眼泪（她在世界各地已报道过很多类似事件了）。这就是心绪驱动型和头脑驱动型的人之间的差别。

肠道是幽默和更深层次的直觉（对于事物的直觉）的主场。我们现在距离理性的大脑已经有一段距离了，因此看待事物的逻辑和理性也减少了。幽默往往来源于肠道（即直觉），从而会让人捧腹大笑，幽默往往也千变万化，也可能会让人摸不着头脑。没有比讲完笑话后还要试图去解释为什么好笑更尴尬的事情了。

受直觉驱使的人更容易冲动，也更具有自发性，最重要的是，他们更容易自相矛盾。理性型的人会"三思而行"，直觉型的人会"想干就干"！来自直觉的事情并没有经过理性的分析。因此，当人们对某些事情产生第一直觉时，他们通常无法解释为何会产生这种直觉，这种直觉从何而来，或者是如何发挥作用的。所以，如果你进一步追问的话，就会发现他们自相矛盾。最终你会说："等等，你刚才说 X 是原因，现在你又说 Y 是原因。"他们会一脸不屑地说："我知道啊！你认为我自己搞不清楚吗？"他们竟然还确信自己清楚到底是怎么回事儿。

在 2004 年的总统大选期间，我们从乔治·W. 布什（George W. Bush）和约翰·F. 克里（John F. Kerry）身上看到了很多直觉型和理性型之间的分歧。布什甚至很骄傲地说他的很多决策基本上都是靠直觉做出的。他告诉作家鲍勃·伍德沃德（Bob Woodward）说："我就是直觉派玩家，我依赖我的直觉。"果不其然，布什总统任期内行事的特征就是充满了各种自相矛盾。

性器官完全和逻辑沾不上边。看一下图 1-2 中肠道部分的箭头，想象一下让它们向下移动，并形成环状。这个区域距离逻辑十万八千里。然而这里的能量却是巨大的，这里的动力也是普遍存在的。

你觉得这种动力并不是普遍存在的？有些人没有性冲动？当然这无法去验证，但有一件事情值得我们去关注一下，那就是小说家和哲学家艾恩·兰德（Ayn Rand）的一生。在众多最受关注的认为可以抑制这种非理性力量的名人当中，她是其中一个。兰德在 20 世纪 50 年代写下了非常畅销的《阿特拉斯耸耸肩》（*Atlas Shrugged*）一书，并创立了她的客观主义思想流派和以抑制非理性为原则的生活方式。猜想一下她的生活最终变成了什么样子？

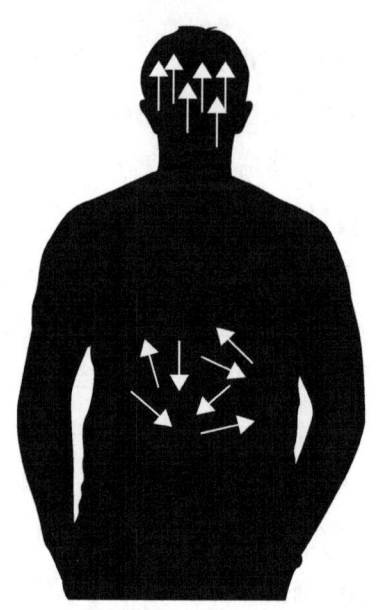

图1-2 直觉来自肠道,并且往往充满矛盾。当向上移动进入大脑(理智化),信息就变得渠道化了,从而更加稳定、更加符合逻辑

我曾读过的最伟大的著作之一就是芭芭拉·布兰登(Barbara Branden)所著的兰德传记——《艾恩·兰德的激情》(*The Passion of Ayn Rand*)。简而言之,芭芭拉和她的丈夫纳撒尼尔(Nathaniel)成为兰德的信徒,他们为她工作,相信并遵循她那客观主义式生活的每一句教导——不要让自己受到无意义、轻浮、非理性思想和感情的控制。兰德的客观主义思想流派在20世纪50年代广受拥戴,她的信徒甚至包括美国联邦储备委员会前主席艾伦·格林斯潘(Alan Greenspan)等。你猜接下来怎么样了……

兰德和纳撒尼尔秘密保持了几十年的情人关系,并最终感情破裂。在被纳撒尼尔抛弃后,她变得尖酸刻薄起来,大众才真正看到了她错乱的生活(由此也证明了这一切不只是布兰登的想象)。这完全是一种最高级的假仁假义:一边告诉全世界要抑制住不理性的一面,另一边又恶毒地咒骂那个蔑视她的男人。根据布兰登的讲述,兰德奄奄一息之际,仍然对此事心怀愤恨。

所以,不要试图认为性器官不是普遍存在的一种驱动力,它实际上可以影响从联邦快递（FedEx）快递员到麻省理工学院（MIT）校长的每一个人。如果你足够幸运能让你的传播进入那个区域，就几乎可能引起每个人的共鸣，甚至是最反智的全国运动汽车竞赛协会（NASCAR）"粉丝"。又有谁不喜欢布拉德·皮特（Brad Pitt）和安吉丽娜·朱莉（Angelina Jolie）呢？他们实在太性感了。

二、过于草率："不超过1%"运动

现在，如果我们认真地考虑这些器官的话，就能够看到广大受众之中是存在着某些根本性差异的。每个人都会利用较低部位的器官来获取自己的受众，但越向上移动，也即越来越趋近于理性，受众的范围就越窄。有一些人只对性和暴力感兴趣，没有那么多的幽默感，也没有那么多的激情，以及毫无理智。一旦你变得越来越理智，即移动到腹部及以上的部位，你就会失去这些受众。

不过，你仍然可以通过幽默吸引一大批人的注意——大部分人都喜欢幽默。继续向上移动时它就渐渐失效了，但你仍能通过心灵捕获一些演员和宗教信徒这样的人。如果继续向上走，借助理性的大脑传递信息，你的受众还剩下谁呢？也只有那些理性的学者了。当然这也可以，但问题是你现在只能向非常小的一部分受众进行传播，绝大部分普通大众被排除在外了。

这就是传播的基本原理。1994年离开学术圈后，我一直沉浸在好莱坞的环境中，2001年又开始与海洋保护领域的科学家和科学传播者一起工作，自那时起，我一直牢记着这一点。就像过去一样，那位表演课老师的话又开始在我耳边不停地回响起来。

我获悉有一个名为"不超过1%"（Less Than One）的大型项目。这个项目在有人揭露美国只有不到1%的沿海水域得到了资源保护法的保护之后而设立。有人觉得："如果我们将这一切公之于众的话，人们听到后肯定会感到1%少得多么可怜，他们定会出离愤怒的。"

他们应该将这个项目命名为"低于出离愤怒"（Less Than Outraged）运动，因为当时公众的反应并未出离愤怒。2003年7月，"不超过1%"项目设立了自己的网站，进行了一些构思拙劣的媒体项目（我将会在第四章中详细讨论其中的一个项目）。长话短说，到2004年7月，这个网站已经销声匿迹了，在互联网上也找不到一丝有关这个项目的踪影了。

这足以说明，单凭一条数据（比如一个数字）很难与公众建立起联系。你能想象总统候选人把自己的竞选口号定为"超过60%"吗？也就是说，如果你们选他做总统，那么最终60%以上民众的年收入会超过3万美元。我觉得人们不可能集结在某个候选人的竞选总部前大声呼喊："超过60%！超过60%！"这听起来像美国黑色幽默作家库尔特·冯内古特（Kurt Vonnegut）小说里面的情节。

不，事实上人们会与发自内心的简单事物产生共鸣，比如"崭新的明天""我们只是刚刚开始""是的，我们可以！"，在大众口号中你不会看到很多关于事实和数字的信息，除非这些口号是由书呆子们琢磨出来的。

说到这里，你可能会想："你这家伙和知识分子有什么过不去的？一口一个书呆子。"我在哈佛大学攻读博士学位时度过了6年的美好时光，而且我可能随时会重返学术界。但是话说回来，知识分子最好还是能够稍稍放低自己的姿态。这就好比让足球运动员不要在室内穿钉鞋一样，并不是说不让他们做球员，而是让他们把自己的特殊本领用在恰当的地方而已。

三、踢打撒在地上的花：不深思熟虑也有价值

我在这里批判的是那些过度理智的人，当然我们也很清楚，理智行事在大部分时候是正确的。受过良好教育的人做出了伟大的发明，制定了重要的法律，管理着强大的金融机构。显然，对事物思虑周全可以获

得回报，这样一切都井井有条、公平公道、始终如一。但我们容易忽略的是，有时候不深思熟虑也是有价值的。

自发性和直觉存在于身体下半部的器官中，处在与理智行为（大脑）相反的一端。虽然它们会带来高风险（显然是由于欠缺深思熟虑），但是也可能会让某些神奇的事情发生。有时难以捉摸或无法用语言形容的事情，却可能会因为自发性和直觉而非常有效，我会在本章接下来的部分重点说说这个问题。

我好不容易才认识到了自发性的力量——代价是在表演课上被老师训斥了一顿。当意识到自己是一个蹩脚的演员时，我才最终近距离地感受到了它的力量。我之所以是一个蹩脚的演员，恰恰是我太理性了，我想得太多了。

我们需要在每晚的表演课上进行表演练习，场景是一个人假装在家，另一个人正要回家。在舞台的一侧有一堵假墙，上面有一扇门，回家的人会开门进入房间。比如我是那个在家的人，我可能正在记账，我的"妻子"在结束一天繁忙的工作后回到家里，随后我们会因为一些琐事发生争执，表演中途，我会不经意地做一些并非事先设计好的表演，比如打翻桌上的花瓶，花瓣撒满一地。这时我会低头去看，作为一名高度理智的前学者，我开始琢磨了。

我会想："噢，我打翻了花瓶，这本不该发生的，我们本应该为撞坏的车争吵，刚才这个笨拙的动作怎样才能符合我这个角色想要表现的……"这时，表演课老师跳了起来，冲着我喊道："你别想了！继续演！没有人想看你像个木桩子一样杵在那左思右想。你会想看那种满台都是木桩子的戏剧吗？表演下去！"

同样的事情发生在另一个没有那么重重顾虑的年轻人身上。当他打翻了花瓶后，他还立刻像在踢球一样补了一脚，咆哮道："我讨厌花！"观众立刻爆发出笑声和喝彩声，表演课老师冲着他喊："你为什么要这么做？"他回答道："我不知道！"老师"哈哈"大笑起来，因为那一瞬间完全是即兴发挥，它会让你感受到自发性的魔力。

而这正是我所缺乏的，我想得太多了。老实说，如果表演课老师没有打断我，我最终可能会看着花瓶对"妻子"说："你糟糕的开车技术让我很生气，所以我会做出打翻花瓶这样的事情。"估计那时观众已经鼾声如雷了。我对撒了一地的花瓣做出了考虑周详的合理回应，这就缺少了自发性表演迸发出的能量火花。

这就是自发性的故事。自发性能向观众传递他们喜欢的奇妙能量。顺便说一句，在过去的10年内，自发性已经成为娱乐界重大转变的核心和支柱。

四、向无剧本娱乐的转变

1996年我结束了表演课的学习。我并没有打算要成为一名演员（上表演课只是为了提升我的导演技能），班上的其他小伙伴则基本选择做了演员。

不过，到1999年初，他们开始陆续出现在我家门口，神情沮丧。在好莱坞，每年的2月通常是众所周知的试镜季。在那期间，广播电视网会拍摄他们想要制作的节目的试播集——包括半小时的室内情景剧或长达一个小时的戏剧。对演员来说，那是一段手忙脚乱的时间，他们一天可能有四五次试镜，不得不驱车奔波于好莱坞和伯班克（Burbank）之间。但是到了1999年，试镜的机会突然急剧减少，我那些心怀抱负的演员朋友们感到日子不好过了。

他们来到我位于比奇伍德峡谷（Beachwood Canyon）的公寓，恰好在好莱坞这个大招牌下面，和我共进午餐。我们坐在前门廊内聊天，他们常常这么说："今年可能再也没有什么机会了。"我挺同情他们的。

那么你认为这些表演角色都去哪儿了呢？它们都被外包出去了吗？输出到海外了吗？还是被电脑生成的演员代替了？统统都不是。

它们是被一股新的潮流——真人秀所代替了，这是一种被称为无剧本娱乐的类型。世纪之交，这些真人秀霸占了荧幕，包括《幸存者》

（Survivor）、《老大哥》（Big Brother），还有你现在知道的其他疯狂的真人秀。在我的演员朋友们感到抑郁消沉的时候，他们还听到了一个带来些许宽慰的传言：真人秀只不过是一阵风潮，用不了几年就会走到尽头，一旦热度丧失，就不会再有人追捧了。

10 年过去了，情况怎么样了？事实表明，那个传言大错特错。真人秀依旧势头强劲，而室内情景剧却在垂死挣扎。真人秀敲响了情景剧的丧钟，另一股力量——YouTube 更是将情景剧推向了深渊。迈克尔·赫史科恩（Michael Hirschorn）在 2006 年 11 月的《大西洋月刊》上发表的一篇文章概述了这种转变，题目为"感谢你，YouTube：自制视频让专业电视节目看上去庸俗、迟缓、毫无希望地过时了"（Thank You，YouTube：DIY Video Is Making Merely Professional Television Seem Stodgy，Slow，and Hopelessly Last Century）。

真人秀和 YouTube 有哪些情景剧所没有的东西？答案非常简单，那就是自发性，或者说至少是自发性的感觉。尽管大部分真人秀有非常紧凑的叙事结构，但是在小范围内，从某一刻到下一刻，它仍然有些让人感觉不受控制的东西，就好像事情可能会往任何方向发展一样。

从另一个角度来说，情景剧的每个小细节都在严格把控之中。如果一个插满鲜花的花瓶掉在了地上，那多半是因为剧本上就是这么写的。每一场情景剧都可以拆分为描述清晰的表演片段，故事则遵循着标准模式发展，最终的结果就完全是一个可预测且程式化的故事。强大、清晰的结构可以在某种程度上提供一种舒适感〔在《干杯酒吧》（Cheers）中，我们知道每集结尾山姆（Sam）和狄安娜（Diane）总会解决他们之间的斗争〕，但是这种可预测性最终也会导致能量的某种丧失。观众慢慢吸收了所有的主要情节和标准设定，直到最后对整个体裁失去了兴趣。

自发性有趣、简单又朴实。只要看一下每年的奥斯卡颁奖典礼就可见一斑了。观众每年最渴望看到的是什么？不是开幕辞、沉闷的蒙太奇、主持人蹩脚的笑话或者乏味的音乐表演，而是渴望看到会长存心间、毫无准备的自发性时刻。无论是杰克·帕兰斯（Jack Palance）扑倒在地单手做俯卧撑，还是罗伯托·贝尼尼（Roberto Benigni）在被叫到名字时从椅子上一跃而起，抑或是莎莉·菲尔德（Sally Field）的那句"你喜欢我，你真的喜欢我！"，这些都是每个人所盼望的，这就是自发性擦出的神奇火花。

在民主党和共和党的全国代表大会上我们也能经常看到同样的情形。电视评论员一遍遍不厌其烦地抱怨着所有事件都照本宣科，尽在掌控之中，每一特定时刻、每一场演讲、每一次陈述似乎都是精心设计的，落实到每一个细节上。你仿佛能感觉到，评论员说不定希望会有一个人突然闯进来，跑上讲台，来上一段出人意料的自发性表演。

如果你想看看自发性时刻真正令人眩目的超凡魅力，应该去看看那部1961年拍摄的黑白影片，约翰·菲茨杰拉德·肯尼迪（John F. Kennedy）总统在白宫玫瑰园向宇航员艾伦·谢泼德（Alan Shepard）授奖时不小心把奖牌掉在了地上，他迅速地捡了起来，不假思索地说道："我授予你这块来自地球表面的奖牌。"周围的众人哄然大笑。这种场面就有着观看政治会议的观众期待的那种能量。

所以，到底是什么让自发性具有如此强大的力量呢？是代表危险的因素，是一种没有安全网的表演理念。这些力量向下进入了身体下半部的器官，带着一种恐惧感进入了肠道。

一同伴随而来的是兴奋感。

它还带来了一种有真实感的元素。这是我参加的那个表演课的真正目标——让表演看似真实。那位疯狂的表演课老师所教授的是一种称为梅斯纳技巧（Meisner technique）的训练形式，命名自享有盛誉的表演老师桑福德·梅斯纳（Sanford Meisner）。这种训练就是要达到一个目的——让观众觉得你扮演的角色是真实的。

这也是即兴表演的意义所在：努力创造那些令人激动、完全真实的时刻，甚至不惜以大量杂乱无章、漫无目标的不精准的时刻为代价。下面我们就谈谈自发性与科学家有所关联的地方。

在过去的10年里，科学界至少开始有些意识到了科学家在传播方面做得很糟糕并且需要帮助。针对这个问题有两个主要成果问世，一是阿尔多·利奥波德领导力项目（Aldo Leopold Leadership Program），二是一本名为《科学家与媒体打交道指南：来自忧思科学家联盟的实践建议》（*A Scientist's Guide to Talking with the Media: Practical Advice from the Union of Concerned Scientists*）（以下简称《科学家与媒体打交道指南》）的著作。两者都是非常重要的项目，但是也有各自的局限，它们主要强调的都是传播的前半部分——内容，而没有更多地涉及传播的第二部分——风格。为进一步阐述这一点，请让我先从入门级水平开始讲起。

五、科学传播的基本原则

科学一直是由两部分组成的。第一部分显而易见，就是从事科学实践，开展研究，包括采集数据、验证假说、展开实验，所有的都是常规程序。科学还包括不那么明显可见的第二部分，那就是对科学进行传播。

一直以来，如果想成为真正的科学家的话，上至诺贝尔奖获得者，下至基层的实验室技术人员，所有科学家都必须参与到这两项活动中。哪怕是那些坐在实验室角落从DNA测序仪上记录数字的技术人员，他们在一天工作完成后也必须要跟他人交流数据。如果不能执行这两部分工作（这两项工作随时随地都在发生），那你就不是在从事科学。你会碰到那些科研做得很好却不懂传播的人，也会碰到那些没有做科研却传播科学的人（后者往往被视为骗子）。

很多伟大的科学家在第一部分——开展研究方面表现优异，但是在第二部分却完全败下阵来，"遗传学之父"格雷戈尔·孟德尔（Gregor Mendel）就是不善于传播的代表人物。其实，人们应该设立一个格雷戈尔·孟德尔奖，来表彰那些科研优异但不懂有效传播的科学家。

孟德尔生活在19世纪中晚期，是一位谦逊的奥地利僧侣。当查尔斯·达尔文（Charles Darwin）通过直接向公众传播他的畅销书《物种起源》（*Origin of Species*），沐浴在名人的光辉之下时，孟德尔正在奥地利阿尔卑斯群山之间埋头苦干，而他的研究恰好是达尔文的进化论所缺失的遗传机理的部分。但是，孟德尔缺乏那种如今在美国想要追求科学成就不可或缺的自我推销的性格特质，每当需要向他人介绍自己的基础性研究时，他就显得格外腼腆害羞。他在离世之前十分低调地把自己的研究成果发表于一本艰深晦涩的学术期刊上，发表35年内，他这篇重量级的论文的引用量屈指可数。

直到几十年后，一些重要的进化论者重新发现了孟德尔的实验，并惊呼道："天啊，这家伙很久之前就研究出来了。"对孟德尔的重新发现催生出了人们当今熟知的现代综合论，即把达尔文的演化思想和孟德尔的遗传学知识结合起来，创造了关于进化如何发生的稳健的理论。或许，如果孟德尔当年多与他人交流一点点，现代综合论可能就会早几十年产生，科学进步的速度也会更快。

在亚历山大·弗莱明（Alexander Fleming）身上也出现过同样的情况，他在1929年发现了青霉素，却把研究发现发表在了一篇关注度极低的论文中。他没能勇敢地对外传播自己的这一发现，而是默默地将其搁置在一边，导致这一发现在接下来的十几年里竟然悄无声息。当恩斯特·钱恩（Ernst Chain）最终在1940年发现了弗莱明的这个研究并听说他要来拜访自己时，钱恩惊呼道："天哪，我还以为他已经死了。"

如果弗莱明的研究在1929年就广为人知，青霉素的研发和应用可能会提前10年，也许就能挽救更多的生命。这就是缺乏传播所付出的代价。

我们说有效的传播是科学的重要组成部分，至少有两方面的原因。其一，如果没有人听说过你的研究，那么你就跟没做过这个研究一样；其二，尤其是在当今世界，如果你不能有效地传播你的研究，那么周围的许多人可能会替你去传播，传播就可能会出现偏差。

六、客观与主观的分野

既然传播如此重要,那么为什么科学家不投入更多的精力呢?

就我个人经验而言,这是因为科学中存在着客观和主观的分野(图1-3)。从事科学研究是科学之中的客观部分,也是让科学家感到最自在的部分,因为能够整日坐在自己的实验室内,跟显微镜和离心机打交道,而且它们永远不会顶嘴。多年以来,我一直听我的科学家朋友说,恰恰是这种原因,他们才非常沉醉于野外研究和实验室工作:这一切都充满着理性、合乎逻辑、客观无误,等等,一言以蔽之,那就是无人之境。对他们来说,这是一个去到野外并且远离人群的机会。那里没有政治、没有官僚等,有的只是纯粹的理性。

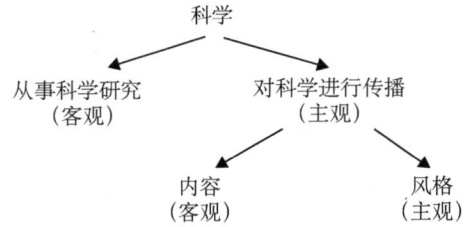

图1-3 科学的双重属性。从事科学研究和对科学进行传播的客观/主观分野

很不幸的是,对他们来说,科学还有被称为传播的一部分,涉及与那些经常会非理性、没有逻辑的人打交道。尽管《星际迷航》(*Star Trek*)里的斯波克(Spock)觉得人类很迷人,但大部分科学家可不这么认为。

事实上,我在1999年做过一个视频——《谈论科学:科学对话的深奥艺术》(*Talking Science: The Elusive Art of the Science Talk*)(以下简称《谈论科学》),在节目中我采访了来自南加利福尼亚大学电影、传播、戏剧、生物学和物理学院系的几位教职工。一位物理学家毫不隐瞒地跟我说了他本身所有的问题。他说,自己在和人交流方面总是困难重重。所以,当他去研究所攻读物理学博士学位的时候,他感到自己的梦想终于成真了,因为他可以整日把自己关在实验室,几乎不用跟任何人交流。但是，别人带来的坏消息打破了他的美梦，他最终不得不去参加一次学术会议，需要站在观众面前做一次有关他的研究的公开演讲。获悉此事的那一天，他怒不可遏，第一反应就是拒绝参加这次会议。但这不是一道选择题，而是硬性要求，他必须要去参会。多年来，他总是很不情愿地参与到传播自己科研成果的工作之中，时至今日他承认这是他职业生涯中最糟糕的部分。我敢保证，他不是唯一持有这种想法的人。

为什么科学是一种如此反社交的职业呢？是科学这种职业选择了这些特质，还是科学这种职业强化了这些特质？可能二者兼而有之。

我对这个事实的认知发生在我刚担任教授的第一年，当时我正在旧金山参加一场大型学术会议。我住的酒店套房位于一个游泳池边上，在大会召开的第二天晚上，我邀请了参会的大约50位科学家朋友参加我在房间里举行的派对，但在派对快开始的时候，只来了5个人。其他人要么是去参加他们感兴趣的晚间研讨会，要么就是在准备自己的讲稿。那晚我坐在房间里，盯着泳池发呆。

科学家都是优秀的人，但是作为一个群体，当聚在一起的时候，他们就有些不自在。参加美国地球物理学会（American Geophysical Union）的年会与参加圣丹斯国际电影节（Sundance Film Festival）可不是一回事儿。

那么，科学家该如何克服这个困难呢？下面我会从探讨自发性现象开始。

七、如何找到自发性

你认为自己不怎么具有自发性吗？觉得自己像那个盯着打碎了的花瓶并努力去想该说些什么的人吗？你觉得自己像在《周末夜现场》（*Saturday Night Live*）采访保罗·麦卡特尼（Paul McCartney）的克里斯·法利（Chris Farley）吗？他大部分时间只是盯着麦卡特尼，想不出其他的话，只是不停地说："这太让人惊叹了吧！"其实，有很多方法可以解决这个问题，其中一种称为即兴表演。

在好莱坞的这些年里，我有过几次即兴表演的经历。起初，我在好莱坞的多个地方上过一些即兴表演课。特别是我在第二城市剧团（Second City）参加过几次不同水平的训练，正是这个训练项目成就了约翰·贝鲁西（John Belushi）、丹·艾克罗伊德（Dan Aykroyd）、格尔达·赖德娜（Gilda Radner），以及许多其他喜剧大师。

更重要的是，早些时候我成为充满传奇色彩的"底层"即兴表演团体（Groundlings School）的"粉丝"，它坐落于好莱坞的梅尔罗斯大道（Melrose Avenue）。它是为那些会在《周末夜现场》中出镜的主要喜剧演员进行重要培训的机构之一，明星校友包括威尔·法瑞尔（Will Ferrell）、克里斯·卡坦（Chris Kattan）、菲尔·哈特曼（Phil Hartman）、保罗·雷宾斯（Paul Reubens）、乔恩·拉威茨（Jon Lovitz）、凯文·尼龙（Kevin Nealon）、马娅·鲁道夫（Maya Rudolph）、克里斯汀·韦格（Kristen Wiig），等等。

在参加了几年"底层"即兴表演团体的周五夜晚秀之后，我最终在2002年打破了僵局，与其中一位元老级的演员杰里米·罗利（Jeremy Rowley）取得了联系。我想看看他是否有兴趣在"移动基线海洋媒体项目"中助我一臂之力。我想做一档商业性的电视喜剧节目，通过与降低了的艺术标准这个理念进行对比来谈论降低了的海洋质量标准。其中一个例子就是，我想在节目中展示一段差劲的舞蹈表演。杰里米在周五夜晚秀中有一段异常搞笑的表演，演出快结束的时候，他和着吉普赛国王（Gipsy Kings）合唱团的疯狂的歌曲跳舞。这场表演往往引得观众捧腹大笑，那真的是我见过的最滑稽搞笑的表演了。

杰里米用这段"差劲"的舞蹈表演帮我完成了我在节目中所需要的场景，然后我们一起组织了一场"移动基线"的脱口秀比赛。后来我们还一起编写并指导了烂水母奖（Rotten Jellyfish Awards），主打詹妮佛·库里奇（Jennifer Coolidge）[《美国派》（American Pie）里史提夫（Stifler）母亲的扮演者]和达尼埃尔·盖瑟（Daniele Gaither）[《疯狂电视秀》（MADtv）中的演员］，紧接着是由"底层"即兴表演团体的主要演员表演的一系列喜剧短片。之后，我拍摄了一部名为"小鱼公共服务通告"（Tiny Fish Public Service Announcement）的影片，由"底层"即兴表演团体的蒂姆·布伦南（Tim Brennen）和美国喜剧中心频道《差佬911》（Reno 911!）的塞德里克·亚伯勒（Cedric Yarbrough）主演，而且我在正片中还用了不少"底层"即兴表演团体的演员。在7年的时间内，我与"底层"即兴表演团体有相当长时间的合作，并且从他们身上学到了很多即兴表演的技巧。

即兴表演最重要的总体特征在于它是建立在自我肯定和积极性的理念之上的（我会在第四章中对此专门讨论，同时也会讨论科学家否定性的方面）。但即兴表演也会利用自发性，以及伴随自发性产生的非常讨人喜欢的品质。即兴表演的目标不是用理智而是要用直觉来工作，要非常仔细地倾听，不要等大脑来处理你所听到的东西，而是让你的直觉来引导你。你要相信自己的直觉，对自己有足够的信心，要让自己觉得没有必要放慢速度深思熟虑，而只是采取行动就好了——带些冲动、当机立断、自觉自发。这又回到了表演课上那个踢花瓶的人身上。

即兴表演演员就像探险家——他们打开一扇扇门，然后纵身而入。他们会制造出一段段即兴场景，有人会做一些愚蠢、荒谬的事情，他们不像其他的演员眉头紧皱，用"这不可能发生"之类的话来否定它，而是毫无畏惧地步入未知的世界。

举例来说，有一群演员假装在看一只美洲骆驼。其中一个演员说："哇，瞧，它有7条腿呢！"另一个演员没有用"什么？骆驼不可能长7条腿"来否定他的说法，而是用"是呢，我还好奇它的第八条腿去哪里了"这样的说辞回应。这样就可以把对话引向积极且肯定的方向。可能还有别的演员会说："对，美洲骆驼总是遵循有四条腿的法则，这只骆驼肯定是个叛逆者。"随着对话的展开，情况肯定会变得越来越荒谬，越来越离谱，不过偶尔也会有人揭露出一些逻辑。比如，最近有一则新闻报道了快餐店中的肉类被污染了，可能就会有演员把骆驼失踪的"第八条腿"与之联系起来说："所以我们知道那家快餐店卖的是什么肉了。"表演内容不一定都需要是毫无根据的傻话，但它们都必须是肯定性的，这样才有助于扩充思想和丰富故事内容，从而必然会更加有趣。

与此相反，如果科学家听到"骆驼有7条腿"这样的陈述，他们会立刻指出，"不对，这不可能"。整场有趣的练习就戛然而止了。追求准确性是科学家工作的一部分，我们会在第三章中进一步谈到这些。现在，我们只需要知道要产生自发性的火花就不能按部就班，而且它蕴藏着巨大的能量，就像我在与学生们互动的过程中所看到的那样。

八、绝非玩笑：科学家的即兴喜剧

就像科学分为客观（研究）和主观（传播）两部分一样，对科学进行的传播也一分为二。让我们回过头看一下图1-3，你能发现传播的客观部分（内容）和传播的主观部分（风格）。了解了科学家热衷于科学的客观部分，就不难推断出他们也偏好传播的客观部分。这往往成为培训科学家传播技巧的课程的关键内容。

在美国忧思科学家联盟（Union of Concerned Scientists）的《科学家与媒体打交道指南》一书中，第四章的标题为"你听到自己说了什么吗？"而不是"你听到自己是怎么说的了吗？"它关注的仍然是"什么"而非"怎么"。

这就是差别："什么"等同于内容，而"怎么"等同于风格。大部分讲授科学传播的老师将主要精力放在了内容上。让科学家参加喜剧课程培训听上去相当荒谬，但是我们已经和斯克里普斯海洋研究所（Scripps Institution of Oceanography）的研究生做过实验了，还从中学到了一些有趣的东西。

斯克里普斯海洋研究所每年都会为新生举办为期一周的新生入学介绍课程，过去几年的每个暑期，我都会在后半周为他们讲授有关传播的课程。在这周课程的头两天，授课教师主要是《纽约时报》（*New York*

Times）和《洛杉矶时报》（Los Angeles Times）等主要纸媒的记者，他们会从记者的角度对科学传播进行讨论。他们会告诉你，当媒体就你所从事的研究或者科学相关议题对你进行采访时，你应该如何做。

剩下的后半周我们将精力放在电子媒体上，包括制作视频的强化课程，学生们会自己制作一个时长60秒的视频。几年前，我决定做个小实验。

"底层"即兴表演团体的一些指导老师，包括杰里米·罗利，有时候会给一些企业进行培训，给公司的首席执行官做一些即兴表演的练习。他们设法让高管们放松下来，从一个不同的角度来观察他们的沟通模式。所以我试着跟杰里米聊了聊，让他抽出一个上午的时间来斯克里普斯海洋研究所给学生们做同样的练习。

他花了两个小时的时间与学生们做即兴表演游戏，最开始的游戏可以说相当愚蠢，但充满了乐趣，可能是带着目的性的。他让大家围成一个圆圈站立，轮流说出英文字母表上的字母。位于右边的人要正视着左边的人的双眼，然后说出他的字母"J"，随后原来位于左边的人转向他自己左边的人并望着他的双眼说"K"，以此类推。这只是一个"破冰"游戏。

接下来游戏变得越来越复杂，在每轮游戏的最后，杰里米都会详细地解释这个游戏和学生们以及他们高度理智的大脑有什么关系。

其中最棒的一个游戏叫作故事接龙，从名字我们就可以看出这个游戏的玩法。5个学生站在全班同学面前，杰里米从他们中随机选出一位。按照游戏规则，她开始编故事："今天，我的车坏了，我得带去店里维修。"此时，杰里米打断了她，随机指向另一个学生，让他接着这个故事继续讲下去。第二个学生接着编："机修工看了看发动机下方，打开化油器，发现里面有一只死去了的鸟。"然后杰里米会选择第三个学生，让他继续把故事接下去。

这里就是我们看到科学家的真实想法在发挥的一个环节。有些学生思维开阔，会认真倾听，跟着故事情节走。当被叫到名字的时候，他们能很好地发挥，立刻想出与上一个故事衔接上的东西，让故事继续下去，哪怕他们讲的内容听起来有些荒唐，比如说，"这只鸟儿醒了过来，飞出了汽车维修店！"

一些更加理智的学生，可以说他们是思想者，从练习的一开始，他们就不停地想东想西，"这是一个关于汽车发动机里的一只鸟的故事。我最终会被随机叫到。我可不想让自己感到难堪，所以在被叫到之前，我最好先准备些什么"。准备、准备、再准备，思考、思考、再思考。等到最终被喊到名字时，他可能会说："小鸟的翅膀被卡在化油器里面了，它无法逃脱。"即使他前面的人（他根本没听前者的话）已经说过鸟儿飞走了。

突然间，这个故事就断了。

结果很明显，每个人脸上的笑容都消失了，有些学生还会立刻反驳说："不！这根本说不通。"

此时杰里米会叫停，开始解释发生了什么。他会指出即兴表演的目的首先就是要认真地倾听，其次是要相信自己——要知道即便你的大脑会瞬间一片空白，你也能想出点什么，哪怕它毫无意义，就像那个踢掉落在地上的花瓶的人一样。最后就是要全力以赴地让你的搭档——就是在你之前讲述故事的人——看上去表现得很好。突然把故事拉回到小鸟的翅膀被卡在发动机里面，这让在你前面发言的人相当难堪，就好像他在说小鸟飞走时说错了一样。

你现在能看到即兴表演与接受采访之间的关联了。在某种形式的科学传播培训里，老师会告诉你要做好充分的准备，包括流畅的发言（因为会被原声播出）、恰当的比喻与一定的信息要点。无论采访者会问什么，你都要推进自己提前备好的提纲，表达出你的信息。

这种形式的培训会让科学家以自我为中心，一直在想"我需要让自己看起来表现不错"。这貌似很符合逻辑。但是不妨想想，采用相反的方式是否也能获得独特的效果呢？多想想"我需要让采访者看起来表现很好"。没错，这很反直觉。在涉及传播的时候，很多事情也是如此，因为传播不总是完全理性的。有时候你需要婉转一些，多一些想象力

（这是我们第二章的主题）。

采用即兴发挥的方式，你会顾及采访者的感受。这有好的一面，但也可能存在弊端。好的一面是采访的气氛会更好，你会更加放松，会让他人感到更加愉悦；不好的一面是你可能无法说出自己想要表达的所有东西，或者无法确保说出的所有东西都是完全准确的。

哪一种方式更好呢？这就要看采访侧重的是内容还是风格了。如果你身处的环境是人人都可能会去倾听并关注你讲的所有内容，那么前者效果会更好；如果你处在一个像电视这样高度流于表面的媒体环境中——它并不面向学术群体，而是面向普通大众，而且人们更加关注的是他们看到的内容而非听到的信息，那么即兴发挥的方式极有可能会更有效。结果可能是观众们会认为，"我真的很喜欢那个谈论全球变暖的人，她看起来让人很舒服，知识渊博……虽然我听不懂她在说什么，但她非常担忧全球变暖这个事实让我觉得这确实是个严重的问题"。

与之形成鲜明对比的是另一类科学家，他们在整个采访过程中都在纠正采访者的错误（比如否定对方），为强调某些事情，他们给出的答案与采访的问题毫无关系，好像在推进一个采访者根本没有问到的故事。每天的新闻采访中都有这样的情形发生。

一般而言，即兴表演的基本思路是，对于出现的每种情况都说"是啊，然后……"

你的伙伴说："瞧，在我们的前院有野人。"你回答说："是啊，然后……他看上去很生气。"你的小伙伴接着说："是啊，（然后）他刚把你的车扔上了房顶。"你说："是啊……"

你们不停地补充情节，故事内容变得越来越丰富，也越来越有趣。你决不会否定前面的说法而让故事突然中断，比如说"野人根本抬不起车"。

这是另一种传播方式。它不像科学家希望的那样准确，但它更让人喜爱。

九、更多地来自肠道：直觉

现在，让我们再回到那个疯狂的表演课老师。是时候介绍她讲课的另一个基本原则了。这个原则相当有力，把我们引向了称为直觉的东西，基本理念是："伟大的演员会记住剧本，然后统统忘掉。"（这总让我想起以前的那些牙科广告："用 Fixodent 假牙胶，然后忘掉它的存在！"）

这条原则夜复一夜地在我们的课堂上重复，多年以后，对我而言，它变得非常重要。它的意思是说，在初期，演员刚刚背下了台词，台词基本上是留在了他的脑中。经过不断重复的排练之后，这些素材被越来越深入地吸收，就好像从大脑向下进入下半身器官一样。正因为如此，当它下移到心脏时，演员能够给素材添加上真挚的感情，进入肠道之后，它就多了一些乐趣和幽默感，最后抵达位置较低的器官时，它就被加入了真实的性感魅力。

然而当演员"忘记"剧本之后，会出现一些意外的情形。经过几周的排练之后，演员会休息几天，完全不去想剧本。休整完毕以后，他们的表演就不再来自大脑了。站在舞台上，演员不再费力去回想剧本上的台词，而是站在那里看着对面举起手枪的演员。当他开口说话的时候，台词不是来自记忆，而是来自眼前的所见所感。这是既生动又真实的。当他不假思索地说出"不要向我开枪！我还有三个孩子"时，这句话可能与剧本中的台词十分接近。当他以这样的方式"讲出"台词时，他表达的正是剧本里的内容——能够做到信手拈来，是因为剧本被完全消化吸收并形成直觉了。

再举一个类似的例子，几年前我看过一段采访，主持人问一个英国演员，为什么英国演员饰演的莎士比亚（Shakespeare）要比美国演员好。该演员说，那是因为英国演员对莎士比亚的崇拜已经超越了知识层面，他们往往在很小的时候就接触"游吟诗人"（Bard，对莎士比亚的另一称呼）了。成年以后，他们对莎士比亚作品有了更加深刻的理解，已经能够让他们在表演中注入激情、幽默甚至是性感的魅力。相比之下，美国演员往往较晚开始学习莎士比亚，对他充满极大的敬意和尊重，最后"会陷入他们头脑中的思绪"，控制不住地在想："我的天呐，我在扮演莎士比亚，我一定要演好！"

梅斯纳技巧的最终目的就是要让表演抵达下半身器官，只有那样才能发生妙不可言、让人高度欣赏的化学反应，这也是优秀表演的精髓所在。这恰恰是过分理性的科学家所缺乏的，而它是与公众互动时至关重要的一部分。我在制作《渡渡鸟群》时努力遵循的就是这条法则。

十、渡渡鸟直觉

2005年春天，在运营了"移动基线海洋媒体项目"三年之后，我读到了一篇报道，讲的是堪萨斯州向学生教授进化论和智能设计之间产生的冲突。我当即决定要就此拍摄一部纪录片。更重要的是，我还决定把我在好莱坞学到的所有东西都应用到片子中。在接下来的6个月里，我并没有遵循惯有的路线——先研究主题，确定我到底想说什么，然后再写剧本。相反，我决定凭直觉迅速地展开工作。

H.艾伦·奥尔（H.Allen Orr）在《纽约客》（*New Yorker*）上发表了《退化：为什么智能设计不是》（*Devolution：Why Intelligent Design Isn't*）[①]一文，在读了这篇文章后不到两周，我和一名电影工作人员已经身处堪萨斯州为影片的核心内容做采访了。我并没有精心准备每一个采访，而是选择相信自己的直觉，相信我二十多年来对进化生物学的研

---

① H.艾伦·奥尔的这篇文章于2005年5月30日发表在《纽约客》上。文章开头写到，美国宾夕法尼亚州多佛市的九年级学生在生物课上学到了与其他同龄人不同的内容，即达尔文的进化论只是提供了一种可能的生命解释，另一种解释由智能设计论提供。与此同时，超过20个州在考虑反对进化论的提案，堪萨斯州教育委员会正在权衡由智能设计论支持者起草的新标准，该标准将鼓励学校教师挑战达尔文主义。

智能设计论的一系列主张主要得到了来自西雅图发现研究所的科学与文化中心（Center for Science and Culture）的学者的支持。运动最重要的两位科学领袖是生物学家迈克尔·贝希（Michael J. Behe）和数学家威廉·登布斯基（William A. Dembski）。文章通过讲述这两位科学家的主要论点及遇到的反驳，阐释了智能设计的基本观点，并有力地指出了它存在的缺陷。——译者注

究和我的编辑能力（保证接下来的准确度），同时注意在每一场采访中做好一名演员。我仿佛觉得自己已经背了20年的"剧本"，现在最应该做的事就是忘记它。

结果就是，我没有覆盖到每一次采访中可能应该涉及的所有重要话题和疑问。换来的是，我能够尽己所能倾听每一位被采访者并做出回应，尽可能地不掺杂人多思考，努力营造良好的对话氛围。

这是一种很难在培训课上传授的风格，对于那些高度忠于准确性和事实的科学家来说可能也有些难以捉摸。

但是生活不仅仅是准确性。没错，准确性是科学家非常敏感的一个话题。有些人甚至可能会反对我的观点，强调准确性是唯一最重要的事情。不用多说，这个话题相当棘手，我会在第三章中深入探讨。

现在，在进入本章最后一个话题"不要过于理智"之前，让我先回到斯克里普斯海洋研究所的即兴表演练习上来。即兴表演与纸媒记者在前半周所教的内容形成了鲜明的对比，而且学生们也是这么认为的。

纸媒记者所教授的是内容，即有条理地组织你掌握的所有事实，把它们都压缩成"原声片段"，想出你要表达的信息，接受采访时要清晰地知道你要传达什么内容，然后确保一切尽在自己掌控之中。事实上，美国忧思科学家联盟专门制作了一个与同主题图书配套的演示文稿，告诉科学家应该如何和媒体打交道。它就如何准备采访提供了如下9条建议。

第一，事先做好功课。每次接受采访之前，提前问一下记者访谈主题是什么，以及采访的时间和地点。

第二，做好充足准备后再接受采访。即使记者即将截稿，还是询问一下你能否有10分钟的准备时间，有助于你准备好主要信息和"原声片段"。

第三，重复，重复，再重复。除非你是接受电视或广播的现场采访，否则每一次采访内容都会经过后期编辑。要让采访者理解你的主要观点，这样可以在某种程度上对后期的编辑有所掌控。

第四，如果你跑题了，要用过渡的方式回到你的主要信息上来。

第五，按照自己的方式结束采访。

第六，不要即兴脱稿发挥。

第七，不要去猜测。

第八，（如果你必须要谈到一个具有局限性的观点的话，那么就要）强调限制条件。

第九，永远不要生气。

让我们看一下以上9条建议。如果以上所有建议都提倡同一个基本原则，那就是科学家应该对采访进行控制、控制、再控制。第一条建议认为要通过要求了解所有的细节来维护自己的地位。第二条建议说的是不要让采访者在你准备好之前就开始采访，这也是为了显示自己的地位。第三条建议要求一再重申你的观点，保持你自己的立场。第四条建议说的也是通过回到你的主要信息上维持你的主导地位。依此类推。

他们试图为科学家在与媒体打交道时注入自信心，这一点很不错，但是让我们从另一个视角来审视一下。如果你是记者，你希望从正在接受采访的科学家那里听到一大堆指令吗？比如"我还没准备好开始采访。让我再讲一遍我的观点。我想再重申一遍。让我回到我的主要观点上来。"

最后，对采访进行过多的准备会带来一种风险。最近，一位知名的电视新闻记者跟我讲了他的一次采访经历，采访对象是一位顶级的气候科学家，她出镜前已经做好了一切准备，头脑中满是各种"原声片段"、类比和警句，在采访进行到一半的时候，她似乎卡壳了，她当时有些答非所问，给出的答案都是她提前准备好的信息，几乎与提问内容沾不上边，因而记者不得不复述一遍问题。最后，她满怀歉意地叫停了这次采访，说觉得好像哪里不对劲。

这位记者告诉我说，采访结束时他非常郁闷，他希望这位科学家和他所采访的其他许多科学家一样都能够放松心态，相信他，让他来引导采访，而不是把采访变成一场斗争。

这就是过度准备并带着"议程"出镜与自信的即兴风格之间的区别。前者确保了准确性，而后者更加能让采访者和受访者在某一刻擦出火花，可能在后期制作的时候编辑会突然兴奋地对大家说："嘿，大家过来瞧瞧这一段。"

你可以根据自己的喜好选择哪种方式。如果你知道时长为一个小时的采访最终呈现出来的可能只有30秒，你就能明白一个精彩的瞬间与冗长枯燥（但是准确）的一个小时之间的价值差异了。

十一、直觉

在本章的开头我提到了迈尔斯-布里格斯类型指标测试。这套测试建立在四个"二分法"的基础之上，其中一个就是感觉和直觉的差异。意思是，可以将人分成两类，一类人倾向于根据眼前可触及、能听见、能看见的信息做出决策，另一类人则对那些可能来自过去或者未来的不太具象、更加抽象的信息持开放的心态。

本质上，这和我所谈及的"头脑与下半身器官"的区别大致相同。因此，如果大脑中存在着高度逻辑化且分析性的过程，那么我们在另一极端能发现什么呢？

如果我们一路向下，来到远离大脑的另一端，我们就进入了性的领域，在这里一切仿佛都挣脱了束缚。这也是西格蒙德·弗洛伊德（Sigmund Freud）的失败之处，他试图将理性强加到这个领域中。他的事业最终毁誉参半，这也是为什么那么多科学家蔑视弗洛伊德那些非科学的观点——那些观点无法被证实或被证伪。

从根本上说，如果有人真心认为有可能针对性的力量建立起具有理性和一致性的理论的话，这可不是一个好兆头。这就好比观察者效应（observer effect），你永远无法确认你正在观察的是真实的自然状态，还是一种因为你的观察而发生了改变的自然状态。

凡是涉及这个区域时你要自己承担后果。当你制作一部关于藤壶（一种甲壳类动物）那个巨长阴茎器官（藤壶拥有相对身体最长的阴茎器官）的音乐视频，并向一群科学家展示时，看看会发生什么样奇怪的事情。

但是，人的腰部上方还有另外一种力量，一种对科学和科学家非常重要的力量，那就是直觉。

直觉是什么？上网搜索一下，你很快就会找到各种稀奇古怪的定义，比如"认知感觉的完整浮现""非认知经验和记忆"，以及"身体的生物电流敏感度"。

让我们用更加直白的语言来概括一下，直觉就是未经理性过程的认识行为或感知行为。直觉基本就是与大脑中所发生的事情完全相反。

直觉对科学界至关重要，因为许多伟大的科学都源于直觉。例子不胜枚举。有传闻说笛卡儿（Descartes）想出笛卡儿坐标系的灵感来自他卧病在床时看到的天花板上的蜘蛛结网，牛顿（Newton）发现了万有引力定律是因为他被从树上掉下的苹果砸到，凯库勒（Kekulé）梦到了咬着自己尾巴的蛇从而想到了苯环的环形分子结构。

很多伟大的科学发现都始于某些看着根本不像科学并且也缺乏数据或者理性思考的东西，似乎看起来肠道（直觉）是发明、创新或发现的起点。然而一旦想法开始变得明确起来，它就必须向上移动到大脑（理智），这样它才能经历科学的论证过程。

詹姆斯·沃森（James Watson）在《双螺旋》（*The Double Helix*）一书中精彩地描述了这种直觉和科学之间的相互作用。1953年，他和弗朗西斯·克里克（Francis Crick）距离发现DNA结构近在咫尺，同时一大批其他科学家也在争分夺秒地做该项研究。突然有一天，加州理工学院（California Institute of Technology）的莱纳斯·鲍林（Linus Pauling）抢先一步，发表了一篇论文介绍DNA结构。听闻此事，他们大吃一惊，但是沃森说，就在他和克里克阅读鲍林文章的那一刻，他们就知道鲍林搞错了。虽然在那一瞬间他们说不上来鲍林到底怎么错了，或者错在哪里，但是直觉让他们觉得自己的判断肯定是对的。随后他们在实验室花了几周的时间，才将自己的直觉推移到大脑，对鲍林的错误给出了有力的解释（图1-4），并最终提出了正确的DNA结构，这也让他们赢得了诺贝尔生理学或医学奖。

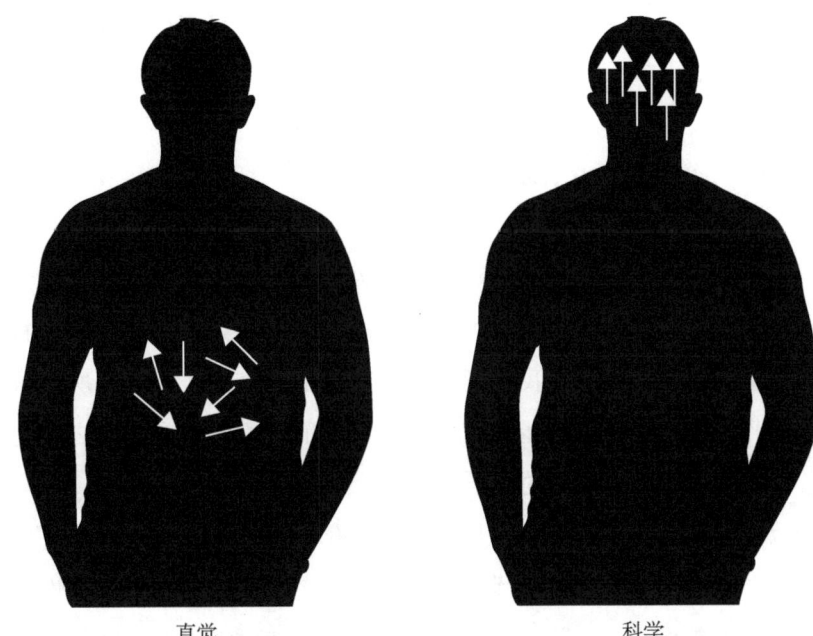

图1-4　左边：直觉让沃森和克里克知道鲍林的结构是错的，右边：科学让沃森和克里克指出鲍林的结构错在哪里

如果想更加详细地研究直觉及它在真实世界中的基本属性，可以阅读一下马尔科姆·格拉德威尔（Malcolm Gladwell）的《眨眼之间》（*Blink*）一书。他在该书中谈到艺术品鉴赏专家几乎一眼就能看出某件艺术品是否为赝品，但如果让他们给出理由，你可能会听到他们给出许多自相矛盾的说法，直到他们有机会去真正地分析这个作品，将鉴别过程从直觉移入大脑，整理出顺畅的逻辑和想法。

直觉不是科学，却是科学非常重要且强有力的驱动力。应该有更多的科学项目让学生花一些时间去理解并欣赏这种差异。我在影片《渡渡鸟群》中试图去做的一件事情就是，呈现直觉与智能设计之间的相关性。几乎没有科学家愿意花心思去更进一步告诉普通公众"如果智能设计不是科学，那又是什么？"

答案就是直觉。它是一种预感，本能地感知到存在于生物多样性中的大部分东西都不是由自然而是由神圣的造物主所创造的。对于许多人来说，这是一种美好又鼓舞人心的观点，但最终也只不过如此，它只是一种观点，是一种直觉。而直觉不是科学。

十二、继续向前……

到现在为止，我们已经回顾了我认为传播中所有最重要的原理——四种器官的作用。不难理解，当谈及信息的时候，大脑是所有永恒且持久的内容的处理中心，但我希望你现在对其他器官的作用也有所了解。它们提供了额外的活力、能量的火花、鲜活的元素，一言以蔽之，它们构建了何谓"人"这个词的本质。

"太过于理智"的倾向会让人偏好于思考而不采取行动。如果你能够克服这个倾向并开始实际行动，那么下一个难关就是找到创造性的能量，去做最有效的而非最显而易见的事情。这就要求你多一些想象力而不只是局限于眼前，我将在第二章中详细探讨。

因此（therefore），本书第二版新增的内容如下。

在本章中，我讨论了为什么需要离开理智的大脑，进入下半身器官，激发出自发性，更加人性化地处理问题。在本书第一版出版后的几年内，我在科学界看到了与这一点相关的两种清晰的模式：第一种是即兴表演的蓬勃发展，这正是科学界所需要的；第二种是美国国家科学院在研究和促进"科学传播的科学"时所做的相关努力，但在我看来简直就是一团糟。

十三、让即兴成为科学的主流

几年前，纽约州立大学石溪分校（The State University of New York at Stony Brook）以偶像级演员艾伦·阿尔达（Alan Alda）的名字命名

了他们的科学传播中心，为推广即兴的理念做了一件十分简单又有效的事情。艾伦·阿尔达是一位非常重视科学教育需求的先锋人物，也是芝加哥第二城市剧团的元老，他就是"即兴"的一种象征。通过把这所大学科学传播中心的实质与一个即兴演员的风格结合起来，"科学与即兴"这个主题的形象仿佛一夜之间被颠覆了，以前听起来有些自相矛盾，现在似乎是提升科学传播最前沿的概念。这是我见过的名人效应的最佳应用范例之一。如今，大部分科学项目至少都会考虑让即兴表演老师参与进来，这非常棒。

2005 年，当我第一次开始从好莱坞的"底层"即兴表演团体招聘即兴表演老师时（我在本章前面提到过），大家对"即兴"这个概念还十分陌生。看着这一群惯于理性思考的科学专业研究生花几个小时"钻"出他们知识分子的"硬壳"，是一件非常有趣的事。当时还没有人听说过"即兴"这个词，如今这个词已经广为人知了。

在本书第一版出版后的几年内，我收到了大量来自科学同行的电子邮件，他们都听说了我提出的即兴表演会带来力量的观点。事实上，就在本书第一版出版后的一年后，英国布里斯托大学（University of Bristol）的遗传学家维姬·米勒（Vicky Miller）博士就联系到我，她说在自己的婚礼上，她和丈夫需要大声地宣读结婚誓词。她的丈夫是一位训练有素的演员，声音洪亮，而她是一位腼腆羞涩的科学家，醉心于在实验室里做实验，谈话柔声细语。最后她感到挺失望的，因为大部分宾客甚至听不到她在说什么。

之后，她读到了本书的这一章，对我关于即兴表演的描述十分好奇，于是加入了当地的一个表演班。一年之后，她有史以来第一次找回了自我，能够自信满满地站在遗传系部门研讨会上提出有魄力的问题。即兴表演的确能够给性格内向的人带来奇妙的变化。

十四、"底层"即兴表演团体：源源不断的馈赠

对我来说，即兴表演让我受益最大的是和"底层"即兴表演团体的合作。2004年，我为某一海洋保护活动导演了四部漫画短片，由此结识了21世纪初才华横溢的主要舞台演员。我与杰里米·罗利（我在本章多次提及他）和罗伊·詹金斯（Roy Jenkins）合作写剧本。杰里米总是说，参与我们拍摄的几位演员会成为巨星，就像"底层"即兴表演团体的校友威尔·费雷尔（Will Ferrel）和克里斯汀·韦格一样。他说得没错。

我们拍摄了一部讽刺幽默短剧，讲述的是聚焦于珊瑚礁衰退问题的参议院听证会，主演有梅丽莎·麦卡西（Melissa McCarthy）和她的丈夫本·法尔科内（Ben Falcone），还有吉姆·拉什（Jim Rash）和纳特·法克森（Nat Faxon）。2011年，后两位凭借电影《后裔》（*The Descendants*）共同获得了奥斯卡最佳编剧奖。同年，梅丽莎·麦卡西在电影《伴娘》（*Bridesmaids*）中大放异彩，之后创下的票房纪录让她迎来了职业生涯中的成功。用"梅丽莎·麦卡西""珊瑚礁"这两个关键词搜索，你能在YouTube上找到我们那部有些荒诞的短片。一旦你看过这部片子，再听到"day-tuh"这个词时，你定会忍俊不禁。

与布雷恩·帕勒莫（Brain Palermo）的合作是我与"底层"即兴表演团体的合作中最美好的馈赠了。布雷恩继续做我即兴表演的好伙伴。我来讲一下我们合作中曾发生的三件事情吧，这让我对即兴表演留下了非常深刻的印象。

第一件事是每次我和布雷恩开办研习班的时候（至今已开办十几届了），所有参与者一开始都要飞快地报出自己的姓名，我通常只能记住其中一两个人的名字。但是布雷恩恰恰与我相反，他常常会说："好的，看看我能不能做到。"然后他随意指向每个人，一一叫出了他们的名字。在见证这种情形的最初几次，我还以为他耍了什么花招，比如事先看过他们的资料。实际上他并没有，他只是已经养成了超强的倾听能

力。参加即兴表演训练就可以做到这一点。

第二件事进一步证实了这一点。在我和多利·巴顿（Dorie Barton）以及布雷恩一起为培训班合写一本教材的时候，我们商量好相互为各自撰写的内容提出自己的建议。我和布雷恩一起吃早餐时，我以为会听到一些不太好应对的建议（我自己觉得为好莱坞的人提建议一向不是轻松的事），但是他的反应让我十分惊讶。他的每一条回答都是："好的，如果要我写的话……"或者"如果我这样写会怎么样……"他基本上听得都很认真，然后给出标准的即兴式的回答："是的，然后……"无论我写的有怎样的内容错误或者构思有什么问题，我都不会听到"嗯，这不是一个好主意"，而总是会听到"好的，看来你是这么想的，如果我这样写会怎么样……"

我知道每个人都渴望得到这种回应，我也尽我所能那样做。但就好像多年来一直开着一辆不错的福特野马汽车并为之自豪，然后有机会试驾一辆兰博基尼一样，只有亲身体验过，你才会知道倾听指的是什么。"底层"即兴表演团体展示了即兴表演训练如何提高倾听的能力。

我的第三个观察让我明白一点，"即兴能力就像肌肉，要努力保持"。每周三晚与同行们一起出演《疯狂乔叔秀》（*The Crazy Uncle Joe Show*），让布雷恩15年来一直在打磨自己的即兴表演技巧。几年前，《洛杉矶时报》将其评价为"出色智慧的七人秀"。如果某个周三的晚上你恰好在洛杉矶，你一定要去看一场他们的表演。常常会有受邀嘉宾参与演出，比如威尔·费雷尔、艾迪·伊扎德（Eddie Izzard），或者乔丹·皮尔（Jordan Peele）。正是在"即兴能力就像肌肉"这一法则的启发下，我才对大脑中负责叙事的部分有了同样的认识。

十五、笨拙地传播科学，忽视直觉

所有这些听上去好像科学正在向着更加人性化的方向迈进，因为这正是即兴表演训练的目的。把这一点与"为科学而游行"结合起来看，似乎情况正在有所改善。但就在此时，我看到了美国国家科学院举办的几次研讨会和发布的一本报告，内容有些"鼠目寸光"，简直就是一团糟，让人难以置信、错愕不已。

事情始于 2011 年，美国国家科学院举办了一场名为"科学传播的科学"的专题研讨会。当我看到一些发言的标题时，我唯一想说的就是"为什么？"就像举办的是一场名为"枪支暴力的暴力"专题研讨会，而会上鼓吹的是用暴力来解决枪支暴力问题。

谈及科学传播，对科学家来说最大的挑战是不要过度分析——不要过于理性。是不是有点像本章的标题？

在第一次研讨会上，美国国家科学院显然非常享受所有对科学传播进行分析的对话，因此觉得有必要举办第二次。然后，就好像对外界充耳不闻、问道于盲一般，美国国家科学院在 2017 年春发布了《有效的科学传播：研究议程》（Communicating Science Effectively: A Research Agenda）。

我在报告文件中搜索了一下那些在大众传播中最重要的关键词，像"直觉""简单性""简明""统一""易于理解"等一个都没有提到。

但是"感知""认知""框架""复杂性"这些心理学导向的词汇被提到的次数在 19 次到 81 次之间——满是心理学呓语，纸上谈兵，还有无穷无尽的复杂性，就像扎进了兔子洞一般。

我联系了主要作者、威斯康星大学（University of Wisconsin）的迪拉特姆·朔伊费勒（Dietram Scheufele），我想知道为什么他们几乎没有关注传播中有关直觉的方面。我还想知道作者们是否明白我们应该不屈不挠地寻找简单性——不仅仅是为了头脑简单的思想家，而是因为这是科学的全部意义，寻找揭示构成宇宙的简单、统一的原则、理论、方程和算法。

而对方一再强调的只是"我想我们两个所说的非常相似"。我一再打断他说："不！根本沾不上边。我说的和你们所说的没有一点相似之处。你们将过度复杂的信息传达给了已经过度复杂的世界，而且那里全是受到过度刺激的学生。"我应该说："你们没有在听，在本书的第二版出版后，你们需要好好地读一读有关倾听的那一章。"

根本的差别存在于智识主义和直觉之间。心理学的东西是智性的产物，而且讲起来真的很酷……比如在鸡尾酒会上聊天时。但是现实世界中的传播需要直觉，直觉意味着简洁明了以及来自真实世界的经验。

也许我有些疯狂，也许我教的东西都是错的。但事实却是，当我们要有效地传播时，简洁就是一切。你只要看看厄内斯特·海明威（Ernest Hemingway）的作品就能明白了。

注　释

[1] R. Olson, "Shades of Gray," letter to the editor, *Premiere*, September 2001, p. 14.

[2] B. Woodward, *Bush at War* (New York: Simon and Schuster, 2002).

[3] B. Branden, *The Passion of Ayn Rand* (Garden City, NY: Doubleday, 1986), pp. 208-209.

[4] M. Hirschorn, "Thank You, YouTube: DIY Video Is Making Merely Professional Television Seem Stodgy, Slow, and Hopelessly Last Century," *Atlantic*, November 2006.

[5] Aldo Leopold Leadership Program, Woods Institute for the Environment, Stanford University, www.leopoldleadership.org.

[6] R. Hayes and D. Grossman, *A Scientist's Guide to Talking with the Media: Practical Advice from the Union of Concerned Scientists* (New Brunswick, NJ: Rutgers University Press, 2006).

[7] H. A. Orr, "Devolution: Why Intelligent Design Isn't," *New Yorker*, 30 May 2005.

[8] J. D. Watson, *The Double Helix: A Personal Account of the Discovery of the Structure of DNA*, edited by G. S. Stent (London: Weidenfeld and Nicolson, 1968; reprint, New York: W. W. Norton, 1981).

[9] M. Gladwell, *Blink: The Power of Thinking without Thinking* (Boston: Little,

Brown,2005).

[10] National Academies of Sciences Engineering and Medicine,*Communicating Science Effectively: A Research Agenda*(Washington,DC:National Academies Press,2017).

第二章　不要太没有想象力

让我们来聊聊传播的"科学"吧！想象一下现在是2004年，你在"超级碗"（美国橄榄球超级杯大赛）的现场，中场表演之前你恰巧在后台，转身看到了珍妮·杰克逊（Janet Jackson）正在整理她黑色的皮衣。你对她说："嗨，珍妮，如果你同意我把口号写在你的胸口上，我就给你100万美元。"她很快认出了你这个高中同学（你们在学校曾是最好的朋友），并且"咯咯"地笑着说："好呀，为什么不呢？"她边说边掀起右侧的衣襟。你拿出一支签字笔，写上"拯救珊瑚礁"几个大字。10分钟之后，当贾斯汀·汀布莱克（Justin Timberlake）扯下珍妮胸前的遮挡物，全场所有的摄像机和照相机都对准那里的时候，你创造的将是有史以来环境宣传最出乎意料的成就。讨论信息传播的"科学"、"原声片段"和焦点小组，这些都不错，但是，它们能否体现在你刚才的惊世之举中呢？

一、两点之间最短的距离

两点之间最短的距离是什么？其实你很清楚答案。但是从一点抵达另一点最有效的路径是什么呢？总是沿一条直线前进吗？如果你是一位科学家，你通常会给出肯定的回答。为什么要在这种简单的事情上浪费时间和精力呢？

这往往是非常常见的科学家的思维方式。科学家往往思维缜密，脑子里总是装着最直截了当的逻辑，习惯于用相当简单且直接的方式看待问题。如果你想要一个最好的反例，那么可以拿这个问题去问一下艺术家。艺术家最不想做的事情恐怕就是画一条直线了——那得有多无聊啊！

当我跟我的科学家朋友讲起上课头天晚上表演课老师冲我怒吼这件事时，他们的回应十分简单且毫无想象力："她疯了吧。你就跟她说她根本没有资格教你，直接退课好了。你可以找到头脑更清醒的老师。"

是的，我当然可以这样做。但是，事情显然并非这么简单。我一直坚持上完了她所有的课程，10年后的今天，我不是仍然极其信赖她的教导吗？

这里我恰好想到了一件趣事，可以说明一些科学家缺乏想象力的现象。当我准备为电影《渡渡鸟群》聘请编辑时，我曾把初步剪辑的影片发给一位德国朋友帕斯卡尔·莱斯特（Pascal Leister）。他后来打电话告诉我："我只看了10分钟，就知道这个故事要讲什么了。这部片子说的是科学家不被大众所理解而带来的沮丧。我了解这个，是因为我父亲就是这样一位核能源工程师，我是听着他的抱怨长大的。他常常在家里一边急得团团转，一边说着：'他们怎么就不明白呢？我们有足够的数据说明当前的核能是完全安全的，但人们就是不愿意听。'"

他继续跟我解释说，由于绿党①在这方面做的工作十分奏效，他们针对核能发起了一场基于恐惧感的传播运动（宣传可谓深入人心），尽管科学家传递的信息显示安全合理利用核能的实际风险其实微乎其微，但公众根本不愿意相信。结果就是，过去的10年间，当法国承诺其核电产量要翻三番时，德国却走在摆脱核电的道路之上。

二、科学家的理想世界

可怜的核科学家被匮乏的想象力困住了。他们觉得，如果见到一位

---

① 绿党是由提出保护环境的非政府组织发展而来的政党，提出"生态优先"、非暴力、基层民主、反核原则等，对全球的环境保护运动具有积极的推动作用。——译者注

市民,所要做的就是把核能的事实解释给对方听,并且认为对方会听进去并有所思考。若事情真的如此简单,那可真是梦想成真了。

为了进一步说明科学家存在想象力缺乏的问题,我举三个被我称之为"梦想"的例子,就如同"如果你认为事情这么简单,那简直就是在做梦"一样。

1. 梦想之一:即刻传递讯息

我说的不是通过手机发送信息,而是指缺乏想象力的人所具有的一种错觉,他们认为向公众传播信息只需要将想说的东西——信息——脱口而出,人们马上就会接受。我来说一下自己在这方面发生过的一次争论吧——有人试图传递一种简洁的信息,结果却将它变得无聊至极。

2001年,海洋生态学家杰里米·杰克逊找到我,我们由此开始了在电影方面的合作,一起制作了一部关于保护海洋的短片,这个短片在环保人士当中反响不错。2002年春天,他跟我谈起了一个新的术语——"移动基线"。这个术语是由鱼类生物学家丹尼尔·保利在20世纪90年代提出来的,指的是由于失去了对自然初始状态的跟踪,人们已经无法确切地知道自然到底退化到了什么程度。杰里米不停地向我解释说:"你不觉得这是个十分宽泛的概念吗?它几乎与'降低了的标准(lowered standards)'是同一个意思,每一个无法维持自己生活质量的人都可以与这个概念建立起关联。"

我也有同感,再加上这个术语本身带有一种冷酷的"光环"。当我将它解释给我在电影艺术学院的朋友凯文·诺顿(Kevin Norton)时,事情发生了决定性的变化。诺顿当时就职于一家电影制作公司,本身完全没有任何科学、环境或者我所熟悉的领域的相关背景。某一天晚上,我在他的公寓里跟他聊起了这个术语,他看起来对此完全不感兴趣,我觉得自己大概是失败了。

但就在当天凌晨1:30,我接到了他的电话。他刚参加完聚会,正在回家的路上,听起来十分开心,他说:"还记得你告诉我的那个术语吗?就在刚才那个聚会上,我跟三位美女聊起了这个,她们说,'哇,我正需要这个词来形容我的约会生活,最近约的人都太差劲了,我都快忘了以前约会的帅哥们有多酷了。我已经移动了我的约会基线!'她们从头到尾都在跟别人说这个事情,整个晚上变成了一个关于移动基线的聚会!"

第二天他又打电话来说:"电影公司的人说你最好能过来一趟,一起拍一部关于移动基线的电影,说说因为大家忘记了以前曾经制作好节目的日子,导致现在行业发生了怎样的变化——他们的基线都移动了!"

"移动基线海洋媒体项目"就此应运而生。在这两通电话之前,这个概念还羽翼未满,站不稳脚跟,甚至只有杰里米和我隐约觉得这也许可以作为一个传播主题。但凯文的两通电话完全打消了我的疑虑。不是因为这个概念源于焦点小组和信息分析的一项广泛的科学调查(类似珍妮·杰克逊的表演),而是我从他的声音中就能听到并切身感受到这个概念的意义。有时候,这种感觉比一堆调查数据还要管用。直觉与头脑,你会相信哪一个?

我们将获得的第一笔 5 万美元的资助用于围绕这一主题开展的大众传播活动。我们正在步入正轨,然后,我与一位传播"大师"有了一次相当令人遗憾的会面。

我在此隐去这位大师的名字,但毋庸置疑的是,环保主义者都会视他为有远见的传播"宗师"。他举办的讲习班费用不菲,他在讲堂上对环保组织渴望知晓的如何传播信息以及开展其他的传播工作高谈阔论。

我的一位朋友认识他,认为他在大众传播方面十分在行,觉得我们二人的合作将是天作之合。朋友帮我们安排了见面并向我进一步介绍了这位"大师"之后,我也觉得我们应该非常合得来。于是我通过邮件提前将我们最近完成的"移动基线"素材发给了这位"大师",其中包括我给《洛杉矶时报》撰写的周日专栏文章(该文章已经被杂志接收了),这时我还认为我们会是很好的合作伙伴。但当与他面谈了 5 分钟之后,我就意识到,我们完全不是一类人。

他首先提到"移动基线"这个术语,他非常自信地说这个术语实在

"太技术、太专业、太科学了"。他继续说道:"当然,我明白它的意思,但是多数人会不明白。"他提醒我说,皮尤海洋委员会(Pew Oceans Commission)的最终报告会在几个月内发布,届时将会见诸全国各大媒体。他认为,我们这些微不足道的传播工作对大众来说终将成为"噪声",只会让他们对于海洋中到底在发生什么感到困惑。

我不断努力地向他解释此事"木已成舟"——我们已经拿到了第一笔资金。最后他说道:"如果你觉得一定要做这件事情,我唯一的建议就是将运动的名字改得更清晰一些,比如'海洋陷入困境'运动。用这个名称的话,就不会有人对你所要表达的主题感到困惑了。"我们的交流就此结束。

这个"海洋陷入困境"运动发起一年之后,会有人觉得它与其他成百上千个"拯救我们的海洋"和"保护海洋"运动有什么不同吗?当一个领域人满为患时,就需要标新立异才能脱颖而出。这不是发表一段简单而无趣的陈述所能实现的。

到那时为止,我在好莱坞的各种朋友都在谈论着他们有多么喜欢"移动基线"这个术语,哪怕只是听到这个名字的发音。中间过程无须赘述,让我们直接跳到故事的结尾吧!7年之后,"移动基线海洋媒体项目"依旧势头强劲,我们制作了一系列大获成功的电视广告、Flash 动画和短片。

顺便提一个小插曲。第二年,我与"底层"即兴表演团体的杰里米·罗利一起组织了一个脱口秀比赛。我们需要思考"降低了的标准"这一主题在脱口秀行业中有多么普遍(我们听到无数喜剧演员说到他们约会、购物、穿戴以及他们生活方式的很多其他方面的水准都出现了大幅的下降)。

我们最终招募了大约50名有前途的脱口秀喜剧演员,他们将带来关于"降低了的标准"和"移动基线"的3分钟精彩表演。我希望能够增加一些种族多样性,于是请我的朋友——尼日利亚电影制片人艾芬尼·恩乔库(Ifeanyi Njoku)(数年之后,他也成为我的电影《咝咝声》

的联合主演）招募一些非裔美籍喜剧演员前来竞演。几天之后，他打电话告诉我说："没有人愿意来，他们都说你的环境活动主题'太白人化了'，他们都是住在市中心贫民区的人，无心跟拯救海洋扯上关系。"

我不禁大失所望，于是请他用摄像机记录下这些人都说了什么。他跟他的朋友、喜剧演员艾利克斯·托马斯（Alex Thomas）（也是出演《咝咝声》的演员）一起来到洛杉矶中南部的克林萧大道（Crenshaw Boulevard），就这个话题随机采访了一些非裔美籍平民。艾芬尼和艾利克斯向他们抛出了关键词，收获了各种滑稽的回答，尤其是对于"绿色和平"一词，他们毫不犹豫地回答出（他们并不像是要努力寻找一个睿智回答的样子）"上瘾""这玩意儿可厉害，搞不好会让你大吃一惊"。

当人们被问到"听到'移动基线'这个术语时，你们会想到什么？"时，我们得到的答案五花八门。第一位受访者说"这就像在说唱音乐中改变了低音声部"。第二位受访者说"这就像篮球场上底线运球突破"。还有一位受访者站在快餐店门口，说"你看，基线就像腰围"。

整个采访的重点在于，它展示了"移动基线"这个术语是多么不"科学"。假设我们项目的命名是"超静止的亚稳状态"（hyperstatic metastable states），那么大街上这些人听到后恐怕会一头雾水。但实际上并不是。"移动基线"一词不仅与体育文化产生了共鸣，还占据尼桑汽车广告的中心主题近10年之久（移动你的视野、移动你的观点、移动你的驾驶）。这些词都是具有时代精神的。不知为何，凯文和我都明白这一点，实际上更多地好像我们是凭直觉感受到的一样，然而那位传播"大师"却不明白。而且，我担心他恐怕最终会成为科学传播和环境传播议题中另一个问道于盲的例子。

回到本章最初的观点，所有给定的信息都会有一个连续的谱系，从无聊乏味的直白到令人难以捉摸的费解。将运动命名为"海洋陷入困境"就是前者，跟白开水一样无味——毫无趣味，毫无吸引力，完全无法引起人的好奇心，而"超静止的亚稳状态"则是后者——专业性太强，以至于大众摸不着头脑，完全不理解。我们的目的是找到一些像

"移动基线"这样的表述,它能够恰好落在两极中间,既要有一定的神秘感来引起人们的兴趣,又不至于太过生僻,可以让人们脱口而出。

这正是那些极度缺乏想象力的科学家在大众传播方面的短板。"为什么要浪费时间,直接告诉他们这是什么"的思维方式也许适用于从事科学研究的学生,对于社会上的广大公众来说是行不通的。这也正是传播的艺术所在。

除了这位传播"大师"之外,还有其他人也会质疑这种间接的传播方式是否对公众行之有效。

2005年,肯·奥莱塔(Ken Auletta)探讨了这个问题,他在《纽约客》上发表了一篇题为《新赛场:广告还有用吗?》(*The New Pitch: Do Ads Still Work?*)的文章。在文章中,他讲到了随着新媒体的出现传统广告市场的衰落——新媒体如何让旧式广告随波逐流,并且许多人已经在质疑广告是否还有效。但是,在研究过这一切变得有多么复杂之后,他用一个广告经理人的故事带回了一种简单的元素。一天,这个经理人在去吃午饭的路上一直不停地重复着公司的名称,直到他意识到公司的名字听起来就像是鸭子叫一样。

由此诞生了美国家庭人寿保险公司(AFLAC)非常成功的广告活动——一只讨厌的鸭子"嘎嘎"叫喊着公司的名字。但正如奥莱塔所指出的,最开始,有些缺乏想象力的怀疑论者认为,对于一个广告来说,这是一个极其糟糕的主意,因为鸭子的叫声完全不能表现这家保险公司的任何特质。但四年之后,在经营模式没有重大变动的情况下,美国家庭人寿保险公司的销售额竟然翻了一倍。

当时应该有人对这些怀疑论者说:"别这么缺乏想象力。"

当然,太无趣和太高深的事物我们都很难看懂。当我们准备把《渡渡鸟群》带到翠贝卡电影节(Tribeca Film Festival)的时候,我们采访了很多电影销售代表,他们是将影片卖给经销商的中间代理。其中一人十分喜爱这部影片,但他不喜欢片名,想做一些改动。他的理由是,从片名看不出这部电影讲的是什么。他倾向于更直白的命名,比如《非智能的设计论》(*Unintelligent Design*)。但渡渡鸟跳舞的开篇动画已经制作完毕，也广受欢迎，因此片名无法更改，最终我们没能合作成。几天之后，我又看了一下他们公司的名称，终于明白他为何对这个问题如此执着了——他的公司就叫"电影销售公司"(Film Sales Corporation)，果然够直白，一眼就能看出来他们是干什么的。

产品的名称通常会成为市场观点与艺术观点之间的直接较量。我曾经与来自南非的著名政治活动家唐·马特拉（Don Mattera）见过一次面，这无疑是我人生中一段精彩的经历。他曾因参与反抗种族隔离运动入狱数年，出版了一本十分畅销的书籍，名叫《记忆就是武器》(*Memory Is the Weapon*)。看着这个让人浮想联翩的书名，就可以想象得到这是多么有力量的一本书。但他告诉我，美国一家公司在销售该书的时候，市场营销部将书名改成了《一名种族隔离反抗者的回忆录》(*Memoirs of an Apartheid Protester*)。这就相当于是在践踏一件艺术品的美和生命力。如果我是销售人员之一，我可能也会推荐后面这个书名，以确保在美国几乎没有人认识这个作者的地方能卖掉几本书。

2. 梦想之二：（通过直指要害）即刻获得胜利

"这样做也可以，但我们更希望他能更多地'直指要害'。"

2006年，我的一位朋友告诉我，上述这句话是一些知名进化论学者对《渡渡鸟群》的回应。他们期望这部影片能全力出击，利用"事实"扼住伪科学"智能设计论运动"的咽喉，利用信息切断其命脉，直指要害。仿佛这样真的可行。

说到底，这是缺乏想象力的思维产生的另一种危害。实际上，一开始促使我拍这部电影的正是这种思维方式。

2005年5月刚开始拍摄这部电影时，我给一些进化论学者老朋友打电话，倾听他们的故事。其中有一件事，我听许多人都提到过，那就是进化论者正在与智能设计论支持者进行公开的辩论，却连连挫败。他们对此感到十分愤怒。

我在与马萨诸塞州一所小型高校的进化生物学教授的交流中获悉他

曾与一位智能设计论拥护者进行过辩论，结果落败。他说，他在演讲中列出事实说明智能设计论既无法被证实也无法被证伪，因而毫无科学性，不应该在课堂上教授。报告结束之后，他十分自豪地望向观众席，看到的却是一张张愤怒的脸，听众仿佛在说："你以为自己很聪明吗？"此时他才意识到，有时候科学传播并不是"填鸭式"地将信息灌输给听众们这么简单。

他的对手则高明得多。对方并没有争论"事实"本身，而是慷慨激昂地、衷心真诚地恳求学校要教授学生们批判性思维，并且应该坚持言论自由原则，允许学生质疑进化论或达尔文主义是否真如声称的那样无懈可击。更重要的是，他表现得十分谦逊，没有过度沉湎于"事实"，因而更受观众欢迎。他的方法没有那么死板，结果却更有效。

进化论者在美国简直一败涂地，更糟的是，美国国家科学教育中心（National Center for Science Education）最终给出一个简单的建议，不要在公开场合与神创论者或智能设计论支持者争论，主要原因是进化论与神创论或智能设计论之间的不平衡。从本质上来说，进化论在很大程度上是知性的，源自头脑；而神创论和智能设计论在本质上是宗教性的，源自人们的内心。简单地回想一下四种器官的概念，你就能知道支持两者的观众数量存在着巨大的差异——这本就不是一场公平的竞争，感性的观众显然数量更多。实际上，如果你对比一下美国主要进化论科学组织的规模（可能有上万）与所有教堂的数量（大概上百万）就十分清楚了，辩论无须继续进行下去了吧！

但也有缺乏想象力的科学家简单地认为用事实就能驳倒神创论者。我在"移动基线海洋媒体项目"的合作伙伴、海洋生物学家史蒂文·米勒（Steven Miller）喜欢说，科学机构常常认为只需要"更大声地争辩"，也就是说，仍然使用同样的基于事实的表达方式，只需要更加激烈就行了。这就是主流进化论者的状态：他们希望我用数据强烈谴责智能设计论者。但事情远非这么简单。

实际上，并不存在可以直指要害的地方。如果有的话，那早就有人这么做了。在影响深远的"猴子审判"（Scopes Monkey Trial）中，著名律师克莱伦斯·丹诺（Clarence Darrow）利用智慧和逻辑驳倒了威廉·詹宁斯·布莱恩（William Jennings Bryan）。尽管从电影《风的传人》（Inherit the Wind）中关于神创论与进化论之争的虚构描写看来，"理智的头脑"看似在冲突中占了上风，但事实是法院判决在课堂上讲授进化论的斯科普斯（Scopes）败诉，而神创论继续如野火一般蔓延。

这并不是说没有方法在辩论中战胜受心灵驱动的神创论者，方法是有的，我随后会讲到。最重要的是要认识到简单直接地抛出事实是远远不够的。

3. 梦想之三：即刻开悟

我会把认为"事实胜于雄辩"的这种倾向称为"科学思维"（science-think）。这完全是一种一厢情愿的思维，尽管一个简单的观点偶然也会带来改变。如果你找到了一种疾病的治疗方法或者做出了一个重大发现，至少从某种程度上来说，你并不需要开展公关活动来宣传推广。但在美国，就算是最好的创意也需要来自传播的帮助，无论是产品广告还是对项目的新闻报道。

但科学家误信"信息本身足以实现改变"。他们认为，"如果我们能够将相关事实汇总到一个明确的论点当中，人们看到后就会改变他们的看法"。如果人们真的能看到这些事实，也许是可能的。但问题就出在这里。

关于这个问题有一个具体的案例。2003年6月2日，皮尤海洋委员会发布了他们的最终报告。这是一群技术型人员败在科学思维上的典型案例，他们以为自己发出的声音洪亮有力，但结果并非如此。

2003年春天，我们刚着手开展"移动基线海洋媒体项目"，计划用喜剧演员拍摄第一部电视商业广告。这一项目受到了来自海洋保护领域人士的阻挠，很多海洋保护团队的传播负责人提醒我即将发生的"媒体关注风暴"。"皮尤海洋委员会的最终报告马上就要发布了，届时将会如风暴般席卷全国"，一位海洋传播者如是说，"报告将会成为所有晚间新闻频道的头条，会登上《时代》（*Time*）和《新闻周刊》（*Newsweek*）的封面，还将成为全国人民热议的内容。这份报告给出的结论将令人震惊。"

皮尤海洋委员会的研究为期3年，资金预算高达300万美元。这个研究的目标是继20世纪70年代初发布的斯坦福报告后对美国近海水域和资源进行第一次全面评估。在该报告完成之时，皮尤海洋委员会主席、白宫办公室前主任莱昂·帕内塔（Leon Panetta）认为，当美国公众读到这份报告的时候，他们会为海洋资源的破坏情况感到愤怒。

好吧，如果确实有许多人读了这份报告，他们也许会感到愤怒。但事实上并没有。

随着报告发布的时间临近，我开始听到内部人士说他们犯了一点战术上的错误，资金预算中并没有预留出开展媒体宣传活动的款项。我与在皮尤海洋委员会耗尽资金后依然选择留在办公室的唯一员工贾斯汀·肯尼（Justin Kenney）通了电话，他说："我都不确定在报告发布会上，皮尤海洋委员会还有没有钱买咖啡。"

新闻发布会最终还是举办了，会上散发了不少宣传这份报告的彩色小册子。皮尤海洋委员会成员都出席了发布会，并对海洋遭受破坏的程度表现出了适当的愤怒。但当有关该报告的新闻见诸报端时，它既没有登上《时代》和《新闻周刊》的封面，也没有出现在晚间新闻里，甚至没有出现在主要报纸的头版，而只是出现在了《纽约时报》的A22版上。报告的发布并没有激起千层浪，只勉强泛起了几圈轻浅的涟漪。

新闻发布会结束之后，皮尤海洋委员会的成员们都各回各家了，大家回归了正常生活状态。据我所知，只有其中一人，时任海洋保护协会（Ocean Conservancy）主席的罗杰·鲁夫（Roger Rufe）抽时间做了几次演讲，试图向大众传达该报告的重要性。

何以至此呢？这是科学思维在作怪。皮尤海洋委员会成员（多数成员都拥有高级学位）在科学上的理性思维让他们认为研究中所揭示的信息可以立即引人注目，深刻到令人瞠目结舌，足以实现口耳相传。他们认为记者们会坐下来，读完整整35页的报告，然后感觉世界已支离破碎，之后熬夜写出紧急又瞩目的媒体报道。实际情况却是出现在新闻发布会现场的记者都无聊得哈欠连天了。

皮尤海洋委员会的报告注定如石沉大海吗？还是说所有这类报告都注定不受欢迎？并非如此。次年"9·11"独立调查委员会的最终报告表明，如果辅以可靠的传播工作，这种研究也可以产生巨大的影响。2004年7月19日《纽约时报》的一篇报道这样写道：

> "9·11"独立调查委员会的成员表示，他们本周将会发动强势的全国性游说活动，向白宫和国会施压，以期彻查国家情报机构。同时，从本周开始他们还将发布经一致通过的最终报告，全面批判政府收集和共享情报的方式。

因为特选的联邦委员会通常在最终报告一完成就解散了，成员们从华盛顿各自返回家乡并且期望该报告会不言自明，所以"9·11"独立调查委员会组织的游说活动着实打破了这种传统。

诚然，对恐怖主义感兴趣的美国人要比对海洋感兴趣的多，但"9·11"独立调查报告并没有自我推销。该报告既发行了精装版，也发布了有声书，"9·11"独立调查委员会成员游历全国，开展游说活动，并最终在国会面前发表证言。两年之后，报告中的一些建议只是勉强地得以落实，这说明在美国做出改变有多么困难。但如果懂得利用有效的传播活动，是有可能带来改变的。

请注意"9·11"独立调查委员会成员们匆匆回家，让报告自说自话这个事实。多数委员会都是如此行事，而且并不在意。而在皮尤海洋委员会发布报告之后出现了更糟糕的情况，那就是与报告相关的学者和工作人员自欺欺人地认为让报告"自我宣传"就足以产生巨大的影响。

三、可逆转的潮流？

这种"科学思维"深深植根于学术界的各个方面。2003年，大卫与露茜尔·派克德基金会（David and Lucile Packard Foundation）资助的一项研究揭示出海洋保护领域存在这一问题。环境政策分析师戴维·威尔莫特（David Wilmot）与环境事务律师杰克·斯特恩（Jack Sterne）组成的团队发表了《逆转潮流：制定提高海洋公众宣传有效性的路线》（Turning the Tide: Charting a Course to Improve the Effectiveness of Public Advocacy for the Oceans），深入探讨了这个问题。

他们考察发现，在其他运动纷纷取得成功的时候，海洋保护运动却通常收效甚微。作为对比，他们观察了其他相对成功的游说团体，例如美国步枪协会（National Rifle Association）和公民税收改革组织（Citizens for Tax Reform）等，最终得出了一个简单粗暴的结论，那就是海洋保护主义者通常更加关注政策而非政治活动。

换言之，海洋保护领域的当权者更喜欢制定新法规，资助更多的研究，收集更多的数据以及赞助更多的研讨会，想通过汇集信息就让他们的论点魔法般地重获生机，而不需要前往华盛顿特区，花重金雇佣说客开展宣传活动。他们宁愿忠于客观因素（科学、法律、政策），也不愿涉足主观因素（传播、游说、说服）。

我曾在加利福尼亚州中部有过亲身体验。当时，我正尝试从海洋保护当权者手中筹募资金以支持拍摄一部短片，向渔民社群及大众解释过度捕捞所带来的问题。一家主要基金组织的代表给我的原话是："我们这边有律师和法律系统，可以简单直接地与这些渔民进行沟通与谈判，为什么还要支持你的传播活动呢？"

这就是所谓的用武力解决问题。这种方法无疑会成功，但这有点像用暴力铲平村庄，而非通过沟通赢得人心。

一言以蔽之，无论是刻意为之还是出于愚蠢，这种对传播的厌恶都是真实存在的，而且是能够量化的。很久以前商界就发现，你需要在项目的客观部分（产品开发，无论是政府报告还是待售的汽车）和主观部分（向大众传播你所能提供值得他们关注的产品，也称为广告）平等地分配精力和资源。

1977年发行的第一部《星球大战》（Star Wars）电影让好莱坞深刻认识到这一点。我依稀记得，初审影评评论说这是一部独特怪异的电影，看起来像粗野过时的西部牛仔片，没有人确定它能否取得成功。但《星球大战》是第一部在市场宣传上耗资巨大的真正超级大片。看到影片在推广和广告投放上不断投入经费，怀疑论者纷纷磨刀霍霍，准备对其口诛笔伐。但当票房如火箭般蹿升时，整个行业发生了天翻地覆的变化，不复从前。

几十年后，在皮尤海洋委员会发布报告的那个夏天，几乎在每部电影发行时都能看见这种宣传模式的改变。图2-1展示了当年夏天三部具有代表性的电影。其中在宣传上投入资金比例最大的当属《大人物拿破仑》（Napoleon Dynamite），其制作经费只有几十万美元，发行公司知道自己手头上的这部影片会成为票房冠军，所以在宣传上豪赌了1000万美元，占影片总预算的96%。

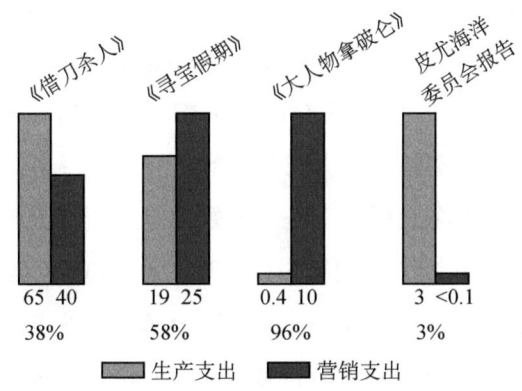

图2-1　产品生产支出与营销的支出对比

我记得早在这部影片上映很久之前，就能从收音机中听到怪异的宣传广告，它播放着拿破仑的"原声片段"："天哪，你为什么这么笨？"这1000万美元的赌注结局如何呢？这部影片的票房总计超过了5000万美元，后续还发行了大量的DVD。好莱坞的人们知道如何实现产品价值的最大化，他们知道让产品"自我宣传"不是一种有效的商业策略。

前三个柱状图代表2003年夏天的三部好莱坞电影生产与营销支出

情况,其中营销支出占比从38%上升至96%。最后一个柱状图代表皮尤海洋委员会报告的生产与营销支出情况,该报告同样发布于2003年,但其市场营销支出(即传播)只占全部资金预算的3%。无须赘言,皮尤海洋委员会报告的社会影响只相当于最不卖座的好莱坞影片的社会影响。

与此相反,皮尤海洋委员会的报告后期传播经费只占全部预算的3%,它最终会安静地从公众视野中消失也就不足为奇了。我也不需要再强调什么是"科学思维"了吧!世界已经变了——公众不再只是耐心安静地等待着科学界传来的信息。就像好莱坞电影和"9·11"独立调查委员会报告所展示的那样,这是一个很残酷的市场,也充满着很多可能性。

这无疑是科学思维的困境,也再一次表明,在这种情况下科学家不应该简单地只做这样的科学家,而是应该引入专业人士,当他们告诉你要在传播方面投入时,你要相信他们。这也许有些令人沮丧,感觉仿佛浪费了资源,但别无他法——人们不可能全都是理性的思考者。民主党总统候选人艾德莱·史蒂文森(Adlai Stevenson)曾有一句名言,他听到一位妇女冲他喊美国所有的有识之士都支持他时,他回应说:"女士,这还不够,我需要社会上大部分人的支持。"

如果你对美国在多大程度上是一个媒体驱动型社会持有任何怀疑的话,那就先读一下戴维·哈伯斯塔姆(David Halberstam)的著作《媒介与权势:谁掌管美国》(*The Powers That Be*)。这本书曾改变了我的生活。然后再读一下杰尔姆·格鲁普曼(Jerome Groopman)2006年发表于《纽约客》的文章《在那里》(*Being There*)。格鲁普曼指出,在美国,心肺复苏可以成功地挽救生命的比例仅为15%,但公众调查显示,大众从电视媒体上获得的信息让他们认为2/3的心肺复苏都能够成功。《急诊室》和《911急救》(*Rescue 911*)等电视节目倾向于讲述振奋人心的大团圆故事,这影响了公众对抢救成功率的认知。事实再一次证明,我们生活在媒体的包围中,电视节目是主要的(误导)信息来源。

四、解决之道：记住这只章鱼

非线性思维的整体思路可能很难理解，它与只需看见并做出回应的概念截然相反。这让我想起多年以前一位海洋生物学家朋友遭遇到一只章鱼的故事。

当时，我和他与另外两人组成了四人小组，在位于水下60英尺[①]的水生实验室海底栖息地（Hydrolab Undersea Habitat）生活了一周时间。20世纪80年代末以前，这个栖息地是由位于美属维尔京群岛的圣克洛伊岛（St.Croix，U.S.Virgin Islands）上的国家海洋和大气管理局（National Oceanic and Atmospheric Administration）运营的。在我们即将离开加压舱的最后一个晚上，我的朋友和另一位小组成员出去夜潜，他们在大约80英尺深的海底沙坪上遇到了一只长达3英尺左右的巨大章鱼。

我的朋友在水下记录板上写下了"临终遗言"："给我和这个大家伙来张合影！"然后伸手去触碰这只大章鱼。

当时正坐在水下加压舱里与岸上基地通话的我突然看到一只满是鲜血的手从加压舱通往外界的水面上伸出，只见我的朋友浮出水面，平静地说道："只是点皮肉伤。"然后他举起手，露出手腕上长达1英寸[②]的伤口。此时，伤口已经开始肿胀起来，仿佛里面塞了一个高尔夫球（人体对章鱼毒液的局部反应）。

第二天，他的潜伴给我们讲述了前一晚发生的事情。当时，我的朋友抓起章鱼并摆好姿势准备拍照，章鱼突然夹住他的胳膊。负责拍照的潜伴说他眼看着笑容从我朋友的脸上消失了，面罩后是惊恐的表情。他奋力地想把胳膊从章鱼身下抽出，但章鱼夹得更紧了。他越是用力，章鱼夹得越紧，直到最后，愤怒的章鱼用它那鹦鹉般尖锐的喙在我朋友手上狠狠咬了一口，水下响起了他骇人的惨叫声。

---

① 1英尺=0.3048米。
② 1英寸=2.54厘米。

我的朋友继续挣扎，但章鱼仍然对他紧抓不放。后来，他终于放弃了挣扎，章鱼这才松了口，迅速向黑暗深处游去（留下了这个精彩的故事）。

这个故事的寓意是，有时候下意识的反应并不起作用。我的朋友不断地挣扎，想要努力挣脱章鱼，但是他挣扎得越厉害，章鱼抓得越紧，直到他最终采取反直觉的行动——放弃挣扎——才得以摆脱章鱼的纠缠。

传播也是一样的道理。有时候，尤其是广大公众，他们并不想听那些直接告诉他们的信息。你可以试着把所有你想告诉他们的事实一股脑地抛出去，他们只会举起手堵上耳朵。直到你最终找到一种迂回的沟通方式，他们才会开始听。

让我们来看看《乔恩·斯图尔特每日秀》（The Daily Show with Jon Stewart）。2008年，《纽约时报》的一位评论家提出："乔恩·斯图尔特（Jon Stewart）是美国最值得信任的人吗？"这位评论家是在认真地对此表示质疑。《乔恩·斯图尔特每日秀》深受大众喜爱，听众越来越将它当作严肃的新闻来源，但是节目中对信息的包装其实非常间接，充斥着各种废话与谬言。但在这样一个信息饱和的社会中，这个节目逐渐变成了许多人喜欢的新闻来源。

无论是面对一名电视观众还是一只愤怒的章鱼，有效的方法并不是进行全力反击或者提供直截了当的事实，而是要另辟蹊径。

五、一种强有力的观念：唤起和满足

目前，在这些基本动态原理中呈现出一种模式。我讨论过的内容大多包含两个部分，即客观与主观、直接与间接、拘泥于文字与不拘泥于文字。

我曾经讲过科学由两个部分——从事科学研究与对科学进行传播组成，也曾讲过传播同样由两个部分——内容与风格组成。我还讲过成功的政治和商业由两个部分——报告或产品的生产及其游说或广告组成。

这两个部分就是阴与阳，这里与那里，潮起与潮落。一旦从这个角度看待问题，你就会发现，这种动态原理无处不在。这正是我在拍摄有关科学演讲的视频时的体会。

从南加利福尼亚大学电影艺术学院毕业后我获得了电影创作艺术硕士学位，1994 年我离开了学术界，很多前同事都觉得我遭遇了中年危机，觉得没有机会再见到我了。后来的我沉浸在电影制作、表演课程、好莱坞的社交、电影首映和冲浪运动当中，对我来说，学术已经成为遥远的过去。

1998 年，我的一群科学家老朋友邀请我参加在丹佛市举行的一场致敬艾伦·科恩（Alan Kohn）的讨论会。科恩是我在华盛顿大学（University of Washington）本科学习期间最尊敬和喜欢的教授之一。他们邀请我在会议的间隙讲一讲我的电影制作。我如约前往，那天我见到了 5 年来所有未见过的朋友。更重要的是，那一整天，我听了 20 位科学家的短报告，他们分别介绍了各自当前的研究。

这些报告与我从事科学研究期间见到的报告没有什么两样——报告人站在小小的屏幕前，背对着观众，指着他们杂乱的、令人困惑的幻灯片（在 PPT 还没有出现之前），每说一句话就会嘀咕一声"嗯"。报告人漫无边际地谈着他们的报告内容，感觉没有开始、中间或结束的节奏，直到主持人最终出面打断说"您的报告时间结束了"。这时候，他们才从自己单调的声音中抽身出来，转向观众并说道"我觉得今天要讲的就这么多了"。我坐在后面听着报告，难以置信地看着这一切，暗自纳闷："我以前是怎么耐着性子坐着听完这些报告的？"我小小的脑袋不仅已经适应了尖叫的表演课老师，还有几十堂电影拍摄剪辑课程。我看过许多令人异常亢奋的电影，直击你的眼球并让你的大脑视觉皮层都在颤动。

从数量上来说，在这个每秒 30 帧的世界里，我已经工作了 5 年。如果一帧就是一幅图，一幅图能够表达 1000 个单词，可以说我生活在一个每秒 30 000 个单词的世界里。

现在我突然又来到了这里，面前是一个节奏缓慢、单调且通常没有图片的报告，以每秒大约两个单词的速度进行着。这就仿佛是一位棒球击球手在面对着一个变速球一样。

返回南加利福尼亚大学后，我跟一些生物系的朋友说这些报告非常差劲。他们的回答是："我们知道，我们是科学家，我们不擅长做报告。"我跟他们讲了一些我在电影艺术学院里学到的关于视觉表达的技巧，以及视听报告的一些简单组成要素，比如足够大的屏幕和清晰的声音。这引起了他们很大的兴趣，大家一起凑了一些钱，让我制作一个时长20分钟的小视频来探讨这个问题，视频名为"谈论科学"。

我采访了电影、传播、戏剧、生物学和物理学院系多位教职工，以及对我来说最重要和最有趣的，是南加利福尼亚大学安纳伯格传播学院（Annenberg School for Communication）的一些教职工。10年之后，在那个视频的所有采访中，有一段格外引人注目，我认为它为"传播的这些事儿"提供了其中一条最有力的通用规则。

这段原话来自传播学教授汤姆·赫理翰（Tom Hollihan），他讲得十分简练："做大众传播的时候，只要记住简单的两点：唤起和满足。你首先需要唤醒公众，让他们对你所讲的内容感兴趣，然后你要满足他们的期望。"

就是这样。先激发兴趣，然后施以教育。

当你开始明白这一点，就会意识到大多数失败的传播工作都是因为没有做好其中的一个方面。他们或者是没有先激发起公众的兴趣，或者是直接进入满足公众期望的部分。每当我问到科学家的研究内容时，我总是会立即被淹没在各种研究细节的讲述中，这样的事情不知道发生了多少次。

与之相反，好莱坞的人常犯的是另一类错误，他们调动起公众的兴趣了，后续却未能提供任何实质内容。好莱坞一流的行为古怪的环保分子总是充满激情，并且能让其他人对某个问题感同身受。然后，当对方想获得确切信息时，却只能听到一堆"真诚的"废话。我自己也觉得，在《嗖嗖声》中去戏仿和嘲讽这种缺点显得我有些刻薄，但剧中那段台词是我最爱的一段——制片人转向我说道:"我们对全球变暖感到激情澎湃,也十分难过。我们只是不知道为什么难过。"

六、学术界与被提前激发的观众

回想起当教授时,我对自己的演讲技巧可是感到十分自豪。学生们通常会非常认真地听我讲的每一句话,至少我自己是这么认为的。直到有一次我们去缅因州进行夜间实地考察,我才发现事实并非如此。一路上,我都在车里跟学生们讲我在澳大利亚研究大堡礁期间的精彩故事,他们也对我的滔滔不绝表现出兴致勃勃的样子。

但那天晚上我们在露营时,我无意间听到了一队学生的谈话——他们并不知道我就在帐篷外面。他们笑着说自己是如何不断鼓励我继续讲故事的,因为我看起来乐此不疲,这能够让我对他们的印象更好从而给他们打更高的分数。那是我第一次意识到学生们并不是单纯的听众。

实际上,与之相反,他们是"被提前激发了"的观众。他们怀着对课堂讲义的"兴趣"走进教室,并不是因为老师才华四溢,讲课十分精彩,只是因为他们想得高分。我知道这听起来有些讽刺,而且无疑有很多学生确实对讲课内容感兴趣。但让我们面对现实吧,多数学生去听讲只是为了得高分。教授真的不用浪费时间和精力激发学生的兴趣,因此许多教授也没有这样做。

结果是,教授可能在讲课时看着讲台下专注的眼神,想着"天哪,我讲得真好——学生们把我讲的全都听进去了。"

我都数不清多年的好友中有多少人深受其害了。这非常令人遗憾,因为偶尔确实会遇到某些教授,他们很清楚学生不是单纯的听众,也知道学生需要被唤起和满足。这些教授讲起课来仿佛有魔法一般,令人沉浸其中。

在我有限的经验里,我认为其中最厉害的当属当代最伟大的进化学家之一史蒂芬·杰·古尔德(Stephen Jay Gould)。在哈佛大学研究生院，他是一位非常出色的讲师，我曾有幸为他所教授的生物学导论课担任助教。他为《自然史》（*Natural History*）杂志月刊撰写专栏超过25年的时间，时至今日，你依然可以从他的月刊专栏文章中感受到他在唤起和满足观众方面的天赋。

他的每一篇专栏文章都会以一些唤起读者兴趣的段落开头（新闻学教授喜欢称之为"钓饵"），其中提到一些与科学无关的事物，比如棒球、米老鼠、建筑、戏剧、绘画等，所有这些都会引发读者开始思考："哇，这个挺有意思，但与进化有什么关系呢？"

这个问题，以及这种被唤起的兴趣，正是他引出枯燥乏味且缺乏人性的科学部分的切入点。

七、为什么科学家需要艺术家？

古尔德教授给了我另一个启示：科学自身并不能引起广大听众的兴趣。只讲科学对于公众是不够的——科学太冰冷、人复杂、信息性太强了，科学需要结合一种更加人性化的要素。这就是科学家需要艺术家的原因。

典型的愤世嫉俗的科学家会看着艺术家的作品——一些看似疯狂的绘画或舞蹈，"咯咯"地傻笑着说道："这看起来有点让人无语。"但艺术家的作品却能够打动人心，它可以激励人们，而这种激励能让人们想要启动大脑。这时候科学家就可以上场了。

唤起和满足是多么至高无上的真理，希望所有的传播者都能重视这一对要素。希望不再有人受困于直白的科学思维，误以为传播之道就是"满足和满足"。

八、异端的警示：电影并非有效的教育媒介

那么问题来了："应该如何唤起观众的兴趣？"电影由此登场。它有着强大的传播能力。但是在讨论电影的优点之前，让我先来说说电影

在传统教育中是如何被误用的。

这要从1967年我在堪萨斯州肖尼市霍克格罗夫小学上7年级时说起。在科学课上,从蝇蛆的生命周期到人类生殖过程,无论学习什么,我们都不得不观看"咔咔"作响、屏幕忽隐忽现的老旧科教片。

从此,我就对沉闷的科教类影片产生了怨恨,并且认为电影不是长期教育学生的有效方式。为了给这一直觉找到一些具有逻辑性的依据,我花费了大半生的时光。

我的观点是,电影不是有效的教育媒介,但确实是极其有力的激励性媒介。让我从一些历史故事讲起。

九、另一个异端的警示:教育科技常常被夸大了

一个普遍的情况是,几乎每一种教育科技都被夸大了。所有的创新,无论是电影、电脑还是网络,都被作为解决学生学习困难的灵丹妙药引入教育之中。

斯坦福大学(Stanford University)的拉里·库班(Larry Cuban)教授对这个整体模式有过详细的记述。在《卖得太多,用得太少》(*Oversold and Underused*)一书中,他考察了教室中过度配置电脑的问题;在《教师与机器:自1920年以来教室中应用的科技》(*Teachers and Machines: The Classroom Use of Technology Since 1920*)一书中,他带着明确的怀疑态度对电影在教学中的作用进行了分析。在后一本书中,他奉上了电影发明者之一的托马斯·爱迪生(Thomas Edison)在1922年所说的一段话:

> 我认为,电影必将变革我们的教育系统,并将在数年之内取代大部分教科书,即便不能全部取代的话。应该说,平均而言,当前教科书的效率只有2%。在我看来,未来的教育将会以电影的方式进行……其效率将有可能达到100%。

听起来，爱迪生想象中的未来教育像是《发条橙》（*A Clockwork Orange*）中的场景：孩子们早上8:00出现，坐在躺椅里，眼皮被撑开，一直看电影看到下午3:00。

实际上，库班描述了20世纪70年代的一些情况，美属萨摩亚群岛（American Samoa）针对爱迪生提出的基本理念进行了一些验证。在如此偏远的地方，学校只能招聘到很少的合格上岗教师，所以他们进行了一些其他尝试。他们将美国一些顶尖教师的课程进行录制，制作了录像带并寄到萨摩亚群岛的学区。学生们被要求全天观看讲课视频，正如爱迪生所预设的一般。但短短几周之内，学生们就发起了抗议，他们将一台播放授课视频的电视机扔出窗外，实验项目不得不提前终止。看吧，强迫之下人们并不能长时间地观看视频。

虽然爱迪生关于课本将很快从学校中被淘汰的预言至今尚未实现，但如果他能够看到网络正在扮演他为电影所设想的角色的话，也许会感觉到些许安慰。

无论如何，我认为在很大程度上，"教育片"这个名称从术语上来说有些自相矛盾。电影在教育方面并不高效，因为教育是围绕着灌输，也就是对信息的不断重复这个关键特征开展的，我们的大脑产生了合适的结构，让我们能够随着时间的推移记住这些信息。我们都记得在小学课堂上需要跟着老师反复诵读。而我能够在表演课上收获颇丰的大部分原因是，老师一遍又一遍地重复最基本的原则。但这与电影是相悖的，甚至与讲故事也是相悖的。

在南加利福尼亚大学，这一点表现得格外明显。除非你要制作某些有关记忆或梦境的场景，或者《土拨鼠之日》（*Groundhog Day*）和《劳拉快跑》（*Run Lola Run*）等类型的影片，否则一个电影片段只能使用一次，这几乎已经成为一条金科玉律。但即便是在这类特殊影片中，反复观看重复的情节也会让人感到无聊、厌倦甚至恼火。

在真实的教育情境中，周期性地停下来重复讲过的所有内容，并在不同的情境下反复练习是十分必要的。这就是与观看影片相比，教育让人感到乏味的原因之一，同时又是一个更加主动的过程。而关于教育最重要的一点是，你的付出总会有所回报。

这是否意味着电影绝不该出现在教育场景中呢？

当然不是，我完全不是这个意思。我的本意是，对教育者而言，关键是把电影作为一种教育媒介时要知道他们面对的是什么，而他们面对的是这个……

十、最终的（好的）警示：电影是优秀的激励媒介

很简单，事实就是如此。当《壮志凌云》（*Top Gun*）在1986年上映时，我的一位高中好友曾在一周之内反复看了10遍。这部电影给他带来了很大的触动，他与其他大批立即受到激发的有志青年一起加入了空军。当时，美国空军学院（U. S. Air Force Academy）的参军人数出现了显著增长。

20世纪90年代，影片《侏罗纪公园》在古生物学方面也起到了同样的作用。对于为什么人们要去选择从事这些职业，这两部电影都没有提供任何统计学或逻辑方面的论点。它们带来的是一种激励，不过这种激励不是通过大脑，而是通过运用大量的幽默、刺激和情感来讲述一个好故事。

无数的例子表明，电影、电视节目和纪录片以及它们所讲述的故事在一个人的职业发展过程中提供了激励。但这并不是说电影擅长传达信息或进行实际的教育。

我们曾在电影艺术学院的一堂课上做过一个小实验。一位教员播放了两段关于工厂中如何使用钻孔机的企业培训视频。在第一段视频中，一个人站在钻孔机旁边，介绍机器的所有主要部件及其工作原理，以及其他使用钻孔机的细节。镜头全程保持不动，视频非常清晰明了，但也十分无聊。

在第二段视频中，没有沉闷的介绍，取而代之的是在优美的背景音

乐中，伴随着悦耳的女声叙述，镜头在机器前移动，拉近到每一个部件。同时，光线也十分柔和。

十一、广大观众注重风格多于内容

所有人都更喜欢看第二段视频。但如果仔细分析视频内容的话会发现，第二段视频涵盖的信息只有第一段视频的一半，甚至没有足够的使用钻孔机的信息。此时，学生们选择的风格胜过了内容。这正是电影作为媒介的基本动力原理。

大众非常依赖视觉。为大众制作电影的基本原则是"别说那么多，展示给他们看"。而这反过来也说明了观众是如何通过电影进行学习的——用视觉的方式展示出来的东西要比口头讲述的东西更有力量。

影片中的典型例证就是，一个人看向镜头，告诉你按照他所说的去做。当你看到他摸着自己的耳朵时，他对你说道："摸你的耳朵。"然后他又说："摸你的鼻子。"这时你看到的是他摸着自己的鼻子。然后他说："摸你的下巴。"结果他做的动作却是摸了自己的脸颊。

在这项练习中，绝大多数观众会模仿他们所见到的而不是所听到的，也就是会去摸自己的脸颊而非下巴。这说明视觉通道领先于听觉通道，这也向你展示了电影这个媒介多么变幻无常。视觉具有极大的力量，也因此常被用来讲述故事。

实际上，在南加利福尼亚大学电影艺术学院，全体教员都有这种强烈的意识。因此，在第一年的学习中，老师几乎不允许我们使用声音。第一学期观看的5部电影全部都是默片，完全运用图像来讲述故事，没有对话，没有旁白，甚至画面上都没有文字。

十二、电影是一种视觉媒介

老师向我们反复灌输的一句话就是，"电影是一种视觉媒介"。为了了解视觉图像的应用，老师会在许多课堂上让我们在关闭声音的情况下看完整部电影。当电影制片人将各种可用的不同元素——视觉表达、背景音乐、音效、叙事等加入进来以后，你开始意识到电影是极其复杂的组合。

这把你又带回到我做过的简单计算中来。如果一幅图片能够表达1000个单词的意思，视频中一秒有30帧（电影中为24帧），你可以做一个计算，每分钟视频包括180万个单词的意思，或每小时视频包括1.08亿个单词的意思。一部典型的小说大约有10万个单词。那么看一个小时的视频就相当于看了1080本书！

好吧，其实我这是在胡说八道，因为从视觉上来说，在一秒钟的30帧图像中，绝大部分几乎都是一样的。但关键是，你在看电影的时候确实接收了大量的信息，其中大多数你并未真正察觉到或理解到。

20世纪60年代，这被称为"潜意识诱导"（subliminal seduction），一段时间以来，每个人都认为潜意识诱导无处不在。这个概念的意思是指电影充满了隐藏内容，诱导你购买更多的爆米花或是做其他的事情。最终，人们意识到潜意识诱导只在某些时候有效，而且很难预测它究竟在什么时候有效。但不可否认的是，有时候潜意识诱导的力量很强大。

这是托马斯·爱迪生在他的新发明中没有意识到的东西。他认为，对教育而言，电影是一剂灵丹妙药，适用于任何需要被教授的东西。人们用了几十年的时间去探索，最终才认识到电影在某些方面极其强大，在其他方面则非常糟糕。但绝大多数老师对此仍然一无所知。举一个例子，来说明这在我的科学领域中具体是如何发挥作用的。

世界上大约有35种主要的无脊椎动物，也就是没有脊骨的动物。一些种类的无脊椎动物天生要比另一些更有趣，一些种类的无脊椎动物看起来就像蠕虫一样，平平无奇。包括像章鱼和乌贼在内的其他种类则拥有无穷的魅力，它们可以在一秒钟内改变颜色，眼睛也像人眼一样复杂。巨蟹、龙虾、椿象（俗称放屁虫）和竹节虫等其他无脊椎动物都是神奇的生物。

当教授无脊椎动物学时，你需要让学生学习并掌握所有这些种类。在一次又一次的课程中，你讲到了几乎所有种类，并努力地让学生觉得蠕虫类比较有趣。这常常不太容易，但这就是教育要做的事——用有组织的、系统的方式将细节罗列出来，把教材从头讲到尾讲完，再把学生们觉得困难或者没有搞清楚的地方重复一遍，从而让这些知识在学生们的头脑中巩固加强。

十三、回到"唤起和满足"的老问题

如果要制作一部关于无脊椎动物的教育片，你有两个选择。一个选择是一次讲一个种类，每一种类花费相同的时间，一个接一个地讲述它们各自的特征。当学生看完第15种的时候，他们可能已经开始讨厌这部电影，并讨厌无脊椎动物了。大家迫切地期待章鱼那个类群的出现，而大部分学生甚至只想赶紧看完电影了事。此时，你通常会停下来，带领大家回顾一下你讲过的所有类群，确保学生们都记住了。这时学生们再也受不了了，恨不得像萨摩亚群岛的学生将电视机扔出窗外那样把投影仪扔出去。

另一个选择则是，并不专注于教授知识本身（比如涵盖所有的教材内容），而是更注重趣味性——只讲述那些会立刻引人注意的种类。影片风格轻松活泼，重点展示一些更有趣的种类中更有趣的特征，引发学生们更多的好奇心。影片时长可以只有10分钟，看完时学生们可能已经满脑子问题了：鸡心螺是怎样抓住行动迅速的小鱼的？为何雄性等足甲壳动物寄生在雌性身上？

换言之，回到"唤起和满足"的话题。利用影片唤起观众的兴趣，如果使用恰当，影片可以成为一个强大的激发性媒介，然后再满足他们的好奇心。这正是我们在《渡渡鸟群》中应用的模式。这是一部时长85分钟的轻松影片，包含一些进化论与智能设计论之间有争议的元素，这引起了观众们的兴趣但并未满足他们的好奇心。因此在我们举行的许多活动中，我们会在播放完电影之后接着进行专题讨论，邀请进化、宗教、传播等方面的专家参与讨论，由他们来解答观众们的疑问，满足他们的好奇心。在家庭版的DVD中，我们还额外增加了幕后花絮，由几位专家对讨论会中最常提到的10个问题进行解答。

十四、并置的魔力

如我所说，电影根本不是一种非常有力的文字媒介。邀请一群专家坐下来直面镜头接受采访会让多数观众感到无聊。如果节目中没有"猫王"埃尔维斯·普雷斯利（Elvis Presley）或者连环杀手这样刺激的内容，大部分观众很快就会看不下去。想象一下没有声音的人物画面，只能看到一张张嘴在屏幕上张张合合，你根本不知道影片讲的是什么，这意味着它只能通过声音这种更弱的渠道来传播信息。

但电影有可能成为强有力的非文字传播媒介。举个例子，假如你在1964年拍摄了一个电视广告，画面中一个人面对镜头说共和党总统候选人巴里·戈德华特（Barry Goldwater）是个危险人物，这对选举的影响可能微乎其微。但如果这条关于戈德华特的广告画风变一下，在一名天真幼童的镜头后瞬间出现一幕原子弹爆炸的画面——他的竞争对手当时确实这么做了。这个广告只播放了一次就完全破坏了戈德华特的公众形象。

这就是并置的魔力——两种无关的情景对立出现，营造出一种比二者简单叠加更为震撼的效果。我的表演课老师在教授我们这一概念时，向我们展示了谢尔盖·爱森斯坦（Sergei Eisenstein）和路易斯·布努埃尔（Luis Buñuel）创作的蒙太奇片段。我花了10年时间才完全理解这一概念，却在接触电影制作的第一天就尝试应用有创意的并置手法，这也许就是直觉吧！

我最开始尝试制作电影的起因之一是，20世纪80年代末，我对在电视上看到的有关珊瑚礁的绝大多数自然纪录片感到非常无聊、沮丧和失望。数年来，我曾多次在世界上最绚丽夺目的珊瑚礁中潜水，我的脑海中大堡礁那清澈见底的海水依然清晰可见。在那里，你可以看到几百英尺以外成群的鲨鱼在追逐着鱼儿。这些记忆让我振奋。为什么纪录片不能起到同样的效果呢？

教条主义者会说："纪录片做不到，它们只是一段段视频片段而已，与身临其境是两回事。"非教条主义者则会说："纪录片可以通过运用并置手法实现这种效果，但是因为制片人并不擅长，所以没有达到这种效果。"

我是赞同后者的——电影可以具有无穷的力量。这不是一条可以被证伪的假设，所以你也不能说我是错的。

在进入电影艺术学院之前，我就已经开始了这个方向的试验，其中之一就是我制作的关于藤壶的音乐视频——《藤壶不会说谎》(*Barnacles Tell No Lies*)。我认为藤壶很酷，并想把这个观点传递给更多的人。传统的做法通常是拍摄一段藤壶的视频，配上旁白介绍，诸如"藤壶是一种奇妙的生物，它们能够随着潮汐的节律移动附肢，这是一种神奇的能力"。这种做法是在平铺直叙地告诉观众藤壶是奇妙而有趣的。

不过我并没有重复这样的老路，而是在视频中直接展现了藤壶附肢随着水流的运动，并配上一段爵士背景音乐，一位性感的爵士女歌手露出迷人的微笑，唱着温柔的小夜曲。简言之，与我那些令人尴尬的早期电影作品不同，这部关于藤壶的影片经受住了时间的检验。近20年之后，看过此片的观众仍然笑着离开影院，对藤壶留下了深刻的印象，认识到藤壶远比他们想象的要奇妙和有趣。这就是将严肃科学与无厘头甚至性感的幽默并置所产生的魅力。它可以有所作为，它可以升华，它不拘泥于文字，并且在大众传播方面可能极其有效。

十五、现在是时候讲个故事了……

对于"唤起和满足"的重要性，我觉得强调得再多也不为过。

还有另一种不同于这两步的传达信息的方法。前者是将唤起和满足分为两个步骤，还有一种古老的方式可以将二者"熬成一锅容易消化的炖菜"。这种方式称为讲故事。你可能想不到的是，讲故事至今仍是最有力的大众传播方式。但科学家在这方面存在一些问题，在第三章你会了解到。

因此（therefore），本书第二版的新增内容如下。

十六、想象力匮乏的永恒之光

缺乏想象力的思维模式是永远不会发生改变的。它随处可见，也是不良传播的祸害之源。但至少在我开始写这一章的内容时，已经出现了一种趋势，如果处理得当，情况则可以有所改观。那就是，如今每个人都认为需要更好地讲故事。讲故事是一种可以与想象力匮乏相抗衡的力量，我们还是有理由对此怀有希望的。

讲故事已经火热地流行起来。在推特（Twitter）上，用户的自我描述关键词排名第一位的是"讲故事的人"。TED演讲（TED Talks）中满是以"讲故事的力量"为主题的演讲（实际上，2013年我曾在TEDMED中进行了关于"ABT"结构的演讲，我觉得自己也算是潮流的追随者），甚至德勤（Deloitte）会计事务所的一位老板还邀请我与公司的主管共同举办了一次研讨会，因为"客户已经数次要求他们要更好地讲故事了"。

如何让讲故事不那么缺乏想象力呢？我来展示一下我所指的缺乏想象力在现实生活中的表现吧！

十七、被提前激发的冲浪/关注气候人群

我多次谈到了科学家如何"沉浸在自我世界"里，但事实上，这种

情况存在于任何职业、爱好或运动领域之中。在本书出版之前，我哥哥（他是一位律师）曾看过本书的草稿，他说："你可以为法律执业者写一本同样的书，题目就叫'别做这样的律师'。"同样的情况也适用于诸如会计、政客、技工几乎每个行业。

下面是我最喜欢的一个非科学领域的平行案例。

我非常爱冲浪，如果每周能冲浪3～5次，我就会开心到极点。我曾与冲浪者基金会（Surfrider Foundation）的人共事，这个基金会是我最喜爱的环保组织。数年之前，在该基金会南加利福尼亚分会举行的活动中，我与这个世界上最伟大的冲浪摄影师之一——勒罗伊·格兰尼斯（LeRoy Grannis）一同作为嘉宾分享了海洋保护的经验与做法。当时他已经87岁了。我介绍了"冲浪人群中的移动基线"，之后由他讲，不过他并没有讲多少话。活动在一间装饰花哨的巨大房间里举行，现场大约有50名听众，其中多数是热爱冲浪的人和他们的女友。勒罗伊只是简单地展示了3盘20世纪80年代的35毫米胶片。

一半听众——那些喜欢冲浪的人都被提前激发了。他们不需要叙事的力量。他们安静虔诚地坐着［想象一下屋子里有25位像电影《开放的美国学府》（*Fast Times at Ridgemont High*）男主角杰夫·斯皮科利（Jeff Spicoli）的人，痴迷地盯着屏幕，不时地发出"哇哦"的声音］，勒罗伊单调地一页页翻动着胶片，每张胶片大概停留5秒钟（每分钟展示12张），每卷大概耗时10分钟。冲浪青年们超亢奋地盯着这位冲浪摄影师拍摄的照片，看他击碎世界上最汹涌的浪涛。

但他们的女朋友此刻在做什么呢？姑娘们一个接一个地走出房间，来到厨房，一会儿就传来了她们闲聊的声音，勒罗伊则像是在房间里继续主持教堂活动一样。

这是一个极好的例子，也是一种罕见的不需要利用叙事的情境。在这种情境下，观众第一时间就被完全激发了起来，甚至于他们在沉浸于每一张照片的那个瞬间根本不想有什么故事来打扰他们。"别跟我说什么凯丽·斯莱特（Kelly Slater）在佛罗里达度过的童年时光，你打扰我观察他浪底转向时后脚如何半踩在尾板上了。"

在气候领域，那些关注气候的人群就好比冲浪者，阿尔·戈尔就是勒罗伊，其他的人就像冲浪青年们的女友们，她们百无聊赖地跑到厨房去聊天，根本无心听讲。所以像教堂里唱诗班一般死心塌地的观众，向他们传达信息不难，而要征服其他人则需要通过叙事的三种力量。

十八、叙事的三种力量

在本书第一版中，当我撰写本章的内容时，我尚不知道叙事的三种力量（共识、冲突和结果），现在我知道了，而且我明白了这些力量几乎能为所有问题提供答案。

要恰当地讲述一个故事，从达成共识开始，比如列出几件大家都表示赞同的事情。这一步许多科学家常常都忽视了。他们从来都不想告诉你一些"大家都知道"的事情，担心这会让自己显得愚蠢。他们比较呆板，认为"我们是来讨论问题的，那就不要浪费时间，让我们直截了当地进入主题吧"。

你可以把他们的这种方式称为"开门见山"，但这意味着跳过第一步的"达成共识"，在大家尚未了解基本情况之前就直接来到了冲突部分。为了让叙事发挥最好的效力，必须先让大家了解情况。也就是在大家对冲突感到困惑之前，你应该先打开沟通的渠道。

我们曾为一家大型药物开发生物技术公司执行故事圈叙事训练计划，其间我能清楚地发现上面所说的问题。这是一家企业性质的科研机构，工作环境中的信息高度密集化。该企业管理层提醒我说，公司绝不允许在讨论中出现"无价值的信息"。对于科研人员来说，向公众介绍一些人尽皆知的东西不仅仅是他们最大的恐惧，而且会让同事们质疑自己的专业可信度，甚至可能会因此失去工作。

结果就是，他们的讨论从一张包含五幅图表的幻灯片开始，毫无铺垫地直入主题。他们害怕让任何人感到无聊，所以抄了近路——"直接越过障碍跳下了悬崖"。然而高层领导知道在不加铺垫、直入主题这样的讨论上存在问题,尤其是面对许多未曾深度参与相关事务的副总裁的时候。所以他们把我找来了。

虽然经过了缓慢又痛苦的拉锯战,但我至少让其中一些人明白了稍微改变平铺直叙的方式有什么优势。在达成共识上先花点时间,而不是单刀直入。在下面另一种稍有区别的情况下,我将更清晰地展示花一点精力和观众达成共识的价值所在,它或许可以把信息传达给大量的"非唱诗班"成员。

十九、大人物如何进行叙事:美国家庭影院频道的《真实体育》

人们经常问我最好的电视科学纪录片是哪一部。我的答案是美国家庭影院频道布赖恩特·冈贝尔(Bryant Gumbel)的《真实体育》(*Real Sports with Bryant Gumbel*)。为了说明这一点,让我来讲两个关于珊瑚礁死亡的故事。

我曾受邀参加2017年纪录片电影《追逐珊瑚》(*Chasing Coral*)的映后座谈会。在网飞(Netflix)上看了这部纪录片10分钟之后,我回复他们说:"谢谢,你们不会希望我去参加的。"我在后面会讲到原因。

两天之后,在我依然为拒绝此次邀请感到不安的时候,《真实体育》正好播放了一个片段,报道了澳大利亚大堡礁的珊瑚死亡情况,恰好证实了我之前的直觉。这个节目片段的内容十分清晰,完美地体现了我在故事圈叙事训练计划中提到的叙事原则。我马上转录了12分钟的完整片段,并写了一篇详细的博文介绍,指出了其中所有精妙的叙事技巧。

现在重要的部分来了。有效的传播起始于也终结于你如何开始一个故事。《追逐珊瑚》在开篇就直入主题,而《真实体育》使用的手法则近乎完美。

我所说的开篇是构成一个故事的三幕之中的第一个。第一幕有一个纯粹的"ABT"结构的理想形式，因此很大程度上就是约瑟夫·坎贝尔描述的非叙事性的"平凡世界"，此时的故事还比较平淡。这也是矛盾即将开始之前的共识阶段，再之后的就是结果。你可以把它想象成一宗神秘谋杀案的开始，大家在小镇里的生活一如既往，直到一天有人突然发现了一具尸体。这基本上就是"一切平静，并且大家都开开心心，但是突然出现了一具尸体，因此，调查开始了"。第一幕到此结束。

看看《真实体育》里的专家是怎么做的〔他们确实是真正的专家，曾获得 20 多项艾美奖（Emmy Awards）和两项皮博迪奖（Peabody Awards）〕，你就会发现他们严格遵循了这种形式。他们用整整 3 分钟的"共识"作为片段的开头。我们随着布赖恩特·冈贝尔潜入一片美丽的珊瑚礁。他与向导谈论着眼前的那些迷人生物，惊叹于生物之千变万化，没有人会对此表示异议。3 分钟一到，真正的故事开始了，布赖恩特说道："但是，有一个问题……"

再看看《追逐珊瑚》，我们看到的又是什么呢？在开场 5 分钟以内——进展不到全篇的 5%——主持人讲述着他的童年，讲述他从事广告代理的工作，讲述对当今美丽的珊瑚的评论，并且提到一个问题（正在死亡的珊瑚礁），然后又提到第二个问题（无法将这一信息有效地和观众沟通），接着我们看到了死亡的珊瑚礁，但我们此时还不知道健康的珊瑚礁长什么样子呢！在没有展开一个清晰的故事之前，我们就看到了一锅"共识、冲突和结果"重复而混乱的"大杂烩"。

二十、复杂性：业余思维的祸患

专业人士呈现的简洁之美，与缺乏经验的制片人表现出的过度复杂一对比，让我想起了在南加利福尼亚大学电影艺术学院时最难忘的一次课堂实验。老师把我们分成小组，给了我们标志性电影《唐人街》（Chinatown）的剧本中的一页，让我们列出表达这一页内容所需的所有镜头。

那一页讲的是年轻的墨西哥男孩在河谷上骑着马，从杰克·尼科尔森（Jack Nicholson）身边经过。在我所在的小组中，我们讨论的结果是，这里用了一个河谷的广角镜头，一个男孩特写，一个杰克的特写，一个马蹄的特写，一个男孩骑马的运动镜头，一个从杰克背后拍的升降镜头等。有好多的精彩镜头啊！

每个小组都把自己认为需要的镜头列表写在了黑板上，数量从15个到20个不等。之后老师给我们展示了电影中实际所运用的镜头。猜猜有多少个？

只有3个镜头。

仅此而已。十分简单、清晰和优雅。这非常形象地说明了业余思维会怎样做，那就是在每件事上都过度思考。

我们当时都觉得自己好傻。这就是过于复杂的《追逐珊瑚》的业余水平与清晰、顺畅、简洁的《真实体育》专业之间的差别。

关于这件趣事顺带提一句：在我那篇博文发表一周以后，我收到了一封来自美国家庭影院频道《真实体育》制作人查普曼·当斯（Chapman Downes）的邮件，在信中他感谢了我对影片的称赞。后来我们找时间通过电话愉快地聊了一个小时，我得以详细地了解了《真实体育》的团队是怎样以及为何会成为如此优秀的故事讲述者，可以用四个字来概括他们成功的秘诀，那就是叙事直觉。

这个节目大约始于1995年，主要制作团队成员已经合作至少15年了。他们在叙事上有着某种深刻的直觉，这是他们取得成功的关键。我十分笃定的一件事是，你永远不会看到他们的作品缺乏想象力，他们总是有好故事可以讲。

注　释

[1] 出于隐私原因，凯文·诺顿这个名字是虚构的。
[2] K. Auletta, "The New Pitch: Do Ads Still Work?," *New Yorker*, 28 March 2005.

［3］D. Mattera, *Memory Is the Weapon*（Johannesburg: Ravan Press, 1987）.

［4］Pew Oceans Commission, *America's Living Oceans: Charting a Course for Sea Change*（Washington, DC: Pew Charitable Trusts, 2003）. Final report available for download at www.pewtrusts.org.

［5］A. C. Revkin, "U.S. Is Urged to Overhaul Its Approach to Protecting Oceans," *New York Times*, 5 June 2003, p. A22.

［6］P. Shenon, "Sept.11 Commission Plans a Lobbying Campaign to Push Its Recommendations," *New York Times*, 19 July 2004.

［7］D. Wilmot, J. K. Sterne, K. Haddow, and B. Sullivan, *Turning the Tide: Charting a Course to Improve the Effectiveness of Public Advocacy for the Oceans*（Capitola, CA: Ocean Champions, 2003）. Final report available for download at www. ocean champions.org.

［8］图 2-1 中的数据来自 www.boxofficemojo.com。

［9］D. Halberstam, *The Powers That Be*（New York: Knopf, 1979）.

［10］J. Groopman, "Being There," *New Yorker*, 3 April 2006, pp.34 -39.

［11］M. Kakutani, "Is Jon Stewart the Most Trusted Man in America?," *New York Times*, 15 August 2008.

［12］《谈论科学》是我1999年在采访了南加利福尼亚大学电影、传播、戏剧、生物学和物理学等院系的教职工后制作的一个时长20分钟的视频。这不是一个"如何做科学演讲"的权威视频，但它确实触及了一些有意思且重要的方面，那就是科学家对有效的传播漠不关心，却愿意在科学会议期间耐心听完一个又一个很差的报告。从理论上来说，这个视频的DVD版本仍然可以从南加利福尼亚大学瑞格里环境研究中心获取到。

［13］L. Cuban, *Oversold and Underused: Computers in the Classroom*（Cambridge, MA: Harvard University Press, 2001）.

［14］L. Cuban, *Teachers and Machines: The Classroom Use of Technology Since 1920*（New York: Teachers College Press, 1986）.

［15］"Great Barrier Reef: Dying Down Under," *Real Sports with Bryant Gumbel*, Episode 244, produced by Chapman Downes, 18 July 2017.

［16］*Chasing Coral*, directed by Jeff Orlowski（Netflix Productions, 2017）.

第三章　别做差劲的故事讲述者

我想跟各位分享一下我一生中在公众场合最难以启齿的一段经历。1990年春天，斯派克·李（Spike Lee）的电影《为所应为》（*Do the Right Thing*）在美国上映。我当时还是新罕布什尔大学的教授，忽然有一天，斯派克出现在校园里参加一场名为"和斯派克一起打开迈克（电影主人公）"的小型活动。1000多名学生将学生活动中心的礼堂挤得水泄不通，他们都想通过两个立式麦克风向他提问。我决定去碰碰运气。那段时间我带着一个剧本刚刚踏进好莱坞，于是我开始向斯派克讲述我的旅行，我在哥伦比亚电影工作室的会议，我见到的执行人说了些什么，还有很多其他的细节。就在我发言的5分钟后，一些奇怪的事情发生了。我开始听到有回音在巨大的礼堂里回荡，一开始听不太清楚，只能听到有些声音，之后像是几百个学生的声音，像大合唱一般。最终我暂停了讲述，才听清了他们在说什么："说重点，说重点，说重点！"一阵恐惧感瞬间向我袭来。我回头看了一眼斯派克，然后用一句话迅速结束了发言："那么，这到底是怎么一回事呢？"接着我像丧家犬一样低着头，走到了大礼堂的后面。后来我发现学生广播电台正好在直播这一活动。第二天就有学生在生物系的走廊拦住了我，问道："奥尔森教授，昨晚那个问了半个小时问题的人是您吗？"

一、你挺没意思的

我曾经有一个德国女友，她非常有趣，来自巴伐利亚，那儿的人都很爱大笑。我也曾受邀作为客座博物学家与哈佛大学校友一起去旅行，这意味着我可以向他人解释在挪威、南极洲、澳大利亚和美国中部旅行途中的所见所闻。我带着我的这位女友参加了其中几次旅行，她会一直听我和那些人说啊说啊，最后，到每一天结束时，她都好像有些受不了了。所以她晚上最喜欢做的事情就是，在我终于不再说话时，注视着我的眼睛说道："你挺没意思的。"

确实如此，有时候我都觉得自己很无聊。我是从我的父亲那里学到的无聊的"艺术"。他是一位军事历史学家，我和我的两个兄弟、两个姐妹都是他餐桌上的学生。20世纪60年代早期，父亲在越南担任军事顾问，他觉得我们几个兄弟姐妹都非常需要了解越南问题的深度和复杂性，所以他经常给我们讲。但是他关于越南的讲述不仅仅是讲越南当时发生了什么，那就太简单、太切题了。他的讲述非得从从前的从前讲起，回到美国介入之前，甚至法国介入之前，回到……噢，我不知道，也许应该追溯到古生代。他能喋喋不休地说上几个小时，不讲故事，只是闲聊，一再向我们输出他脑海中浮现出的那些毫无联系的事件，而我们兄弟姐妹几个人就像那天喊着"说重点"的学生一样。（我怎么会在公共场合犯和他一样的错误呢？一定是遗传因素在起作用。）

真是一个大大的惊喜：我长大后居然成为一名科学家，然后你猜怎么着……

二、科学家不擅长讲故事

你真的需要证明科学家不擅长讲故事的证据吗？如果是的话，你可以走进任何一个实验室，问问其中那个眼镜片最厚的人"你在这儿研究什么？"然后你可以坐下来，将胳膊肘支在桌子上，手托下巴，听他畅谈半个小时。我是怎么知道的？因为在澳大利亚海洋科学研究所（Australian Institute of Marine Science）做博士后的时候，我就是这样的一个人。当有人想了解我的水下海星幼虫自动成长室的情况时，我就会开启一段长篇大论，直到他们的好奇心被扑灭。"你们想要了解更多吗？"对着他们做逃跑状的背影，我还自豪地问。

这真是个问题。我的一个朋友给我起了一个绰号——"啰唆首长"，当我准备要滔滔不绝的时候，她就直截了当地说道："今晚就到这儿吧，啰唆首长。"

如果回顾一下史蒂芬·杰·古尔德在《自然史》杂志上发表的那些精彩文章，你就会看到如我提到过的那些"要素"——划分清晰的结构，开头几段唤起读者的兴趣，然后在接下来的部分给予读者满足感。这种方法在某种程度上奏效，但事实上有些文章的开头确实让人疑惑："这跟科学到底有什么关系？"后来，特别是在古尔德晚年时，他渐渐撰写太多给予读者满足感的那些部分了，有些文章一页又一页地详细介绍分类学家和自然史。最后，连我这个"粉丝"也被劝退了。这种先激发后满足的老一套也只能帮你把读者挽留至此了。

因此，"唤起和满足"策略有它的局限性。对所有的科学家来说，这有点像对生物的大小施加限制的表面积与体积的函数一样——当达到某一个极点时，生物体将没有足够的身体表面来进行气体交换，这个生物体的体积就不可能再大了。当达到这一点时，生物体必须有一个循环系统。换句话说，必须要用另一种方式来做事情了。对于传播来说，这种超越了简单的"唤起和满足"模式的另一种方式就是讲故事。

这是一种非常强大的传播手段。讲好了故事，你就能同时唤起兴奋和实现满足，读者或观众对接下来更大量的信息也就能保持兴趣"在线"。

讲故事一半是艺术，一半是科学。我们已经有了故事，就像我们一直在讨论的其他几点一样，讲故事也由两部分组成——一部分比较客观，另一部分比较主观。

第一部分，故事结构（或仅仅是故事本身）是讲故事的客观部分。

故事结构是一门科学，是可以被教授和分析的。好莱坞的主流制片厂都有故事部门，聘有故事编辑和故事分析员。电影艺术学院里开设有无数的故事写作课程，教授讲故事的基本组成部分。

大多数剧本都有一个公式化结构，几乎精确到某一页上。一个标准的剧本大约有120页，包括3幕，每一幕大约分别为30页、60页和30页的长度，每页大约需要一分钟放映时间。在这三幕中，有许多结构点，比如"第一情节点"，按照惯例通常会出现在第23页和第28页之间。正是在这一点上，开场时平静安宁的世界突然被重大的"引发事件"，比如绑架、谋杀或宣战所破坏。然后在脚本的中点附近有一个"中间点"（大的意外）……接下来还有许许多多的结构，脚本分析员可以依此确定这些脚本是否遵循了公式化结构，如果没有，则需要交给"脚本医生"来修订。

故事结构具有大量看似客观的规则和一致性，这些会让科学家感到高兴和满意。

但还有叫作"角色"的第二个因素，这个因素就要主观多了。故事偏向科学的一端，人物则偏向艺术的一端。角色是演员们说话、穿衣、走路、摆姿势和大笑的方式，以及所有那些最终会成为多年后人们谈论他们最喜欢的电影时模仿的点点滴滴。

我在电影艺术学院时最喜欢的一句名言来自对1921年经典无声电影《启示录四骑士》（*The Four Horsemen of the Apocalypse*）的导演雷克斯·英格拉姆（Rex Ingram）的一次采访，他在采访中说："十之八九，人们会记住他们所喜欢的电影里的角色，而非故事。"这句话千真万确。

想一想你最喜欢的电影。也许是《卡萨布兰卡》（*Casablanca*）。你仍然记得亨弗莱·鲍嘉（Humphrey Bogart）饰演的里克·布莱恩（Rick Blaine）这个痛苦、愤世嫉俗的美国侨民，还有所有关于他追捕惯犯、美好友谊和弹奏钢琴曲的著名台词。大多数人不会想起里克欺骗雷诺（Renault）的那个片段。你想到的往往是你最喜欢的电影里的角色，比如洛奇（Rocky）、瑞特·巴特勒（Rhett Butler）、多萝西·盖尔（Dorothy Gale）、阿甘（Forrest Gump），而不是故事情节。

角色强大、深刻且复杂，但它同时非常令人难以捉摸，让人难以触及和分析。听起来有些熟悉对吗？这与内容和风格的差异是一样的。因此可以想象，如果一位科学家要成为一名编剧，他可能自然而然地更注重故事讲述而非角色展现，他会把全部事实叠加起来，讲述精心设计且错综复杂的故事，而笔下的角色都很乏味。

尽管角色是强大且令人难忘的部分，但故事的重要性不言而喻，真正的魔力还是要通过架构合理的故事表现出来。从在电影艺术学院学习到现在，我一直在艰难的尝试和错误中稳扎稳打地学习这一点。

进入南加利福尼亚大学电影艺术学院后，我们很多人都认为自己是伟大且有天赋的导演，很快就会导演大制作的电影，不费吹灰之力就可以让它们像精密机器一样运作。3年后，我们几乎都崩溃了，自信心备受打击。

电影艺术学院的确会让你那样，因为在学校里你了解了电影的无限复杂性（记住我之前列举的所有元素），然后发现讲一个简单明了的故事是一门真正的艺术。仅仅是元素的多样化就会产生巨大的复杂性，然后还要考虑演员们有些神经质的性格（想想我那位疯狂的表演课老师）。你开始意识到，你不是在运作一台精密的机器，而是在设法开一辆方向盘不牢固、挡风玻璃上满是泥浆的老爷车。导演一部电影并非易事。

在第一个学期，我们学到一句简单的古谚："如果它没出现在纸上，就不会出现舞台上。"意思是说，如果你没有投入大量的时间和精力来写一部真正优秀的剧本，使参与到电影中的每个人都能对完成后的作品有一个清晰的画面，那么你很可能无法拍出一部非常好的电影。

一开始我以为这是无稽之谈。我是一个才华横溢的电影制片人，对自己想拍的电影有十分清晰的愿景，不需要受制于一些乏味的剧本。我知道，在我内心深处，无论剧本多么杂乱、无聊和无意义，我都可以通过演员和镜头把它拍成一部杰作。

没有想到的是，我实在太天真了。最终我不得不用笨办法去学习，我是在遭受一连串的打击下完成的学业。

当我从电影艺术学院毕业的时候已经42岁了，实际上已经到了好莱坞的退休年龄。尽管我在电影艺术学院时导演了一部获奖的音乐喜剧，但要找工作的时候依然困难重重。那是1996年，我遇到的每个经纪人和经理人都告诉我，音乐剧是20世纪50年代的东西，它已经退出历史舞台了。尽管几年后又出现了《红磨坊》(*Moulin Rouge !*)、《芝加哥》(*Chicago*)、《艾薇塔》(*Evita*)以及一大波颇受欢迎的音乐剧。啊哈，这就是好莱坞！

我想导演喜剧。最后，我找到的唯一机会是导演一部特色喜剧。几个年轻演员写了一个很平庸的脚本，自己来演，他们找到了一个私人投资者，并聘请我做导演。我自负满满地投入这个项目中，决心证明自己可以点石为金。但很不幸，我最终失败了。最后我们拍成的电影尽管有趣，但是演员演得不太好，故事也没有讲好，没有人打算买下它并将它搬上大银幕。

整个过程让人非常痛苦。1999年，我陷入了绝望之中。所有喜爱我音乐剧的知名经纪人和经理人（尽管他们告诉我音乐剧已死，但是他们仍欣赏我所做的一切），以及那些仍在想办法帮我找工作的人只是匆匆地看了一眼我拍摄的电影，一切就都结束了。这就是他们在好莱坞的行事方式：你只有一次机会。那些人都摇着头，仿佛心里在暗暗说："他就像所有其他笨蛋一样，我们知道他不能导演影片。"

我用了7年时间才摆脱那部失败的电影给我所带来的创伤。但是当我最终走出创伤的时候，制作《渡渡鸟群》时的体验让我终于明白为什么好莱坞如此注重讲故事。这是在经历了无数痛苦和折磨之后的顿悟。

那是我电影拍摄生涯中最具震撼力的经历，它揭示了非常多的东西，以至于我现在必须在痛苦的细节中去回忆这一切，不过我会在你开始对我叫停之前尽快地说到重点。

三、打造《渡渡鸟群》的故事

这部分的重点是你必须要有个故事。

正如我前面提到的，2005年我在《纽约客》上看到H. 艾伦·奥尔一篇题为"退化：为什么智能设计不是"的文章，它几乎立刻促使我开始拍摄《渡渡鸟群》。受到我所接受的即兴表演训练和梅斯纳技巧训练的影响，我很快组建了一个团队飞往堪萨斯州，在那里用了一周时间拍摄采访。随后我们又到东海岸进行了一周的采访。不知不觉，我已经坐在洛杉矶的剪辑室里了，向朋友们展示这些采访，并且得到了他们的热情回应。

他们一遍又一遍地说着同样的话："这些素材太难得了，现在如果你能把它编成一个故事，就会拍出一部好电影。"

是的，很简单，这就好像是你站在客厅，看着地板上数百件你从家具城购买的尚未组装的组合桌、梳妆台和砧板的配件。但是你并没有关于成品的说明或图片，只有一群朋友在赞赏这些零散部件的美，以及对你的鼓励："我们知道你可以的，我们能感觉到这些都是好东西。"

他们的言外之意是："不过，如果你不能把这些东西有效地组合到一起，你就要作为一个彻头彻尾的失败者被淘汰，你会为你那么好的采访对象在你身上花费的时间而感到内疚。"

当我们开始剪辑采访内容时，这种压力感与日俱增。现在我想告诉你的是，这部电影是如何在每周剪辑一次的基础上完成的，希望你可以像我一样去欣赏讲故事的魔力和力量（表3-1）。

表3-1　在前五周的剪辑过程中，纪录片《渡渡鸟群》故事线的演变过程

第一周	集合剪辑 （形成的版本时长3.5个小时）	学者
第二周	约翰·卡尔弗特（John Calvert）/墨菲·穆斯，西雅图发现研究所、多佛审判案①、智能设计论、堪萨斯、进化论	老师

---

① 多佛学区教育委员会要求九年级的科学课程在教授进化论时必须由教师向学生宣读约1分钟的声明，学生将被提醒达尔文理论的漏洞与问题，以及提醒除了进化论以外的其他理论的存在，包括但不限于智能设计。这一要求遭到了11位来自宾夕法尼亚州多佛的学生家长的控诉，并由美国宾夕法尼亚中部区域联邦法院提起诉讼。2005年12月20日，法院裁决多佛学区代表违反宪法，并禁止多佛学区在公立学校的科学课程中教授智能设计。——译者注

续表

第三周	发现研究所、进化论、堪萨斯、墨菲·穆斯/约翰·卡尔弗特、多佛审判案	老师
第四周	多佛审判案、智能设计论、发现研究所、进化论、堪萨斯、墨菲·穆斯、约翰·卡尔弗特	老师
第五周	序幕　墨菲·穆斯	
	第一幕　进化论与智能设计论 　　　　旅程：前往堪萨斯	
	第二幕　在堪萨斯寻找卡尔弗特 　　　　与龙遭遇	
	第三幕　真正的龙：西雅图发现研究所 　　　　解决方案：信息战	

剪辑的第一周,我做出了一个所谓"集合剪辑"的东西,也就是把所有有趣的采访片断和场景拼接成时长三个半小时的片子。我只向一个人——我的好朋友和长期信赖的制片人泰·卡莱尔(Ty Carlisle)展示了这个版本。看后,他说道:"开头不错。很明显你已经有眉目了,现在去写剧本吧。"

它就像一块即将被雕刻成断臂维纳斯的巨大大理石,但现在它还只是一块巨大的、形状不规则的石头。

第二周我开始对顺序进行整理。我给自己制定了一大堆规则,比如"故事需要从我母亲的趣事开始,从她和堪萨斯州智能设计论领域的大律师约翰·卡尔弗特是邻居讲起",以及"它需要设法将什么是进化论以及为什么教授进化论如此重要这两点整合起来",还有其他一些我在剪辑过程中制定的规则。

一个周五,我把与我一起工作的六七个人召集到办公室一起看片子,包括我的声音编辑师、动画设计师、制片人、摄影师等。这次剪出来的片子时长大约两个半小时。结束后,我打开灯,发现每个人都显得很疲惫,他们做了长长的笔记。我们开始讨论,尽管每个人的评论都像泰前一周所说的,素材也不错,但是没有一个人露出笑容。

他们开始翻阅笔记,这时出现了分歧。一个人说:"你得把多佛审判案作为开头,因为现在的新闻就在报道。"另一个人说:"不,你应该把多佛审判案作为结尾,让影片看起来与最新的时事同步。"讨论持续了一个小时,几乎每个人都持有不同意见。每个人建议的调整范围都很大,比如"把这整个部分挪到前面",但没有人对自己的建议特别有信心。

我开始着手下一次剪辑。这次从对西雅图发现研究所的描述开始,引出智能设计论的主题,然后继续下去。第三周形成的版本缩短到时长大约两个小时,但是当我在观看结束后打开灯时,大家脸上的表情看起来更糟糕了,而且每个人基本上还是不赞成我的做法。

最糟糕的是,我与团队中的其他人开始出现了很大的意见分歧。我表达了自己的异议:"我实际上很喜欢这个剪辑版本,对我来说,它相当不错了。"然而其他人说:"它仍然没有讲出一个好故事。除了大学教授,没有人愿意看这部电影。"我们之间的分歧越来越大,我开始认为这是针对我个人的人身攻击,这导致了第四周周末的一次大爆发。

当第四周观影结束灯亮起来的时候,对决即将开始。我面带微笑地说道:"这部片子看起来差不多了。"但其他人并没有笑,每个人都说:"抱歉,但这不是一个故事。时间序列是不错的,但它们叠加在一起并不能建立起任何东西。这部片子挺无聊的。"

这些言辞里无疑带着对立的情绪,后来我们之间确实发生了争执。我开始斥责每个人,说他们没有鉴赏力,这明明是一部很棒的电影,而且我差不多完成了。我们的经费已经用完了,不得不这样做。但他们都坚持自己的立场,毫无赞美之词(我的朋友们态度都很强硬)。最后我终于爆发了,冲他们大喊大叫起来,让他们滚出剪辑室,说他们糟透了,根本不知道自己在说什么。

当他们都离开之后,我关上门,坐在电脑前。周围一片漆黑,我盯着电脑屏幕,开始意识到这个花费20万美元做出来的东西其他人竟然告诉我说除了大学教授外不会有人去看。这怎么可能呢?我仿佛一下子跌进了深渊。

我打电话给泰,告诉他接下来的三天可以放假了。随后,我回到家里,拿了几天换洗的衣服,返回来继续工作。我做了标准电影写作应该做的事情,把每一个场景都填写在索引卡上,然后全部放在地板上,开始寻找一个可能的故事结构。在此期间,我靠叫外卖填饱肚子,睡觉就躺在沙发上。剪了一遍又一遍之后,一个非常简单(回想起来又是如此显而易见)的故事慢慢浮现出来。

故事讲述的是一个男人踏上旅途,去拯救一个陷入困境的少女,他必须保护她不受隔壁的那条龙的伤害。但当他最终与龙对峙的时候,对方变成了一只泰迪熊。他意识到真正的威胁不是来自这条龙,而是来自一个邪恶帝国,在第三幕中,他开始去寻找这个邪恶帝国。

最终,这或多或少形成了我讲述的《渡渡鸟群》的故事幕后的"神话"结构。那个"男人"是我,那个"少女"是我的母亲,她的"家园"是堪萨斯,"龙"是她的邻居,也就是智能设计论的律师,而"邪恶帝国"是位于西雅图的发现研究所。

周三夜晚的某个时候,我终于捕捉到了这些灵感,并把这些粗糙的碎片拼凑起来。周五下午,我打开门,把所有人请回屋里看我重新"拼装"好的东西……奇迹发生了。

当观影结束我打开灯时,我终于看到了大家的笑脸。他们说,"这很有意思",还有人说,"怎么好像一下子就演完了,好像才30分钟"(其实时长接近两个小时)。最重要的是,有人说"你终于有了一个故事"。

他们的观后笔记记得很少了,也没有再建议调整大块的素材,做大的改动,而是说"你应该给史蒂夫·凯斯博士(Dr. Steve Case)再增加几秒钟露脸的机会,也许可以做一个图表来说明他在说什么""你母亲应该出现更多的镜头",诸如此类。

无论是在剪辑片放映期间还是在公映期间,观众再也没有皱起眉头或感到无聊了。这个结构简单的故事,让这部电影经历了不同规模的数百次公映。将灯光调暗,向每个人讲述一个简单的故事,让他们从各种各样的事情中暂时解放出来。真的太神奇了。

这样你就超越了"唤起和满足"的二分法,让故事继续进行下去,信息也就可以一直流动……直到永远。一部好的电视连续剧就是这样,它围绕一个持续的故事，不断向观众提供有关角色和故事的信息。

四、但有一点，你必须暂停怀疑

现在我们已经知道如何通过讲一个故事，以一种令人非常愉悦的方式来传递信息了。似乎如果科学家对传播感兴趣的话，他们就会利用一切机会来讲故事。但是这里有一点要说。

观众如果喜欢一个故事，他就要参与到一种被称为"暂停怀疑"的信任过程中。写下了《古舟子咏》（*The Rime of the Ancient Mariner*）的诗人塞缪尔·泰勒·柯勒律治（Samuel Taylor Coleridge）在《文学传记》（*Biographia Literaria*）一书中创造了这个词，他提到"愿意暂时停止怀疑，构成了诗意的信仰"。

观众必须从头至尾都愿意相信讲故事的人，不会停顿下来自问"我真的相信这种情况会发生吗？"如果一个人不得不停下来问自己这个问题，他就不可能会真正享受这个故事。这是讲故事的一个基本规则，也是科学家显得格格不入的地方，因为他们的工作就是质疑一切。

科学家往往被训练成了不轻易上当的人。当你把一篇论文给一位科学家看时，他不会轻易相信论文中的每一个字，而是会质疑前提，质疑假设，要求看数据，要求你引述你的来源，就好像在没有踢一下轮胎确保它工作正常，没有打开引擎盖检查发动机之前，科学家通常是不会轻易去搭乘一辆汽车的。这就是为什么"科学家同意……"这句话是有实际意义的。但伴随而来的还有两种代价。一种是讲故事的代价，另一种就是"讨人喜欢"的代价，这点我将在第四章中进行讨论。

我的电影《嗡嗡声》推出后，就出现了拒绝"暂停怀疑"的科学家。这部电影是一部"伪纪录片"，将我从科学家变成电影制作人的现实与我试图做一部关于全球变暖的纪录片但遭遇了无数问题的虚构前提混合起来。这种混合的体裁最终让科学家从普通观众中分离出来了。

这并不是说科学家不能欣赏大量的故事。不过，我仍然确信他们实在不像普通大众那样喜欢故事。他们认为自己是故事受众的"代驾司机"。当每个人都沉醉于娱乐中时，科学家保持着一定程度的清醒，始终关注着事实。

1977年，我在《今夜秀》（The Tonight Show）节目中看到强尼·卡森（Johnny Carson）和科学家卡尔·萨根正在谈论当时上映不久的科幻电影《星球大战》。萨根认为这部电影非常有趣，但他仍然表示对片中的一些小细节上的失误深感失望，比如汉·索洛（Han Solo）用"秒差距"（parsec）这个词作为时间单位，但它实际上是一个距离单位。

你现在一定在想："这会发生在任何人身上，如果我去看在我的家乡布朗克斯（Bronx）拍摄的电影的话，发现远处有白雪覆盖的山脉，就像成龙在温哥华拍的《红番区》（Rumble in the Bronx），我在欣赏这部电影的时候也会有同感。"但是，这对于科学家来说不一样，这种思维在科学界是一种最基本的思维方式，它适用于一切事物。

五、原型情节、微情节和反情节

这里值得花一点时间来深入探讨一下故事结构，以及为什么它是传播的基本组成部分。如何叙述故事其实就是我们如何理解自己的生活。

在这方面，罗伯特·麦基（Robert McKee）的《故事》（Story）是我认为写得最好的书之一。麦基将情节分为三种类型，并用一个三角形描述了它们的结构（图3-1）。三角形的顶部是经典大片的故事线，其背后蕴藏着神秘的结构，他称之为原型情节。

原型情节产生了麦基所谓的"经典设计"，意指我们所认为的所有标准事物——一个英雄动身去与邪恶势力做斗争，面临挑战，并经历许多跌宕起伏，最终大获全胜，故事在皆大欢喜的结局中结束。从《星球大战》到《第一滴血》（Rambo）等电影都是这样的结构。

三角形的底部是两种与原型情节截然不同的类型：微情节和反情节。微情节和原型情节几乎是相反的，在微情节中可能不存在任何一个

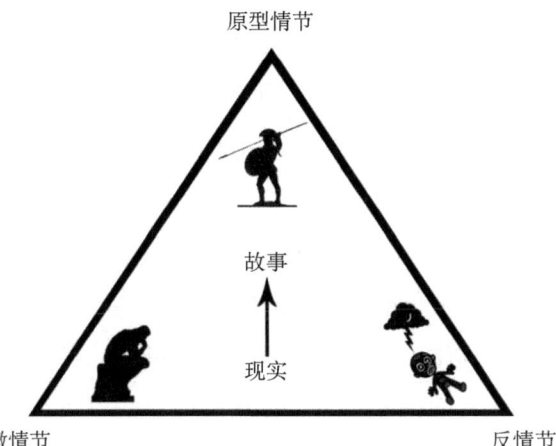

图3-1 改编自罗伯特·麦基的《故事》一书中故事情节的三角形结构

英雄,斗争可能不是针对坏人而是存在于英雄的头脑之中,也可能存在许多敌人,故事结局可能是模糊的和未解决的,即它有一个开放的结局。这些电影规模更小、更富艺术气息,比如《温柔的怜悯》(Tender Mercies)和《德州巴黎》(Paris, Texas)。

反情节是另一个极端,情节被抛之脑后,它并没有兴趣、心思去讲故事。事件随机跳跃,事情可能无缘无故地发生(包括巧合),并且没有多少逻辑上的联系。运用这种情节的电影包括像《巨蟒与圣杯》(Monty Python and the Holy Grail)这样疯狂的电影和像《午后的迷惘》(Meshes of the Afternoon)这样的实验性电影。

我们大部分的日常生活都是由一些在现实世界中的经历组成的,它们位于三角形的底部附近,只是一堆随机事件,它们远离原型情节,甚至可能属于反情节领域,但是,我们通过编辑、重新排列和修改信息的方式让事件变得合理化,设法让其慢慢地靠拢原型情节。我们试图把它变成一个简单的故事,一个我们知道如何去理解和建立关联的故事。我们尽量把事情简化为一个好人与一个坏人之间的明确冲突,这种冲突会引向高潮,然后抵达结局。我们并不能总是做到这一点,但是一旦做到了,效果就会令人非常满意,并且非常容易为公众所接受。

这就是我在《渡渡鸟群》中的做法。我把整个复杂的问题变成了一个简单的故事,讲述了一个"英雄"(我自己)去面对一个"坏人"(我母亲的邻居)的过程。而且如我前面说的那样,在我重组了所有的材料来讲述这样一个故事后,它立刻就变得具有可看性了。

把现实生活塑造成故事结构,这样的事情每天都会发生。我想,我第一次意识到这一点是在堪萨斯大学(University of Kansas)上一年级的时候,那时我住在西格玛努(Sigma Nu)兄弟会馆,我们经常晚上出去喝酒,在酒吧也会发生一些有趣的小插曲。第二天早上,当大家从宿醉中醒来后,就有人开始讲故事了。你瞧,在那些更擅长讲故事的人的脑海里,晚上发生的随机事件讲出来会显得更接近原型情节。例如,我们当中一个"心事重重"的家伙(我们故事中的英雄)在酒吧里被一个混蛋(他的对手)在身上泼了一杯啤酒,于是他们发生了口角(危机)。接着,这个不那么简单的夜晚被改编成一个每个人都可以看懂的简单有趣的故事。事实上,我们的英雄也是个"混蛋",他几乎没有被泼到啤酒,也没有被挑衅,这些都是为了讲述一个更好的故事而改编的细节。

关键在于从微情节或反情节向原型情节的基本运动,是一种能触动更广泛的受众的手段。现在科学家应该鼓起勇气,认识到在进行科学传播时,我们并不能比其他人做得更好,因为……

六、科学家是骗子吗?

好吧,我对这个标题感到很抱歉,但这不是我想出来的。它来自一位诺贝尔奖得主,从他的作品来看,他是一个很酷的家伙。如果你看一看当今的科学世界,再和20世纪50年代的进行比较,就会发现整个科学行业慢慢地变得更加人性化了,而少了一群艾恩·兰德所倡导的那种扭曲的、自我否定的客观主义者。今天的科学家更开明、更具人性化,而这个家伙很早就敏锐地注意到了这些变化。

他的名字叫彼得·布雷恩·梅达瓦爵士(Sir Peter Brian Medawar),他因对后天免疫耐受理论的发展与证实而与他人共享了1960年度的诺贝尔生理学或医学奖。1987年去世之前，他获得了科学界几乎所有的重要荣誉。当然，他也是一位多产的科学作家，有许多兴趣爱好，包括唱歌剧、打板球以及研究科学在社会中的作用。

他于1963年写了一篇非常有趣的短文，题目是"科学论文是骗局吗？"(Is the Scientific Paper a Fraud?)，他回答问题的口气听起来像是在说"是的"。"从某种意义上来说，科学论文是一种欺骗，因为它对形成科学发现的思维过程进行了完全误导性的叙述。"

具体来说，他对标准科学论文的写作方式表示了异议。还记得我说过的一个电影剧本的结构需要多清晰吗？对一篇科学论文来说也是如此，同样包括三幕。大多数科学论文都是按照一个非常严格的模板来写的，包括四个部分：引言、方法、结果、讨论。但这些和三幕式的结构是一样的。

第一幕是引言，该部分陈述知识的当前状态，理想状况是，在引言的最后将知识归结成一个需要研究的特定问题（相当于剧本中的"引发事件"），并提出一个假设。

第二幕"事情发生"是对方法的描述，然后以完全客观的方式报告实验结果。"仅仅陈述事实"是第二幕的基本原则。

第三幕在分析收集的事实（图表和数据表）时，引入更多的人为因素，并采用假设演绎推理法来解释上述的事实，将其综合成一个汇总方案。

就像电影的主人公在故事结尾会把一切联系起来一样，无论是兰博（Rambo）[①]阐述他的人生哲学，还是在《条纹》(Stripes)中扮演约翰·温格（John Winger）的比尔·默瑞（Bill Murray）总结他的爱国情怀，电影的第三幕和科学论文的讨论部分都是进行汇总综合的地方。这是讲故事的基本原理。

梅达瓦所抱怨的是，科学界多年来一直在装模作样，假装科学是在机器人般的程序中进行的，不受任何人类思想和偏见的非理性因素左

[①] 电影《第一滴血》的主人公。——译者注

右。科学论文的内在哲学是假设科学是通过演绎的过程进行的，即科学家盲目地收集关于一个主题所有方面的信息，然后坐下来，通过演绎过程把信息放在一起，描绘出现实的状况。

事实是，科学家也是人，从一开始他们就依赖于"感应"，即借助高度人性化的直觉。这意味着，科学家不会坐下来并用 25 个假说去解释，比如，为什么只有给定树种顶部的树枝才会结出果实？科学家从一开始就意识到，大多数可能的假说都是不太可能的（假设树木从它们的母株那里习得这种行为——你知道，这根本不是一个值得检验的想法），然后迅速把范围缩小到几个合理的想法之内。

这就是梅达瓦所说的科学论文是一个骗局。科学家告诉自己，他正在写的"就是事实"，但是从这个项目的构思之初就存在着很多偏见。这就是梅达瓦建议相比把所有的主观因素都留到科学论文的最后来讨论，科学家更应该把它们作为论文的开头的原因：

> 在传统的科学论文中，最后才出现的讨论部分无疑应该放到开头。科学事实和科学行为应该沿着这个讨论推进，科学家不应该羞于承认这一点，但他们中的许多人显然羞于承认，出现在他们头脑中的假设是伴随着思维中那些未知的领域而出现的，他们本身具有想象力和启发性，他们象征着思想的冒险精神。毕竟，如果科学家自己的著作都显示出他们自己对科学思维方式没有清晰的认识，那么他们责备别人忽略或漠视他们高度重视的科学思维方式又有什么意义呢？

这是科学家面临的一个有趣的困境。他们必须努力保持客观，消除偏见，如果科学仅仅变成了未经证实的观点，那么它就失去了意义。然而，我们不得不一遍又一遍地提醒科学家，以及普通公众，科学是由人类而非机器来开展的。

这就是史蒂芬·杰·古尔德的著作和演讲的伟大之处。他不断地指出，如果不了解科学家本人以及他们所处的时代，就无法理解他们之前的工作。所有的科学都是由普通人来做的。

七、科学写作依然是机器式的

我个人的理解是科学家机械式的倾向是有益处的，现在我想用这种认知来扭转一下这个主题。

2006 年底，在成功组织了十几场《渡渡鸟群》的公开放映活动后，我写了两页纸的矫揉造作的建议清单，罗列了如何把一部电影搬上大银幕的建议。我用自己惯用的老一套俗话来写，努力让它显得有趣和通俗，然后把它寄给我的科学家朋友史蒂文·米勒，他是这部电影的执行制片人。我满怀期待希望得到一个简单的"看起来不错"的回复。然而，第二天返还回来的文档上面满是修订痕迹，他删减、重写，几乎重新构建了整篇文章，删除了我所有的个人趣事和通俗用语，并且用一种更加冷静客观的专业口吻——科学界的口吻——来重述了我的建议。

看了他所做的一切后，我的血压立刻飙升起来，然后怒不可遏地给他发去了一封邮件，指责他"你好大的胆子！"但当我在接下来的几天恢复平静之后，一些东西开始慢慢地浮现在我的脑海中。回到我仍在从事科研工作的时候，特别当我还是研究生的时候，我学会了如何写作科学论文的初稿，并把它们交给同事，然后热切地等待他们的评价。希望收到反馈的时候，手稿上的红色笔迹（修改痕迹）越多越好，唯一会让人生气的是手稿上干干净净，没有任何红色笔迹，这意味着他们可能并没有读你的论文。你永远不想听到一句简单的"它很棒"的回答，除非是从你父母的口中。

因此，当我进入电影艺术学院并开始写剧本时，我的第一本能就是让同学读我的剧本，然后进行评论。但是我很快就发现，几乎没有人这样做。其他的同学也都害怕其他人读他们的剧本。不久之后，我也产生了这样的恐惧。这是怎么回事？

我最大的领悟是，在科学的世界，让每个人像机器人一样写作的最大好处之一就是，人人最终能够像机器人一样评价彼此的工作。因为科学论文中几乎没有涉及人的因素（它只是从头脑中创造出来的，没有心灵、直觉），在读它时你不会有太多感觉。当你在上面写下评论时，也没有多大感觉。而当作者看你的评论时，他同样没有多大感觉，有的只是对你花费时间的感激之情，或者如果你没有太多可说的，他会感到失望。

与此形成强烈对比的是，创造性写作恰恰相反。为了写出优秀的创造性作品——像大家期望的那样深入人心，作者必须为每一句话注入富有作者个性的能量、活力和生命力。创造性写作需要充分启动你的四个器官。因此，整个写作过程充满了个人色彩，而且它必须如此。人们有时说的"这不是针对你个人"这句话对艺术来说是行不通的。如果你在创造真正的艺术，就必须把一切都归结到自己身上，因为你正在用你的个性来"孕育"作品。

这也解释了为什么史蒂文·米勒对我那篇关于电影放映古怪的小作品的评论会让我反应过激。他仍是一位科学家，认为进行重大的改写并没有什么不妥。如果这是15年前一篇科学论文的草稿，我会真诚地感谢他。但这次是关于艺术，我的反应就像歌剧里夸张的女主角一样。

八、"现实终结于此"

现在让我们回到讲故事的力量上来。当我在南加利福尼亚大学电影艺术学院读书的时候，学院的教学楼由两座主建筑组成，中间由一条过道连接起来。在那条水泥过道上，很久以前就刻着这所学校的名言——"现实终结于此"（Reality Ends Here）（图3-2）。

我在1994年1月刚入校的第一天就看到了这句话，当时忍不住笑了出来。几个月后，我才开始明白这句小小的口号有多么真实。

图3-2　南加利福尼亚大学电影艺术学院的名言刻在主建筑之间的过道上
［图片来源：E. 施莫特金（E. Schmotkin）］

我把自己认为如金子般珍贵的创意带到了电影艺术学院。我在海洋生物学领域15年积累下来的让人惊叹的故事：台风、鲨鱼袭击、沉船、现代海盗，简直就是一个故事宝库。我曾在南极待了一个月，我不仅潜入了12英尺厚的冰层下，身处地球上最清澈的海水之中，还在餐厅里夜复一夜地听军用直升机飞行员讲述他们的故事，比如如何撞上了冰山，营救那些被冰压碎的船只上的幸存者，以及在巨大的座头鲸群上空盘旋。我还曾在一个海底栖息地待了一个星期，生活在60英尺深的地方，听那些支援潜水员的传奇故事，他们在钻油平台上工作，与鲨鱼搏斗，看着溺水的潜水员从大海的极深处迅速上升时皮肤变成了泡沫状。我曾听说过有些潜水员被重物拖入了漆黑阴暗的海底。

带着满腹的故事，我来到电影艺术学院，打算把它们变成精彩的电影。但是我没被警告过一点，就是在那条过道上刻着的"现实终结于此"。或者不客气地说，"我们根本不会在意真正发生的事情"。

没过多久，我就加入了一个作家小组，向他们讲述我写的一本以南极洲为背景的小说，它是我根据在那里的所见所闻拼凑出来的。当讲完这个故事之后，我抬起头，看到了小组成员满脸失望的表情。

有人问道："你能不能让一个研究基地的科学家偷运一批自动化武器到那儿，用来袭击附近基地的科学家？"

我听了一会儿，觉得这个建议太愚蠢了。"哦不，"我回答说，"那绝不可能发生。"

那个人问道："为什么不呢？为什么他们不能在自己的基地叛变，然后发起暴动呢？"然后另一个人说道："是的，就像《蝇王》（Lord of the Flies）一样，他们都被隔离起来，失去了理智。"

又有一个人插嘴说："他们做的基因工作突然赋予了他们超能力。"等等。我坐在那里开始思考："我的故事还不够好。讲故事的时候，现实会输给幻想。"这就是底线。这是一个残酷的事实。是的，电视真人秀中一些情节非常有趣，但很多都是预先安排好的。真实世界的真相——日复一日的乏味的科学研究中那些丑陋的、缺少故事性的细节确实不能满足更多观众的需求。

他们为什么要添加这些元素？因为"这样会让故事变得更好看"。在这些作家小组和课堂上慢慢浮现出一个不争的事实，我开始意识到那是一种合作关系：观众有一些特定的想听的故事，也是他们想让叙事者讲述的。如果你能锁定其中一个故事，就会瞬间让每个人都感到开心。

这就是我在精心编写《渡渡鸟群》的故事时所讲到的。当它只是我的故事时，观众的数量就非常有限。但是当我开始把细节融入他们的故事中，接近他们喜欢听的标准故事（关于一个英雄守护一个年轻女子，让她免受来自附近龙的伤害），我开始进入一种为讲故事而存在的互相认可的关系中。

事实确实如此。在闯荡好莱坞的早期，我认识了一个有趣的人叫丹尼·萨格曼（Danny Sugerman），他是 20 世纪 60 年代成立的大门（Doors）乐队的前经纪人。他和杰里·霍普金斯（Jerry Hopkins）合写了《没有人能活着出去》（No One Here Gets Out Alive）一书，它是大门乐队主唱吉姆·莫里森（Jim Morrison）的传记。他们有意识地把莫里森生活中的事件进行了处理，把他塑造成了一个神话般的存在，远比他本人在真实生活中更伟大。他们做得很棒，该书成为畅销书，吉姆的传奇故事也流传开来。但丹尼不得不面对的一大烦恼是，大门乐队的吉他手罗比·克里格（Robby Krieger）经常在接受采访时说莫里森并没有什么了不起的，他只是个普通人而已。但是，没有人希望听他这样说。

同样的，从医生变成科幻小说作家的迈克尔·克莱顿写了自传《旅行》（*Travels*），当时他还是哈佛医学院（Harvard Medical School）的实习医生，刚刚成名时，他的同事们会屏住呼吸地问他好莱坞是什么样的。如果他讲了真实情况，说并没有什么了不起的，他们就会很失望，他们想听浮夸的故事。他是这样说的："他们对待我的那种赤裸裸的伪善方式让我非常不安。我尚未理解人们只把名人当作幻想对象，而不想知道你真实的样子，就像去迪士尼乐园的孩子不想看到米老鼠摘掉他的橡胶头套，暴露出他只是一个当地的少年一样，孩子们想看的是米奇。而咖啡厅里的医生想看到'年轻的好莱坞先生'（young Dr. Hollywood）。那就是他们眼里所看到的。"人们喜欢被夸大的故事，这是人性天生的一部分。

九、准确或乏味：讲故事会犯的两种错误

现在我们知道科学家非常擅于保持头脑清醒，并且无论他们是否喜欢听到的故事，都绝不会因为沉迷其中而容忍讲述者犯大的错误。那么，准确性是故事讲述者唯一面临的关键挑战吗？

答案当然是否定的。讲故事的人面临着两大挑战：既要保证故事的准确性，又要确保故事有趣。如果忽略了其中一个，就会出现错误。我们将这两类错误称为"类型一"和"类型二"，部分原因是我想对它们进行统计学对比。

对于一个科学家来说，没有什么比不准确更糟糕的事情了。《美国大学词典》（*American College Dictionary*）把科学定义为："一个知识或研究的分支，涉及大量经过系统性整理的事实或真理，显示了一般规律

的运作。"关键部分是"事实或真理"。科学如果不是基于真理就毫无意义。这就是为什么科学造假被认为是不可原谅的,在科学领域,被发现数据造假就意味着失去了职业的所有价值,并且余生都将被驱逐出这个领域。

因此,科学家在观看有关科学的电影时,对待每个细节都十分严谨。科学相关电影的制作人常常生活在恐惧中,唯恐从科学家那里听到说他们"没有做对"。当你听到科学家抱怨好莱坞对他们的描述时,抱怨的总是"那不准确,那不是我们做研究真正的样子",而很少听到关于第二种基本错误——乏味的抱怨。

乏味是一种无聊的状态,是经历迟钝、沉闷、重复、无趣的事物。它是有趣的对立面,有趣就是指能"唤起人们的兴趣。"

"唤起"是关于刺激的。有趣的事物可以刺激大脑中的神经元,乏味的事物则不能。当大脑麻木到不能引发人产生兴趣的时候,传播就无法发生。

那么,传播不准确或完全不传播,哪个更糟糕?

这是科学家和科学传播者在尝试进行的每次传播实践中都要面临的两难境地,因为不是总能轻松地同时掌握准确性和趣味性。

让我们回到刚才提到的讲故事会犯的两个错误,它们在本质上类似于统计学家在工作中担心会发生的两大错误。

当科学家需要做出决定的时候(比如,"平均而言,这个种群的树比那个种群大吗?"),这时统计学家会被引入,他们能使我们依据数字做出满怀信心的回答,无论答案为"是"还是"否"。

对于像这类给定的决策,人们可能会犯两种根本性的错误。第一种可能的错误指的是"假阳性"的概念,通常被称为第一类错误。在法律案件中,可能产生的风险是处死一个无辜的人。在对自然进行科学描述的情况下,它所产生的风险可能是你认为自己看到了某个东西,但实际上它并不存在。

第二种可能的错误指的是"假阴性"的想法,显然应该被称为第二类错误。在法律案件中，这可能会让犯罪嫌疑人逍遥法外。就自然界而言，风险就是你看不到某些存在的东西。例如，这两个树种的大小确实不同，但是你没有足够的数据支撑可以得出这个结论，因此你错误地断定它们在大小上并没有差异。

对此最需要注意的一点是，我们并非生活在一个完美的世界里，意味着你几乎不能把工作做到保证不犯任何错误的地步。为了解决这个问题，我们最终认为其中一类错误比另一类错误更重要。在美国的法律制度中，我们把第一类错误放在首位。我们认为，在其他条件相同的情况下，我们更关注的是惩罚了无辜的人，而不是让有罪的人逍遥法外。因此我们有一个默认的规则，即在被证明有罪之前，犯罪嫌疑人是无辜的。一个国家同样可以轻而易举地建立相反的法律体系，即假定那些被捕之人有罪，直到他们能够证明自己无罪为止。关键是你必须在两者之间二选一。就像在棒球场上，"胜利属于跑垒员"①。

这就是传播的有趣之处。在讲故事时，我们会看到同样的两种错误（准确性的错误和乏味的错误），必须在这两种之中做出选择，哪一种更重要。是的，我知道你在想，"我想要两者兼顾，想要一个既准确又有趣的故事"。这是理想状态，在现实世界中，你仍然需要选择其中一个，就像你对待统计学中的两种错误一样。

当尘埃落定时，很显然，以细节为导向并且坚信准确性是神圣不可侵犯的科学家，将始终最关心准确性方面的错误。就像医生的信条是"首先，不要伤害"一样，科学家的信条是"首先，不要在准确性上犯错误"。对于象牙塔里的人来说，这是一个很好的策略，因为在象牙塔里，决策的规则为"是""不是""将来会如何"。但是随着我们社会中信息量的增加和信息传播速度的加快，"将来会如何"成为科学界越来越少的选择，这就导致了一个非常大的困境。现在我将通过一个极其重要的案例来说明这个问题。

---

① 原文为"A tie goes to the runner"，这是对棒球比赛中的一种规则解释，跑垒员在球到达之前触及本垒视为胜利，晚于球到达则视为失败。——译者注

十、案例分析：2006年两部关于全球变暖的电影

在开始讨论之前，我想先表明我对阿尔·戈尔的电影《难以忽视的真相》的总体看法。我认为它是历史上最重要且制作最佳的环境类影片。

你可能会提到蕾切尔·卡森（Rachel Carson）的《寂静的春天》（*Silent Spring*），以及它如何催生了整个环保运动，但阿尔·戈尔的电影让最广泛和最紧迫的环境问题从背景噪声中一跃而出，变成了时髦的词汇。谈论任何缺点并没有什么实际意义，那并不重要。从一个单一的媒体报道上能得到的也就只有这么多而已。他的电影远远超过了任何人的现实期望。2006年春天，当我携《渡渡鸟群》参加翠贝卡电影节时，我听到独立电影界的怀疑论者嘲笑阿尔的电影是"一个幻灯片演讲，谁愿意买票去电影院看呢？"当这部电影的全球票房收入超过5000万美元时，他们中的大多数人都觉得难以置信。这是一个巨大的成功，值得同时斩获奥斯卡金像奖和诺贝尔奖。最终，它确实做到了，大获全胜。

尽管如此，我们不妨花几分钟时间把它与另一部电影进行一下比较，这部电影与《难以忽视的真相》同年上映，由同一个执行制片人出品，主题也相同。

2006年4月，美国家庭影院频道播出了一部名为"全球变暖的真相"（*Too Hot Not to Handle*）的纪录片，这是一部内容非常扎实、个人色彩不太浓厚的作品，其特色是包括对许多顶尖科学家的采访。它在地球日（Earth Day）当天播出，并在几个月后推出了DVD版本。

2006年5月，专题纪录片《难以忽视的真相》首映。这部电影是有关美国前副总统和民主党总统提名人阿尔·戈尔毕生与全球变暖话题相关的个人叙事，故事可以追溯到他大学本科时代。他在幻灯片中展示了即将到来的全球变暖的风险，交织在一起的完全是他个人的真知灼见，其中戈尔讲述了他的妹妹和他的儿子遭遇的悲剧所带来的痛苦，偶尔也会有一些幽默的俏皮话。

有趣的地方是，除了题材之外，这两部电影还有一个很大的共同点——

主要策划人都是执行制片人劳瑞·戴维,她是喜剧作家和演员拉里·戴维(Larry David)的前妻。拉里·戴维是《宋飞正传》(*Seinfeld*)的共同创作者之一,也是美国家庭影院频道的爆笑连续剧《消消气》(*Curb Your Enthusiasm*)中的明星。

劳瑞·戴维自己就是自然保护分子的一员。多年来,她一直是自然资源保护委员会(Natural Resources Defense Council)的董事会成员和理事会成员,并因为在全球变暖问题上的不懈努力而赢得了无数的赞誉。因此,无论是从内容和风格上还是从我们说的两种潜在错误上来比较,两部电影都会很有意思。

《全球变暖的真相》内容丰富,其中包含大量科学家的谈话,科学家对自己所在的领域了如指掌,他们发言的准确性是不容置疑的。因此,它在内容上可以有"A+"的得分,它的准确度毋庸置疑。就风格而言,它的拍摄和制作水平很高,用大量美丽的自然景象来阐明科学家正在讨论的问题。至于它是否乏味,是的,这部影片缺少一种个性,它并没有讲述任何有趣的故事,大多只是让观众从散落的事实和细节中随意挑选。说到底,它很无聊。

阿尔·戈尔的电影很流畅,也很酷,而且已经尽可能地把这位以前无趣的副总统包装得很时尚了。它在风格上的得分几乎可以得"A"。它的内容也很丰富。这就是它能赢得奥斯卡奖的原因——既有丰富的内容,又有迷人的风格。

戈尔没有回避涉足一个又一个图表,当希望通过电影来打动公众时,他采用了一种无人敢用的方式。这是一部按理说不无聊的电影(不过我相信成千上万被迫观看的孩子并不认同这一点)。但说到准确性……这就是有意思的地方了。

阿尔·戈尔的电影并非百分之百地准确。无数的全球变暖的反对者竭尽所能地从这部电影中找到一些"话柄",不过不仅是反对者,支持者也认为它在准确性上有所欠缺。

也许最可靠的评估来自丹麦生物学家卡尔·弗格(Kåre Fog),他在一个网站上将戈尔电影中的"缺陷"和"错误"的数量与比约恩·隆伯格（Bjørn Lomborg）书中的"错误"进行了比较，后者受到的质疑是环境保护论怀疑态度的声音中最为突出的一个。这是一个相当公正的评估，要说有什么偏颇的话，那么它可能更偏向于戈尔，因为该网站对隆伯格的反对态度非常强烈。但即便是弗格的分析得出的结论也认为，戈尔的电影和书中至少有两个"错误"（事实上不正确的事情）和12个"缺陷"（他把缺陷定义为"与事实不符的误导性陈述"）。

《纽约时报》概述了科学界对戈尔电影的评价。文章中最重要的观点也许来自美国国家航空航天局（NASA）戈达德太空研究所（Goddard Institute for Space Studies）主任詹姆斯·汉森（James Hansen），他也是对乔治·W.布什政府如何处理全球变暖问题的主要批评者。文章中写道："汉森说，'阿尔有着出色的全局观，他透过树木看见了森林'，并补充说戈尔经常做得'比科学家好'。不过汉森博士还说，前副总统的工作可能存在'不完美之处'和'技术上的缺陷'。"

当这些话出自一个如此有力的科学来源，而且是一个正在为全球变暖竭力而战的人时，你就会知道这部电影中真的存在"准确性的错误"。

当我们看一下衡量两部电影"成功之处"的几个简单指标时，我们发现了什么？在我写本章内容的时候，我看了下亚马逊网站的DVD销售情况，美国家庭影院频道的电影排位刚好超过35 000，而阿尔·戈尔的电影排在第431位。在互联网电影数据库（www.IMDb.com）上它们各自的页面上，我发现美国家庭影院频道的电影只有两条外部评论，阿尔·戈尔的电影却有357条评论（表3-2）。

表 3-2 《全球变暖的真相》与《难以忽视的真相》的对比

	《全球变暖的真相》	《难以忽视的真相》
亚马逊排名	35 000	431
互联网电影数据库上的外部评论	2	357

猜猜哪部电影的影响力更大？试着问一下你的邻居他们听说过哪部电影。在美国家庭影院频道电影的两条评论中，有一条评论实际上是对

这两部电影做了直接对比。在提到戈尔电影的导演戴维斯·古根海姆（Davis Guggenheim）时，这条评论是这样说的：

> 古根海姆的电影在传记内容和科学内容之间的分配更加均等，《全球变暖的真相》则更强调事实和数据，它算不上最引人入胜的展示。就好比抱子甘蓝和巧克力：一种对你有好处，当然每个人都应该分享；但是另一种肯定更美味，也更有吸引力。

现在，最重要的细节来了。我采访了一位在《全球变暖的真相》中出镜的科学家。这位科学家告诉我，制作那部电影时，劳瑞·戴维工作非常认真，全力以赴保证科学上的正确性，付出了时间、精力和娱乐价值方面的巨大代价（正如上面的评论所指出的）。

但是，在制作阿尔·戈尔的电影时，"劳瑞·戴维基本上要求所有的科学家退出"。这位科学家告诉我说。劳瑞·戴维只是说，全球变暖这个话题太重要了，不能让它陷入烦琐的事实、过分关注细枝末节和糟糕的叙事的泥潭里。

他们在阿尔·戈尔的电影中就是这么做的。他们制作了一部全球票房收入超过5000万美元的电影，它的内容虽然不完全准确，但仍然得到了詹姆斯·汉森和大多数其他重要气候科学家的认可。最重要的是，它改变了世界。对此，你怎么看？

《全球变暖的真相》和《难以忽视的真相》有什么共同点？它们有同一个执行制片人劳瑞·戴维；《全球变暖的真相》内容很准确，但是不受观众欢迎。《难以忽视的真相》广受欢迎，但内容不够准确。猜猜哪一部里出现了很多科学家？

《纽约时报》文章的最后一段话是这样说的：

> 奥本海默（Oppenheimer）博士说："总的来说，（阿尔·戈尔）做得相当不错，在一个艰难的课题上给大家带来可信而有趣的内容。为此，他理应得到许多赞誉。如果你指责他什么，就会发现

有人不同意你的观点。但是从宏观上来看,他做对了。"

十一、你选择准确但不受欢迎,还是受欢迎但不准确

在制作任何与科学世界的真实问题有关的电影时,我绝不会赞成力求降低准确性的想法。我的电影《渡渡鸟群》中没有科学上的错误,当然它的科学内容很少,特别是和阿尔·戈尔那样大胆的作品相比。

然而,这是当今科学世界面临的根本困境。这部电影被证明是历史上最重要的环保影片之一,却又不完全准确。对此你怎么看?

主流科学家一致认为,这部电影的错误不严重,并不会改变它要传达的总体信息,他们认为总体信息是完全准确的。但如果你写了一篇科学论文,为了让图表看起来更有说服力,你在图表中捏造了数据,哪怕只是一丁点,那么你基本上可以与终身教职说再见了。

这里有一个根本性的脱节。鉴于真正的科学家所坚持的理想化、客观的、理性思考的价值观,我认为他们永远不会想要面对这个左右为难的处境。但它就横亘在我们面前,是真实存在的,就像联结分子的分子键一样,它是对科学进行传播的基础。

因此,最大的问题仍然是:当你最终意识到对科学进行有效的传播所需要的不仅是准确性时,你会怎么做呢?

去吧,和你的朋友聊聊这个话题。

十二、科学家讲故事的又一障碍

这里讲一个关于优惠券的小故事。很久以前当我还在上高中的时候,有一天我父亲坐在餐桌前吃早餐,他打开了一盒新的麦片,开始往碗里倒,但倒出来的都是些纸券。当时他上班快要迟到了,所以他站起身来,很反感地把麦片盒扔到桌上,一边嘟哝着"什么愚蠢的产品"一边怒气冲冲地出门了。

我母亲和哥哥盯着麦片盒看了一会儿，然后围了过去。盒子里没有麦片，应该是厂家生产时出了一些问题。盒子里面有1500张优惠券，每张券值一个点，集齐100张可以免费兑换一只火鸡，这意味着我们足足可以兑换15只火鸡！（我发誓这是真事，你可以问我的母亲或哥哥。）

我们在当地的商店兑换了火鸡，自己留了一些，分给朋友一些，捐给了教堂一些。我父亲从未真正搞清楚事情的缘由，我觉得他对盒子里没有麦片还一直耿耿于怀。但这个神奇的故事与科学传播和讲故事有关。

我父亲对燕麦盒中没有麦片这件事感到生气，就像现在很多科学家对科学受到攻击的反应一样。然而，就像我父亲愤然地放弃了一个潜在的机会一样，科学家同样试图让科学的攻击者闭嘴。他们正在错过一个宝贵的传播机会，一个讲述好故事的时机。

十三、故事的核心是张力或冲突的源头

在电影艺术学院里，老师教授给我们一条最简单的规则："一个好故事的核心是张力或冲突的源头。"读一读任何一本关于剧本创作的标准参考书，它都会这样告诉你。大多数电影让人感觉无聊的原因都是没有明显的张力或冲突的源头。

你觉得我在初中看到的那些科学教育类电影是在讲故事吗？当然不是。它们只讲了事实，完全没有冲突，结局毫无悬念。这就像是在看油漆晾干一样，你根本无须担心它是否会干，因为你很清楚它最终会干的。在这件事情上没有一个可以抓住你兴趣的故事。

一个好的故事从第一幕的结尾真正开始，张力就是在这里建立起来的。在电影的第一部分，我们通常会了解某些地方和某些人物。每个人都很快乐。就在你开始想"最好来点刺激的，否则我要换台了"的时候，通常真的就会发生一些事情，比如怪物来到了镇上，丈夫欺骗了妻子，或是一个孩子被绑架了。看到这些，观众基本都会说："哇，这故事看起来有意思。"

过于缺乏想象力的科学家又在这里出错了。他们看着那些攻击进化论或全球变暖的人怒不可遏，想让他们闭嘴，阻止公众听到他们的声音。你只需要看看过去五年里进化论这个话题出现在《时代》和《新闻周刊》杂志封面上的次数就知道了。之前几十年里，它几乎从未在封面上出现过，但是突然之间，智能设计论运动带来的冲突把这个主题变成了一个很好的故事，引发更多观众产生了兴趣。

科学的攻击者带来了一个潜在的传播机会，他们就是张力或冲突的源头。实际上可以利用他们来讲述一个更有趣的故事，一个可以抓住更多观众的兴趣的故事。这就是为什么我在自己的两部电影中都用到了科学的攻击者。

十四、简洁和电梯演说

我已经在这一章说得很多了，结束前讲一下如何保持简洁的问题。1992年的优秀纪录片《制造共识：乔姆斯基与媒体》（*Manufacturing Consent: Noam Chomsky and the Media*）中，传奇的语言学家和政治活动家诺姆·乔姆斯基（Noam Chomsky）控诉了他与电视媒体之间长期的斗争，他具体指的是那些不会邀请他做嘉宾的新闻谈话节目。

凭借多年的经验，乔姆斯基了解到一个被电视制作人称为"简洁"的标准：在录制现场用简明扼要的语言进行交流，而不是像我曾经在导演斯派克·李见面会上那样没完没了地说个不停。乔姆斯基认为这是一个阴谋——电视制片人决定他们是否想让你做嘉宾的最终标准并不在于你是否是他们所报道话题领域的世界顶级专家，而是你能否在必要的时候闭嘴。乔姆斯基不接受这种保持发言简洁的想法，而且在电影中他看上去对此引以为豪，并且对这种做法表示抗议。

他称之为阴谋的东西，我觉得应该是明显的常识。在讲话的时候能够同时倾听是一个基本的谈话技巧，这样你就能辨别出观众什么时候对你感到厌烦了。很多人再一次从多年的说教讲习退化成了被提前激发的学生，已经失去了自我调整的能力。从乔姆斯基在这部纪录片里的言论来看，他是表现最差的人之一。

这就引出了"电梯演说"的概念。也就是说，无论你的项目是什么，能够在乘坐一次电梯的时间里简洁地将它解释清楚。如何最有效地做到这一点？用我谈到的三幕式结构，让你的信息有一个清晰的框架。

设定你的主题（第一幕），在第一幕的结尾来一个扭转（第一个情节点）；尝试几种可能的方式来解决矛盾和缓解张力（第二幕），揭示一个可能的解决方案（第二个情节点）；然后把所有的内容编织在一起，从根源上释放张力（第三幕）。

类似这样的话：

> 我研究的是加利福尼亚海岸的一种海星，这是唯一在死寂的冬天产卵的物种，我原以为可能是因为一年中的这个时候，卵的捕食者会少些，然后我又想是因为春天是藻类旺盛生长的最佳时机。但是现在看来，这可能与海星的季节性迁徙有关。这也是我现在的研究，即产卵季也许和成年海星的活动有关。

"加利福尼亚海岸的海星"是第一幕的设置，"唯一的物种"建立起张力（提出"为什么不同？"这个问题）。"捕食者"和"藻类旺盛生长"是第二幕的多重主题。"季节性迁徙"是张力的缓解，"我现在的研究"是第三幕总结。

还有一个可以在只乘坐一层电梯时说的更短的版本，它只有一句话——"我研究的是一种海星，它们在死寂的冬天而非充满生机的春天产卵"。这就足以建立起某种张力（"为什么这种海星不一样？"），当你走出电梯时，听的人仍在思考并且产生了好奇。

这个较短的版本和好莱坞所谓的"高概念"（high concept）是一样的，即用一个句子或短语来讲述整个故事。我相信你一定听过这方面的一个终极范例，"飞机上有蛇"[①]，这实际上是2006年一部平庸无奇的

[①] Snakes on a Plane，亦可译为"航班蛇患"。——译者注

电影的名字。它是两个简单元素的组合，每个元素都有自己的故事——"蛇"代表一种最好不要被放出来的危险的东西；"飞机"代表你不希望在里面有危险出现的一个封闭空间。二者的组合会立刻激发你的想象力，这就是一个好故事的目标。

对于"电梯演说"，"产卵的海星"意味着需要在万物复苏且对海星卵的存活有利的时候发生的事情，而"死寂的冬天"则意味着一年中最不利的时刻。

十五、简洁和低俗化

正如我提到的，针对《渡渡鸟群》出现了很多批评，特别是来自科学博客博主的批评，其中一条批评是，认为我在提倡科学的"低俗化"，但实际上我正在努力做着相反的事。

让我们看一下"低俗化"与"简洁"两个术语的区别。"低俗化"指的是，你会假设观众太愚蠢以至于无法理解你要表达的主题，所以，你要么淡化所有信息；要么就干脆移除全部信息，把现实中本来复杂而精彩的事物表现得空洞又乏味。"简洁"则完全不同。它意味着用尽可能少的步骤或文字或图像或者任何其他传播方式来传递复杂的信息。前者导致的是一种枯燥、浅薄的表现方式，后者则是一种可以投射出无限复杂性的美的方式。

关于简洁性的问题可以问问数学家。一个笨拙的数学家和一个高明的数学家的区别就在于，前者需要100步才能解出一个方程，后者只需要简单的5步。要做到像后者那样，要么需要天赋，要么需要非常勤奋。这就是我所倡导的科学传播——你要么是个天才，要么是个勤奋的人。你得承认，不善于传播的人和优秀的传播者一样能够传达同样基本的信息，只是前者需要更多的时间和空间去做这件事，但最终可能留不住观众的耐心和兴趣。

十六、奈尔·德葛拉司·泰森和讲得很好的《泰坦尼克号》的故事

让我通过展示（而不是讲述）一个好故事在现实世界中的力量，把这一章打包成一组整洁的建议。

天文学家奈尔·德葛拉司·泰森（Neil deGrasse Tyson）就是科学界迫切需要的那种天生就会讲故事的人。我参加过一场好莱坞的活动，他在那里发表的一次演讲正好表达了我的观点。这次由美国国家科学院举办的活动是其新的科学和娱乐交流项目（Science and Entertainment Exchange）的一部分，旨在帮助提高电影和电视中科学的准确性。

泰森谈到了电影《泰坦尼克号》（*Titanic*）。在电影的末尾，这艘船沉没了，当船上的人漂浮在北大西洋海面上时，可以看到他们头顶上夜空中的星星。但是当泰森第一次坐在电影院里看这部电影时，他注意到了一些非常令人不安的细节。他解释说，电影制片人在那一幕放置的星星画面只能有两种可能性——正确的（北半球星群），或者错误的（南半球星群），所以他们有一半的机会放对。猜猜他们选择了哪一个？

对他个人而言，他认为这个错误搞砸了整部电影（真是典型的科学家！）。几年后的一天，他在纽约市的大街上偶然间碰到了这部电影的导演詹姆斯·卡梅隆（James Cameron），他做了自我介绍后礼貌地告诉了他这个错误。他说卡梅隆听后仔细考虑了一下，然后说道："天哪，我敢肯定如果我们没有犯那个错误，这部电影可以在票房上多赚几亿美元。"

但是这个故事还没有结束。泰森说，2005年他接到了卡梅隆的一位制片人打来的电话，他说他们正在为这部电影上映10周年重新剪辑DVD版本，并说道："卡梅隆先生说，你对我们星空的画面有一些建议。"

现在，这就是一个好故事了。3个月之后，我在一个讲故事的工作坊开始工作时讲到了这件事。两天后，在工作坊的工作即将结束时，在没有任何事先提示的情况下，我问他们是否有人还记得泰森的"《泰坦

尼克号》的故事"，此时学生们已经经历了为期两天的各种各样主题的信息风暴式的讲座和讨论。他们说的话连我都感到惊讶。一位女士完全准确地复述了这个故事，而班上的大多数人，虽然觉得她表现得很好，但都说他们可以讲得同样好。总之，这使他们相信了一个好故事所具有的力量。

泰森的故事效果非常好，部分原因在于它具备了三幕式结构的基本元素。它有一个确立了主题的开头（大制作电影中科学的不准确性），中间环节向与我们期望相反的方向发展（当卡梅隆嘲笑这种不准确性时的绝望），以及一个真正令人振奋和满意的结局（事实证明卡梅隆十分在意这个错误，象征对人性充满希望）。

这就是讲故事所展示出来的力量。如果你能为普通公众把信息概括成一个有趣的、充满吸引力的故事（有明显的戏剧性的跌宕起伏），并且尽可能地简洁，你就可能会成为像奈尔·德葛拉司·泰森一样受欢迎和有效的科学传播者。

能够讲述一个简洁、有趣、令人愉悦并能传递实质内容的故事，是每个人都会喜欢的特质。这就引出了我们的下一章，创造一个令人喜爱的声音的重要性。

因此（therefore），本书第二版的新增内容如下。

十七、"ABT"拯救世界

正如我在关于第二章新增的内容部分所说的，在过去的 8 年里，我对非叙事世界和叙事世界之间的根本分歧有了更清晰的认识。

现在回过头看这一章很有趣，看看当我还不知道"ABT"结构时，我是如何在黑暗中摇摆的。这种结构是我用来理解叙事和非叙事之间分歧的一个工具。我在本书的前言部分写了我是如何开发这个工具的，并在我 2015 年的《科学需要讲故事》（*Houston, We Have a Narrative:*

Why Science Needs Story）^① 一书中详细地介绍了它。

有两处可以看到"ABT"结构，就在我刚才所讲的两个简单故事的大纲中，我在写的时候还没有意识到，但它们都是"ABT"结构的。关于海星研究的三幕式故事从一些事实开始（and）；接着谈到，"但是（but）现在看来……"；然后陈述结果/因此（therefore）部分，"这也是我现在研究的……"。和奈尔·德葛拉司·泰森讲述《泰坦尼克号》的故事一样，而后者其实包含两个"ABT"结构。看看你能不能分辨出它们。

这一章最重要的部分，是关于我在剪辑专题纪录片电影《渡渡鸟群》时化腐朽为神奇的那段经历。早期的脚本几经修改还是乏味无趣，让我和大家都觉得很痛苦，但是我们最终做出了令人满意的版本，得以在娱乐时间（Showtime）电视网向广大观众播出。

现在8年过去了，有了"ABT"结构，我可以更简洁地做相关的解释。我们基本上从无聊的AAA（and，and，and）这种非叙事结构发展到吸引人的"ABT"（and，but，therefore）叙事结构。前者让观众痛苦，后者则带来愉悦。

上面的这三句话差不多就是我之前用好几页的篇幅来解释的内容的精华了。在这许多特性之中，"ABT"结构提供了用于讨论基本叙事结构快速而简单的便捷形式。

最近我几乎迷上了"ABT"结构。它是我现在进行的故事圈叙事训练计划的核心，这个计划正在广泛地传播（截至撰写本书时，已经有超过1000名科学家参与其中）。不久的将来，我会写一整本关于"ABT"结构的书，因为现在关于它有太多可说的了。

事实上，最近杰德·洛弗尔（Jayde Lovell）（我的故事圈叙事训练计划联合创办者）的一个偶然发现，可能是迄今对"ABT"结构最大规模的验证。在我们的一次电话快要结束时，她试着开玩笑地说："好吧，有空给我打电话？"这句话是卡莉·蕾·吉普森（Carly Rae

---

① 该书中文版于2018年6月由重庆大学出版社出版，高爽译。——译者注

Jepsen）2012 年的超级热门歌曲①的歌名。突然，她安静下来，迅速发了一条 Twitter。你试着哼哼这首歌，就会意识到她在 Twitter 上说了什么。主歌部分唱道："嗨，我刚才遇见你，而（and）这太疯狂了，但（but）这是我的号码，那么（so）也许给我打个电话吧？""so"这个词相当于"therefore"（因此）。这个音乐视频在 YouTube 上拥有超过 10 亿的浏览量。可见，"ABT"结构在世界各处都有效。

所以我说"ABT"是个奇迹，并且（and）有无穷的力量，但是（but）我正在变老，头脑变得模糊，因此（therefore）我邀请你来挑战我。如果我现在 25 岁，就会着手打造一套完整的文学作品，让我有一天能被尊为"ABT"分析论的创始人。但有一个问题阻碍了这一切的发生，那就是我已经不再年轻了，更重要的是，我真的很喜欢冲浪——远远超过和学术界做斗争。

十八、移动总统的基线

我预测最终会有一个属于"ABT"结构的胜利时刻，就像"移动基线"这个词给我们带来的一样。正如我在第二章中所解释的那样，杰里米·杰克逊和我在 2002 年发起了一场运动，希望这个术语在全社会得到更广泛的认可。从那年 11 月开始，我就在《洛杉矶时报》上发表专栏文章，算是运动的开始，最后相关的内容出现在了数十篇博客和至少三本大学教科书中。

在我们的运动发起之初，我们曾说过最终目标是"有一天能听到美国总统说'移动基线'这个词语"。2017 年春天，从某种程度上来说，我们实现了这个目标。

在谈到波托马克河（Potomac River）上消失的鱼鹰时，美国总统说："这就是科学家所说的'移动基线综合征'，每代人接受他们那一代人所生活的大自然的现状，掠夺它，然后让下一代人接受这种枯竭了的

---

① 歌名为 *Call Me Maybe*。——译者注

状况，如此延续下去。"这句话是对这一非常重要的自然保护原则完美且宽泛的总结。

这些话是哥伦比亚广播公司（CBS）电视剧《国务卿夫人》（*Madam Secretary*）中由基思·卡拉丹（Keith Carradine）扮演的康拉德·道尔顿（Conrad Dalton）总统所讲的。显然，该剧的某位编剧上过一堂很好的生态课，课上谈到了移动基线的问题。我想，因为道尔顿只是一个虚拟的总统，就实现我们的目标而言，这只是个"假消息"，但那又怎样？至少有900万观众听到了这一点，并对自己说："嗯……移动什么？"

十九、来自《南方公园》的最后忠告

我在《科学需要讲故事》一书中详细提到，我第一次受到启发并创造了"ABT"结构，是当我听到系列动画片《南方公园》（*South Park*）的共同创作者描述"替换法则"之后（有关这方面的更多内容见第五章）。就在那本书出版前不久，我向我多年的好莱坞导师迈克·巴克斯（Mike Backes）提到了这件事。是他指引我进入那位疯狂的表演课老师的课堂，并且他无所不知，在我剪辑《渡渡鸟群》时给了我强有力的指导。

迈克提到他和马特·斯通（Matt Stone，《南方公园》的两位杰出的共同创作者之一）是朋友，他主动提出帮我把描述了如何从"替换法则"改编成"ABT"结构的那个章节用邮件发给马特。几周后，马特回了一封邮件，说与观众分享这部分内容没什么问题，这些已经成为我自己演讲的主要内容。在谈到"ABT"结构时，马特说：

> 这真的很酷。如果要说我和特雷·帕克（Trey Parker）[①]在哪方面付出特别多努力的话，那就是结构了。它是如此重要，又让人特别想弄明白。我们不断地鞭策自己说因果关系是确实存在的，

[①] 《南方公园》的另一位编剧。——译者注

或者至少在情感上有暗示。然后我们加入了一些笑话等，就是这么简单！

乍一看，这看起来有点像他们标准式的愚蠢可笑，但当我更仔细地看这封邮件时，我意识到这完美地体现了我们故事圈叙事训练计划的核心理念。请注意，他说结构是"如此重要"，但让人"特别想弄明白"。这就是我们故事圈叙事训练的核心。

有效的传播不是通过一天的工作坊工作就能做到的，它需要严肃的、长期的投入。就像体育运动一样，就像布雷恩·帕勒莫和"底层"即兴表演团体一样。故事圈叙事训练需要在为期10周的时间里每周投入1个小时。

形成叙事直觉需要时间，在我们这个过于匆忙的社会，时间无疑是宝贵和短缺的。

注　释

[1] L. Grieveson and P. Kramer, eds., *The Silent Cinema Reader* (London: Routledge, 2003).

[2] R. McKee, *Story: Substance, Structure, Style, and the Principles of Screenwriting* (New York: ReganBooks, 1997).

[3] P. B. Medawar, "Is the Scientific Paper a Fraud?," *The Listener 70* (12 September 1963), pp. 377-378; reprinted in *The Threat and the Glory: Reflections on Science and Scientists* (New York: HarperCollins, 1990).

[4] J. Hopkins and D. Sugerman, *No One Here Gets Out Alive* (New York: Plexus Publishing, 1980).

[5] M. Crichton, *Travels* (New York: Harper Perennial, 2002).

[6] R. Carson, *Silent Spring* (Cambridge, MA: Riverside Press, 1962; reprint, Boston: Houghton Mifflin, Mariner Books, 2002).

[7] *Too Hot Not to Handle*, written by S. I. Hassol, produced by L. David, J. Glover, J. F. Lovett, L. Lennard, and M. S. Kaminsky (HBO Pictures, 2006).

[8] *An Inconvenient Truth*，written by A. Gore and B. West，produced by L. David，L. Bender，S. Z. Burns，and L. Chilcott（Participant Productions，2006）. 丹麦生物学家卡尔·弗格在 www.lomborg-errors.dk/Goreacknowledgederrors.htm 对《难以忽视的真相》进行了详细的检查。

[9] W. J. Broad,"From a Rapt Audience，a Call to Cool the Hype,"*New York Times*，13 March 2007.

[10] P. Jones，review of *Too Hot Not to Handle*，www.dvdtalk.com，12 September 2006.

[11] *Manufacturing Consent: Noam Chomsky and the Media*，directed by M. Achbar and P. Wintonick（Zeitgeist Films，1992）.

[12] R. Olson，*Houston，We Have a Narrative: Why Science Needs Story*（Chicago: University of Chicago Press，2015）.

[13] R. Olson,"Slow-Motion Disaster below the Waves,"*Los Angeles Times*，17 November 2002.

第四章　不要如此不讨人喜欢

在从电影艺术学院毕业之后几年的某个晚上,我和两个老同学贾森·恩斯勒、杰·洛伊(Jay Lowi),还有杰的女朋友考特尼·阿什利(Courtney Ashley)跳上了一辆车。那是个周五的夜晚,我们前往好莱坞山参加一个聚会。这一周我们都过得不错,到了周末每个人都感到很乐观。有一部电视剧正在考虑让贾森做导演,杰已在着手拍一部电影,而我手里有一个几家公司正在考虑购入的电影剧本。我坐在汽车副驾驶座上,满脸笑容地说:"到了周一下午,我们都会是好莱坞的重量级人物了。"还没等其他人有任何表示,坐在后座上的考特尼迟疑地说道:"现在,听着,我不是有意想……怎么说呢……我并不想做咱们几个人之中的'杀手兰迪'……我觉得希望实在是有些渺茫。"一车人瞬间陷入了沉默,我们都在琢磨她的话。不一会儿所有人爆发出笑声,而且一整个晚上都在笑,一个让我们沿用至今的全新的表达方式就这样诞生了。每当有人忘掉了真实世界冷冰冰的科学事实,用不切实际的乐观来欺骗自己时,就会有人插嘴说:"现在,听着,我不想做这里的'杀手兰迪',但是……"

一、如同彻底的无梦之眼

是时候归纳一下到现在为止我们所讲过的东西了,并且考虑一下它是如何影响最重要的变量的——听众席中的人们是否喜欢他们听到的东西。你能够避免不犯前三章中所提到的错误（不要过于理智，不要太没有想象力，别做差劲的故事讲述者），但如果你身上还有什么让听众不喜欢的其他东西，你依然无法进行有效的传播。所以，现在让我们认真讨论一下科学家这个角色的独特之处。

关于海洋生物学家的一个有趣的故事是：美国小说家约翰·斯坦贝克（John Steinbeck）一生中的大部分时间都在探索科学与社会之间的关系。虽然他以文字为生，但他一生中最好的朋友却是位科学家——海洋生物学家爱德·里克茨博士（Ed "Doc" Ricketts）。斯坦贝克不仅被里克茨所吸引，而且据信他很多最为深刻且最发人深思的作品的创作灵感也来自里克茨，时而也会以里克茨为创作原型。一些斯坦贝克的传记作者甚至暗示，有一次，他实在是厌倦了那些恶毒的文学评论家，还有笼罩在他头顶上的那些浮华世界的虚伪名声，他还真的尝试了一把"放弃一切"，跟着他的海洋生物学家好友全身心地投入了海洋生物的研究之中。当爱德·里克茨于1948年丧生于一场汽车与火车相撞事故时，斯坦贝克震惊不已，说道："18年来，他已经成为我大脑的一部分了。"

1940年，他们的友谊处于顶峰时刻，不过在一些人看来此时也是斯坦贝克人生的低谷，他和里克茨开启了一次海上之旅。此时斯坦贝克的第二段婚姻正亮起红灯，里克茨则正努力逃离一段失败的爱情，当时也正值世界大战爆发的边缘，这两个人于大洋之上寻求精神的逃离。归来以后，斯坦贝克写了《科特斯海航行日志》（*The Log from the Sea of Cortez*）一书（内容大多数摘自里克茨的日记），许多人认为该书包含了斯坦贝克某些最为复杂且精妙的文字。

在这本书中，我最喜欢的一个段落与科学家的角色有着密切的关系，斯坦贝克讲述了一个蒙特利的新闻记者吉米·科斯特洛（Jimmy Costello）的故事。某一天，吉米被叫到了一个海滩边，新闻报道说一条"海蛇怪"被冲上了海滩，兴奋感席卷了整个城镇。吉米设法找到了这个"海蛇怪"，以及聚集在沙滩上的围观群众。

他步履匆忙，靠近那个散发着邪恶气息的怪物，它身上的肉正在片片脱落。这个怪物的头上钉着一张纸条，上面写道："别担心，这是一头姥鲨。"落款是霍普金斯海洋站（Hopkins Marine Station）的拉尔夫·博林博士（Dr. Ralph Bolin）。毫无疑问，博林博士这样做是出于善意，因为他热爱真理，但他的善意对蒙特利的群众是个打击，他们实在太希望那是条"海蛇怪"了。就算是我们也希望如此。也许真有那么一天，我们找到或抓到了一条完整且没有腐烂的"海蛇怪"，胜利的呼声将会响彻全世界。"你瞧见了吧，"人们会这样说，"我就知道它们一直在那里。我就是有这种感觉。"在人生的海洋里，人们真的需要海怪，"海上老人"（Old Man of the Sea）①就是其中之一。

斯坦贝克接着描述了神秘的"海上老人"，继而回转笔墨写道：

> 海深不见底，暗无天光，就像我们意识的幽深之处，这里孵化出如梦如幻的象征符号，并且有时升华成为"海上老人"这样的具体景象。即使这些象征性的景象十分可怕，它就在那里，它属于我们。没有无名海怪的大洋就如同彻底的无梦之眠。

让我们花一点时间去品味斯坦贝克笔下的美妙之处。这正是科学思维的"去魅"之处——生活中所有神秘莫测、充满诱惑、"魅"惑人心且难以捉摸的事物都被去除了。在想象自由驰骋的黑暗空间里，突然有了一道亮光，但投射出的仅仅是科学之光，好奇的人们发现眼前一切如常。那就只是一头姥鲨，根本无须沉溺于想象之中。

要是杰的女朋友考特尼在那儿，她估计会让拉尔夫·博林这样写下这样的纸条："瞧，我并不想做'杀手兰迪'，但根本没有什么海蛇怪，这个东西我们以前已经见过几千次，它只是头姥鲨而已。"

镇上的所有人不得不接受这个事实，他们面面相觑，过了一会儿朝着博林喊道："不要做这样的科学家（太让我们扫兴了）！"而后他们将继续称这个怪兽为海蛇怪。

---

① 《天方夜谭》中的人物，今喻甩不掉的累赘。——译者注

这个故事又一次描绘了典型的科学家的标准心理和公众形象。科学家是一种否定性的角色：在一群被幻想蒙蔽的所有镇民中保持清醒的"代驾司机"。说真话的人是个英勇的角色，我绝非认为科学家不应该扮演这个角色。如果使用避孕套能够阻止性传播疾病的蔓延，我们当然不希望科学家因为担心破坏性生活的浪漫就在提倡使用避孕套这件事上有所迟疑。

但说到底，这种特质并不太讨人喜欢。没有人喜欢煞风景的人。这样，问题就变成了是不是有一种两全其美的方式，让科学家在扮演这种角色的同时，又不会让他们的声音变得充满否定性、讨厌和无趣？从本质上来说，就是有没有可能既成为科学家又仍然受欢迎？这是本书中最重要的这一章的焦点。

二、高高在上

在讲述这件事情更积极的一面，以及讨论受欢迎这个话题之前，让我们先从反面开始，也就是怎样会让人讨厌，以及会产生什么后果。

让我们再次回到那个让我完全晕头转向的表演课。我们被夜复一夜灌输的另外一个基本原则是：众生平等，观众不喜欢那些高高在上的角色，高高在上就是屈尊俯就、说话口气高人一等、傲慢无礼、摆架子，所有这些都是让人讨厌的特质，听众是不会喜欢的。

为了近距离地亲眼看到这一点，我们进行了一些表演练习，用两种不同的方式处理同一个问题，第一种是高高在上的方式，第二种则不是。

我们再一次回到表演课上，这次是两个学生分别扮演在家的丈夫和妻子，丈夫发现妻子偷拿了他100美元。

在第一个版本的表演中，这个丈夫怒火中烧，几乎无法控制自己，用贬低人格的方式对待妻子，用各种难听的话辱骂她："你这个蠢货、骗子、小偷，把钱还回来，不然就给你一巴掌！"

不用多久，观众就会为这个妻子感到难过，觉得她拿这些钱肯定是有原因的，丈夫应该更善解人意一些才对。在你还没有意识到这些之前，这个女人已经博得了观众的同情。

在第二个版本的表演中，丈夫竭尽所能不去显得高高在上，并且尽力把自己的位置放得和妻子一样，甚至更低。他用饱含诚恳、怜悯和理解的声音温柔地说："你怎么能这么做呢？我们很努力才建立起互相信任的关系。你一定有什么苦衷，否则你是不会这么做的。但是，你还是深深地伤害了我。"

在这种情境下，观众将会更加同情丈夫，而将矛头转向妻子，事实上观众想要帮丈夫说话，"你这个偷东西的人，你怎么可以这么做？"这时她可能会忍不住回击"收起你可怜兮兮的样子吧"这样的话。这就是高高在上，那么这时妻子就失去了观众的心。

我用了相当一段时间来理解和接受这一点，那时，我意识到了这种人际关系的动态变化在真实生活中的价值。可以这么说，自从观看了这些表演练习后，我几次将其应用到了真正的矛盾冲突之中。

事实是，当有事情变得不对劲时，特别是当人们为某些事情感到愧疚时，他们就会因此而充满戒心，并且做好了随时让矛盾激化的准备。你只需要说"你这个说谎的小偷"，对方就会提高嗓门大叫"你说谁呢？你记不记得去年我发现你……"继而冲突就失控了。

但其实此时你还能够在一定程度上控制事情的走向。如果你能够控制自己的情绪，就能将冲突引向一个完全不同的方向。我确实这样做了，并且让那些本来以为我会在愤怒中爆发的人感到惊讶不已。

就在上周，一个朋友抓到了在考试中作弊的学生，为此他来征求我的建议。我说："与其高高在上地责备学生，不如尝试将自己放在他的位置上思考。明确表示你因为他的做法受到了伤害，询问他为什么作弊，看看会发生什么。"那个学生最终果然与他推心置腹，哭着同意主动退课。教授原本已经做好了冲突全面爆发的准备，他对最后这个不同的结局感到惊讶不已。

实际上，我的《渡渡鸟群》就是避免高高在上的一次大型实践。我采访了一些我觉得他们的想法和观点既愚蠢又不合逻辑的人，但我努力控制住了自己的情绪，不去轻视他们。许多观众问我："你是怎么控制住自己不吼他们的？"而电影评论家对此片也表示赞许，因为影片避免了来自进化论者比较常见的攻击。

表演课最终得到了回报。

高高在上是通向矛盾的必然之途，有时这并不坏，但是重点是我们要知道这不是解决争端的唯一方式——更重要的是，人们不喜欢这样。

想一下那些反派人物。从希特勒（Hitler）到邪恶博士（Dr. Evil），他们身上共有的特征是什么？那就是自大地以为他们比世界上其他人都更聪明、更优秀。这是让人厌恶的特征，必然不讨人喜欢。你有多聪明，对于他人来说并不重要。事实上，有些聪明人恰恰有这样的性格特点。

英国电影制作人亚当·柯蒂斯（Adam Curtis）创作了一部杰出的关于公共关系史的纪录片，名为"探求自我的世纪"（*The Century of the Self*）。影片的前半部分主要是关于西格蒙德·弗洛伊德的侄子爱德华·伯尼斯（Edward Bernays）的。伯尼斯是一个大众传播天才，20世纪20年代，他把弗洛伊德的许多观点应用到了市场营销中，并且建立了公共关系这个职业。但是在他的女儿眼里，他十分傲慢自大、居高临下、令人讨厌。她回忆说："这会让你身边的人有点不好过，特别是当你让他们觉得自己很蠢时。为他工作的人很蠢，孩子们很蠢。如果人们没有按照他的方式做事，也很蠢。他经常挂在嘴边的词就是'呆子''笨蛋'。"

不瞒你说，2005年夏天，我从那些受过高等教育的进化论者口中也听到了同样的措辞，更加促使了我想拍摄《渡渡鸟群》。他们用各种难听的名字来称呼那些智能设计论的支持者。我暗自想："难道他们没有意识到自己的表现吗？他们对如此简单的人际交往一无所知吗？"

三、公开展示的不讨人喜欢：失礼的争辩

这里有另外一个会让人感觉傲慢自大的例子，无论是有意还是无心。不久以前，纽约市举行了一场关于全球变暖的公开辩论。辩论双方就全球变暖是否是一场危机而剑拔弩张，两支队伍都有三名专家。辩论开始之前，组织者事先调查了观众更加认同哪一方的观点，辩论结束后又进行了同样的调查。辩论中，双方展开了激烈的厮杀，单从陈述的内容来看，并没有一方是明显的赢家。

但是如果论辩论风格，根据我与三名观众的交谈，辩论中存在一个决胜时刻，那一刻足以撼动那些还没有决断的人。

这个时刻就出现在双方对某个论点展开辩论的中途。主持人问"全球变暖是个危机"辩方的其中一名成员，为什么他觉得对方在陈述中歪曲了论题。这位辩手的回答是："我认为他们没有用一种在座的人可以理解的方式来陈述。"观众可不喜欢这种话。

这话并不恶毒，并非出于恶意。我甚至都讨厌引述这件事，因为那个辩手是个很不错的人。我自己可能也会不经思考就轻易说出同样的话。但在那样的场合，感受就是现实。那样的评论被认为是高人一等的口吻。在场的人可是一群受过高等教育的曼哈顿观众，他们可不会对此一笑了之。如果观看辩论的录像，你实际上可以听到现场观众发出的反对声。

辩论结束后的民意调查显示，大约60%的观众改变了观点，加入了反对"全球变暖是个危机"的阵营。组织者在一定程度上有意让观众偏向一方的观点，这是事实，但这个小插曲发挥的作用也无可否认。通过我和三名观众的交流，可以感觉到情绪就在那一刻发生了转变。他们认为投票与那晚辩论的实质内容关系不大。影响最大的是风格，以及那个用高人一等的口气对观众说话的令人遗憾的时刻。

在这种有大量观众的大型公众场合，说话风格的影响力要比内容大得多。这对我们来说是一套本质上相当困难的动态机制。

四、很不幸，科学是一种否定性的职业

我在第三章中提到了一些相关内容，现在我将做更深入的探讨。

科学整个职业的核心只有一个词，那就是"不"。科学不是一个肯定观点的过程，而是在寻求真理的过程中试图去证伪观点。这就是"假说"的意思——一种可以被验证并有可能被证伪以及被拒绝的观点。

当你让科学家读一篇论文时，他会带着"作者有错"的假设去读，直到证实论文中并没有错误。作者要通过呈现数据或者引述资料来源来证明自己是正确的。对于论文里的每种陈述，阅读论文的科学家都会在心里说："我不确定自己相信这个。"随着作者不断地展示数据图表并引用资料来源，有良好批判精神的科学家会试图去证明作者所说的有错。

最终，科学家检查了所有的数据，查阅了引用之后，尽管努力地去挑毛病，但发现该论文的假设无法证伪。只有这时，科学家才最终开始稍微放松地说道："好吧，我想我应该能接受这个。"

这是一项艰难的工作。真的是这样。我作为电影制作人的头十年是在好莱坞的各种拒绝中艰难度过的，当有人问我是否会因被拒绝而受伤或沮丧时，我的回应通常是："你是在开玩笑吧？你知道应对科学家的拒绝是什么样子的吗？好莱坞的各位给出的理由一般是'这没有引起我多大的兴趣'，他们甚至无法清晰地阐释拒绝的理由。但当科学家拒绝你时，他们会用大量的数据和引用来源作为拒绝的基础。这种具体的实质性的拒绝才真的会让人感到很受伤和沮丧。"

五、一种称为"批判性思维"的关键事物

这种否定的方式产生了被称为"批判性思维"的东西。我相信这种思维方式在很大程度上可以通过学习获得。我这么说是因为我在大学本科时有过一次特别愚蠢的经历。

作为一个在堪萨斯州长大的农场男孩，在本科读到一半的时候，我

从堪萨斯大学转学到了位于西雅图的华盛顿大学。在那里我混进了一群嬉皮士生物学研究生之中，他们脚穿拖鞋，质疑权威还不循规蹈矩。

某天夜晚，在被熏香、蜡烛以及天竺薄荷散发的气味所笼罩的一次聚会中，我卷入了一场政治辩论，很快现场就变成了我这个来自堪萨斯州的兄弟会成员与其他人之间的对垒。终于有人打断了我，问道："你怎么知道那是真的？"我沾沾自喜、自信满满地大声回击说："我知道那是真的，是因为我在《读者文摘》（*Reader's Digest*）上读到过。"

你可以想象接下来发生了什么。阵阵尖叫声瞬间爆发，大家如同豺狼一般"嗷嗷"叫唤着，在地上打滚，甚至笑尿了裤子，还互相拍打着后背。我坐在那里，愤怒地喊道："干什么呀？怎么啦？哪里好笑了？"

真是一帮混蛋。

结果证明，那是一个让我觉醒的时刻。当时有一个声音在我的耳边回荡："是不是有可能《读者文摘》中写的所有东西并非都是正确的？"老实说，我从来没有考虑过这一点。

别担心，后来我去了哈佛大学读研究生，然后克服了这个问题。而科学世界是我"觉醒"的最大的部分。这让我相信，你实际上可以成长为一个更具批判性思维能力的人（因为我那时确实就是个来自堪萨斯的"土包子"）。

当我还是一名华盛顿大学在读新生时，在阅读某个讨论小组采用的一篇论文时，我会想："哇，好厉害啊，这研究真让人兴奋。"而后去参加和研究生的正式讨论。鱼贯而入的研究生无一例外都会说："这周的文章就是垃圾。"我的笑容和热情瞬间烟消云散，随之点头附和道："是啊，简直糟糕透了。"虽然我完全不知道为什么。

从那时起，我就学会了以"不"作为出发点来阅读科学文献。

15年以后，当我担任新罕布什尔大学教授时，我会让五六个研究生到我的办公室里讨论最近的科学文献，并且意识到局面逆转了。学生们走进来后会说"我们这周读的文章非常有意思"，我会对他们怒目而视，意思是"你们在说什么？"接下来我会把这篇论文批得体无完肤，告诉学生们里面的假说、实验以及分析设计得有多差,指责作者的讨论完全就是胡说八道。有时候他们会哆哆嗦嗦地盯着我,似乎在说:"老师,不要做这样的科学家。"

这是个问题,它处于整个科学世界的核心。它可能会,而且事实上经常横行无忌。你会遇到一些在用否定方式批判世界时失控的科学家,他们好像端坐在那里,因为过度批判和不断加重的否定情绪而最终将自己淹没在"无法摆脱"的愤世嫉俗里。

你应该看看我在新罕布什尔大学动物学院耐心开完的一些学院会议。会上,人们提出了一些很好的观点,然而15位"指出漏洞"的教授会骄傲地将其贬得一无是处。最终那些提出很好观点的人都会带着这样的想法离开:这根本不是什么好观点。

六、被科学家折磨

我在读研究生的时候亲身领教了科学家的批判性思维可以失控到什么程度。在我的论文指导委员会中,有一位教授对学生的毁灭性打击行为可谓恶名昭彰,我也未能幸免于难。他能把一个原本只有一个小时的常规口头考试——通常教授们会提问一些简单的问题,让你展现一下自己掌握了多少,然后就通过了——变成5个小时充斥着羞辱感与挫败感的痛苦折磨。那是我学术生涯中最糟糕的经历。

这位教授也毁掉了多名研究生的科研生涯。我的一位好友在努力5年后最终放弃了继续攻读博士,就因为这个人在论文指导委员会会议上对她做了同样的事,而且更加残酷。在她向论文指导委员会的5位教授展示幻灯片并陈述自己的研究时,这位教授打开了灯说道:"我想你现在就可以停下了,跟我们说一下你做这个研究的方式和一个普通的技术员有什么差别。"

你还能说什么呢?

她放弃了,而他依旧我行我素,一年年过去,他渐渐变得平和,终于不再那么毁灭性地打击人了。但是像这样的故事不计其数，这些年来我听得太多了。在与史蒂芬·杰·古尔德进行的最后一次讨论中他提到，要让一个学生获得足够的灵感与动力需要太多的正能量，而一次负面经历就足以将其抹杀，这是多么令人遗憾的事情。这不是一种平衡，我马上就会对此进行讨论。但是首先，关于这个存在于科学思维之中的谱系我要说两句。

与艺术和其他专业一样，科学需要两种元素——创造力与原则的结合。没有创造力的科学是无趣的，没有原则的科学则是危险的。让我们再一次回到科学的两种基本元素，那就是客观部分与主观部分。原则是促使科学能恰当地运行的刻板、严格且更加机械性的客观要素。疯狂的想法很不错，但如果没有原则，它们就是在浪费时间和精力。创造力则是更人性、更自由、不受限制的元素，只有解开束缚才不会被扼杀。哪怕缺少一点创造性的科学都只是在徒劳地挖掘细节而无法扩展我们对世界的理解。

但在这个谱系的两端——在遥不可及的尽头——则是黑暗之地。

如果对创造力不加限制，任由它释放到极致的话，那么终将乱成一团。这是疯狂科学家的典型形象。你可以在真实的科学世界里看到。科学家的办公室里通常是这样的场景：书籍堆得到处都是，墙上杂乱无章地贴着很多草图、会议徽章和照片。你要是向他索要一份论文复印件，他会花上15分钟在堆积如山的文件中翻个遍，边找边自言自语，没准儿还能发现找了几周都没有找到的手稿。就像是《回到未来》（*Back to the Future*）里的艾默·布朗博士（Doc Emmett Brown）[克里斯托弗·洛伊德（Christopher Lloyd）饰]一样。

这是一团乱麻有趣的一面。但悲剧的是，一旦这些科学家在科学会议上发言或是写论文，他们的数据就会像办公室一般凌乱。这可就不好笑了，而是会变得悲哀，让人沮丧。尤其是当你在报告最后的提问环节听到更厉害的科学家当众猛烈地抨击他们时。

在谱系的另一端有着更具破坏力的情况。原则在科学家的批判性思维中以及他有效地组织科学过程的能力之中都会显现出来。这至关重要，但在原则的另外一边就是万丈深渊，一个被称为愤世嫉俗的泥潭绝境（表4-1）。

表 4-1　创造力与原则谱系

一团乱麻	创造力	原则	愤世嫉俗

轻微程度的愤世嫉俗其实还有些趣味，在某种程度上可以说是健康的。但极度严重的愤世嫉俗就会变成一种有毒气体，容不得灵魂的存活。仿佛一条恶龙，只有在喷射出否定的火焰燃遍整个璀璨宇宙时，它才会感到满足。在涉及大众传播时，这种否定性的力量就像笼罩在科学世界上空的阴霾。

七、核心问题："不"不等同于"是"

那么，否定到底有什么坏处？被视为一名态度强硬的批判性思想家听起来似乎是一件好事。如果你目睹一群顶尖科学家聚在一起发挥他们的所长批判性地分析某个想法，那场景可能会让人印象非常深刻，就像一群相互竞争的男性领袖在把大家原认为有趣的东西击碎，拍打着胸脯以示自己的优势地位一样。

但当你把这种圈里的行为带到大庭广众之下时，就完全是另一回事了。在与世隔绝的科学殿堂里饱受赞美，一旦进入公众视野，可能会让人受到惊吓。因为普罗大众喜欢的不是消极性和否定，而是积极性和肯定。

不相信吗？去看看《奥普拉脱口秀》（The Oprah Winfrey Show），你就能明白我所言不虚。在这档节目中，你日复一日地看到的是什么？是充满希望与快乐、振奋、鼓舞、充实的故事……现在你明白了吗？二者之间是存在明显的分野的，这就像白天和黑夜，像科学家和世界上其他人之间一样。

去看看那些广受欢迎的电影吧！它们大多是充满希望的振奋人心的

故事，很少有超级大片的结局是英雄主人公开着卡车撞向了载满儿童的校车。

你现在可能会想："但是科学很有趣。我甚至在国家科学基金会的纽扣上看到过这样的标语。孩子喜欢科学，科学也能振奋人心。"

是的，如果是在正确的人手中并通过正确的方式传播的话，科学会很有趣。但是别忘了在科学这头"猛兽"的身体深处，有一种惊人的破坏性力量。可怕的是，这股力量既强大又统一。让我来详细讲一讲。

八、真正的信徒

我并非保守主义作家 P. J. 欧鲁克（P. J. O'Rourke）的铁杆"粉丝"，但他于1990年地球日为滚石乐队（Rolling Stone）写的稿子，的确是关于美国环境运动最具见地的文章之一。他起了一个精妙绝伦的标题——"温室效应"（The Greenhouse Affect），带着冷嘲热讽，像越野车一样冲入了环境运动的心腹之地，拿出扩音器，用更为洪亮的声音捕捉了环境保护论最为恶劣的一面。

他所讲的就是由消极与怨恨所产生的惊人的统一力量。引用埃里克·霍弗（Eric Hoffer）在《真正的信徒》（The True Believer）里的话："怨恨是所有统一战线的力量中最容易获得和最普遍的。民众运动的兴起和扩散可以不需要信仰上帝，但总离不开魔鬼信仰。"他追述了1932年发生的一段轶事，一位日本外交官被派到柏林研究国家社会主义运动，当被问及他对德国的社会议程有何看法，他说："十分惊人。我希望在日本也能有类似的东西，但不可能。"

科学世界确实也有一个"恶魔"，那就是"不准确性"。发现事实上存在的错误的确振奋人心，以至于我曾在会议上看到一些原本互相厌恶的科学家会联合起来攻击另一位科学家，因为他们都认为他的想法是错的。这基本上就是"敌人的敌人就是朋友"这个冷酷铁律活生生的例子，也展现出否定有多么强大的力量。但要再次重申的是，当其出现在主流社会中时,动力机制就不一样了。科学家在公众场合必须要学会隐藏自己内心的"弗兰肯斯坦"[①](Frankenstein)。他们通常也是那么做的。但是由于有了现代技术,现在在电脑屏幕上就能瞥见这种愤世嫉俗。

九、博客圈的"爱恨情仇"

如今,越来越多的科学家创建了自己的博客,吸引了一批受众,每天向他们讲述自己的思想与观点。这非常好。博客是特别容易引人注目的载体,它们承载的是即兴创作的东西,这种可能向任何方向发展的能量对吸引读者至关重要。科学博客能够吸引那些不会主动坐下来阅读《物种起源》(Origin of Species)但对有关进化论的坦诚辩论感兴趣的人。

不幸的是,这些辩论不仅鼓舞人心,它还真能鼓舞"恶"人心。已经有不少文章议论博主们的用语基调了,不仅仅是针对科学家的。单口喜剧演员帕顿·奥斯瓦尔特(Patton Oswalt)在喜剧中心的节目《刘易斯·布莱克的万恶之源》(Lewis Black's Root of All Evil)中,用粗俗的言辞描述了这个问题:

> 博主已经占据了人类最根本的活动——传播,并把它降级到了电子版本的抛掷便便社区。不,我要道歉,我侮辱了真正的便便抛掷协会,因为真正抛便便的时候至少还考虑风速、目标和便便的密度。

如果你去上表演课,就会对否定的动力机制略有领悟。在学习表演时(也是某种形式的传播),最初能吸引大多数演员的情绪便是愤怒。

老师一开始就给我们介绍说,表演的真正目标是在表演时"失去自我",也就是说在舞台上要完全沉浸于角色之中,演员要成为那个角色。不断说着"我在表演,我正在这里表演,这仅仅是假装在练习"的

---

① 小说《弗兰肯斯坦》中的主角,这里隐喻为"科学怪人"。——译者注

那部分大脑终将关闭。

一开始我们完全无法进入这样的状态。大家不断练习，但可以看出只不过是在练习表演。但是几周之后学生们慢慢开始有了突破，截然不同的情形魔法般地突然发生了。他们沉浸在表演中，最后老师大叫着"暂停"并走上舞台，演员有那么几秒表情非常茫然，就像是在逐渐抽离出幻想世界回到现实中。老师总能注意到这种时刻，兴奋地对同学们喊道："你们看，看看这个演员！她现在根本不知道自己是谁，她入戏太深了，她要好好晃晃脑袋清醒清醒才能回到现实。"

有趣的是，让自己进入真实表演世界最简单便捷的方式就是生气、愤怒、厌恶、泄愤、尖叫等你能想到的一切负面情绪。

老实说，最简单的突破方式无非就是在对白里用这几个字："去你的吧！"每天晚上，我们不得不坐在那里一遍遍听同学喊出这句话。

我们做了一整年的那种练习，才准备好尝试更高级的表演，包括正面情绪。那时我们才感受到了鲜明的对比。

原来让观众相信你是快乐的比让他们认为你疯了要难多了。一个标准练习是，表演听到中了100万美元彩票消息后的反应。要让这个时刻看起来可信，可是相当有难度的。这个过程更加复杂微妙，就连进入状态都很困难。我只知道一个又一个夜晚，我们坐在那里，看着同学们装作听到中大奖的消息，手舞足蹈地转着圈，上蹿下跳，亲吻伴侣，喊着"欧耶，欧耶"。但是这一切并没有让人觉得可信。

这就是我对博客圈的看法：博客的欢乐与痛苦在于大多数作者都不是老练的写手。他们大多数缺乏同读者进行传播交流的经验，却努力要发出引人关注和让人信服的声音——一种许多人愿意听到的声音。他们面临的是与表演初学者同样的挑战。

所以并不奇怪，在接近读者的过程中，他们也会倾向于采用同样的切入点，即发出直截了当的愤怒。我敢打赌，那些新晋博主，几乎所有人的第一个突破——我是说第一个被广泛传阅和讨论的帖子——不会是赞美日常生活的欢乐，而是鼓吹气愤与怒火，制造出典型的"责难"，借此吸引读者注意，让他们觉得自己正在听到讲真话的声音（需要注意的是，责难也是紧张关系与矛盾冲突的源头，能创造出让读者觉得与自己相关的好故事）。

基本情况就是博客圈里满是刚入门的新生，就像表演课那样，大家都在寻求一种声音，并且试图去写一些吸引关注的内容。愤怒就是他们的入口。

当我意识到这一点的时候，我开始对那些已经跨越了初级的负面情绪并迈向更高层次的正面情绪（但是没有甜腻的"来吧，来吧"的喋喋不休）的作者敬佩不已。他们是稀少且值得珍视的群体。当你能把积极正面性与博客的自主性很好地结合起来时，你就拥有了一种强大的传播方法。

十、积极正面性与自然选择

在我逐字逐句阅读史蒂芬·杰·古尔德的作品的那些年，古尔德将一个简单的理念植入了我的脑子里，这个理念也是自然选择的基本元素。他将其描述为相对简单的"两步走"：第一步是生产后代时充满创造性、无明确方向的阶段；第二步则是决定性、更有方向性的步骤，环境将选择出那些有着最强适应性的后代。

这个简单的自然选择的构想类似于所有我描述过的"二分法"现象。它大体上与创造过程以及科学方法尤为相似。

当你有问题要解决时，也要经历一样的过程。为找到所有可能的解决方法，你首先要进行头脑风暴，进行完全非批判性、无明确方向的思考。在这个过程中，你受到的束缚越少，就越有可能想到聪明的办法。

而后进入第二个阶段，此时你会挑出那些合理的想法。基本上可以理解为一种先肯定后否定的阶段。如果你能把二者区分开的话，这种方法相当好用。

但肯定的阶段，也就是创造阶段是最为脆弱的部分。这也是否定性能造成严重破坏的地方。只要有一个人在头脑风暴阶段说"那是个愚蠢的想法",就足以在一瞬间遏制创造的过程。这时横向思考被阻断。这就产生了"类型化思维",它折磨着无数的分类学家,他们会认为某个类群中所有的物种都已经被描述过,因而在既定类型中出现的任何变异都只是不正常的现象,而不是对新物种的有效描述。

这是一种封闭的思想,否定就可能导致这样的后果。当然,过度肯定会导致思想脆弱不堪,但那是另一个极端。

我所见过的真正有创造力的科学家身上都有一种积极正面的优秀气质。他们有创造力,能够想出绝妙的点子,那是极为积极正面的过程。最后如果你真正想通了,你会意识到那和即兴喜剧没有什么差别。只不过全是"是的,然后呢"这种思维模式在发挥作用。

十一、采访的困境:"是"与"不是"

现在我们面对着两种强大的力量——自发性的肯定与批判性思考的否定,两者看似对立,却都对科学传播至关重要。这可能会让科学家在决定如何向大众表达自己的时候陷入困境,特别是接受采访时。

他们是否应该像代驾司机那样保证不会犯错?还是应该表现得有趣、活泼,跟着"是的,然后"的节奏走,扮演活跃气氛的角色?前一种方式有可能让自己变成不受欢迎的"刺儿头";后者可能会演变成绝对的灾难,比如采访者可能会告诉全世界气候变暖将会治愈癌症,提高每个人的生活质量。

解决办法依旧是对其进行分区。就像自然选择有两个阶段,创造活动有两个阶段,以及科学研究有两个阶段一样,采访也是如此。两种模式的互相切换与交织能够在采访中产生一定的结构和复杂性,而非单维度的采访。每提出一个问题,回答从自发性的思维火花开始——一系列可能的答案,然后加上原则。

问:你认为是什么导致了恐龙的灭绝?

答：有很多可能性，可能是小行星，可能是气候变化，可能是电视看得太多了，也许它们就是无聊致死。我不知道，但是许多证据表明，其中有一个假说最符合逻辑，那就是……

有许多调整答案的方法。

十二、所以你在告诉我们去接受一下好莱坞式的大改造？

如果不受欢迎是件坏事，那么显然问题就变成了"如何变得讨人喜欢？"当然，我花了许多时间上表演课，听老师告诉我们是什么让角色变得更加可爱，每个人从上小学起就会思考为什么一些人比其他人更受欢迎。那么，科学家是否应该也改造一下自己，跟人们说他们想听的话呢？

这个问题在《渡渡鸟群》放映时被多次提出，我在这部影片的博文讨论中看到了大家的热议。许多科学家暗示我在建议所有的科学家在好莱坞花点时间，上上表演课，买点新衣服。那绝对不是我想说的，但听听科学世界里这些保守的声音还是挺有意思的。他们代表了那些永恒存在的反对改变的力量。看到他们错了是一件有趣的事情。举个例子来说，这些年来科学报告的陈述方式就一直在改变。

十三、蓝色幻灯片先驱

1976年我第一次参加科学会议。那时，所有的科学家为了演示都要亲自动手制作35毫米的幻灯片，在白纸上画图表，放在照相机架上，旁边搭好灯和照相机，再用标准的35毫米胶卷拍照。拍出来的可用于放映的幻灯片就像艺术品一般，纯白背景上是黑色的线条与文字。但是接下来就有人发现了新的制作方式。

这种方式称为重氮处理，能够在柔和的蓝色背景上制造出白色的线条与文字。科学家开始在会议上使用这种幻灯片来讲解，看起来和之前大不相同。我非常清楚地记得人们最初对这种形式的反应。

尤其要讲一下佐治亚大学（University of Georgia）的一位珊瑚礁生态学家吉姆·波特（Jim Porter），他是一位光芒闪耀、活力四射的演说家，也是最早在我的研究领域海洋生态学中使用这种形式的科学家。我还记得1978年的春天在马里兰大学（University of Maryland）举办的东海岸底栖生态学会议（East Coast Benthic Ecology Meetings）期间，我站在大厅里听着一群科学家窃窃私语，骂吉姆是一个杂耍小丑和小贩，还说"他以为他是谁？"

就好像一群教会长老对年轻人发型没有梳对而恼怒一样，同样的保守行为普遍存在。无论一种改变能否让现状有所改善，每个人都会潜意识地或有意识地努力地维持现状。

对我来说最有趣的事情，莫过于如今每个人都在用标准的幻灯片，就是那种蓝色的柔和背景配上白色的文字，无论是那天聚集在那里的科学家，还是我在其他会议上听到提出了怀疑指责的科学家。

事情会改变，但是在其他条件不变的情况下，科学家在很大程度上都像被设定为了抗拒变化。对他们来说，要适应传播内容和形式的动态变化尤为困难。

十四、今天，形式就是本质

是时候深入挖掘科学世界面临的谜题核心了。许多关于传播理论的书都已经指明了这一点，我没有足够的篇幅也无兴趣来一一讨论，因而我只推荐一本书，这真的是本好书。

理查德·莱汉姆（Richard Lanham）在2006年出版的《注意力经济学：信息时代的形式与本质》（*The Economics of Attention: Style and Substance in the Age of Information*）（以下简称《注意力经济学》）一书中提出了一句简单的口号——今天，"形式就是本质"，这句话是我们要遵从的教条。他的意思是，每个给定的信息，都可以如我们讨论的那样分为两个部分，即客观部分与主观部分，内容与形式，只不过他提到的更多的是看到信息而不是看透信息。他指的是被传播形式所吸引（即"看到"）与能够透过形式看到本质（即"看透"）之间的差异。

科学家是看透信息的高手，他们能看到传播内容的核心本质。但是大多数人仅仅只能"看到"而从来不曾"看透"。

关于科学家有这么一个有趣的事实，如果你去参加科学会议，某个演讲者穿得像小丑一样，坐在听众中的科学家就会像其他人一样，首先"看到"的是他的穿着。但如果这个演讲者开始讲述重要的发现，突然间用一种全新而重要的方法重新验证了某个假说，那么科学家将不单单只是"看到"他，而是会忽略他的外表，听到他述说的内容本质。如果他所说的真实无误，科学家之后可以毫无障碍地与他进行严肃的讨论。你只需要去某个科学会议，看看那些"怪人"（我是说可爱的"怪人"）就能明白这一点了。他们的穿着打扮跟小丑差不了多少。

有位非常著名的科学家，几十年来都不修边幅，穿得像个流浪汉，在演讲中会满不在乎地当着几百名科学家的面抠鼻子。多年来他的听众对此也见怪不怪了。这个人聪明绝顶，我们无须格外关注他抠鼻子的动作，就像无须一直在意史蒂芬·霍金（Stephen Hawking）用电脑合成的声音一样。科学家知道如何做到这一点。这甚至可以被认为是缺乏想象力的优点了——把注意力集中在真正重要的事情上。

与之相反，一般公众可能没有办法不去关注演讲者的外表。他们之后讨论的将是他看起来有多么愚蠢，他讲的什么并不重要，他们更加在意的是他的红鼻子和邋遢的鞋子。

这就是内容与形式的差异。在当今世界，人们的头脑中被注入了过量的信息。正如莱汉姆所说，我们生活在"注意力经济"之中，最稀缺的资源就是人们的注意力。处于这样的时代，倘若不被关注，你所传达的信息将毫无意义。这让我们回到了此前有关"唤醒和满足"的讨论。这其实表达的是同样的东西，唤醒就是要吸引他人关注，没有被关注，你就是在"空转机器"。

这也是有时候不讨人喜欢可以发挥作用的地方。你完全可以将其作为工具，吸引到一定（而有限）的注意力。你可以站起来羞辱满屋子的人，然后如果你迅速地将其转变成一句玩笑话，就真的可能成功地唤起人们对你讲话的关注。但有意引起人们轻微的不满，把它作为工具，与本身讨人厌还是不一样的。

同样，被人讨厌的特征还是很容易识别的，我们只要避免即可。

现在，我将进入我所讲内容中最重要的元素，也是对此前的章节所做的整合。

十五、讨人喜欢

潮起潮落。本书的高潮已经退去太久，是时候该调转方向"涨涨潮"了。

我已经讲述过科学家在向更广泛的受众传播时可能会犯的几乎所有错误。除此之外，肯定还有我没有提到的更多的错误。但是，现在应该结束批评，回答一下这个问题了："那么，你建议我们怎么做呢？"

让我们从"变得讨人喜欢"开始。我的意思并不是指要说那些人们喜欢听的话（虽然有时候这是个好主意）或是做个马屁精，这些方式都太直接了。

十六、讨人喜欢的候选人

在下一轮政治选举中，你会将自己的一票投给谁？你是否会阅读所有候选人的演讲稿，搞清楚他们在你认为最重要的议题中分别持什么立场，并且评估他们的领导能力？还是你只是会投给自己最喜欢的那个人？也许投票给在电视广告上见过的那个人，你觉得他看起来风度翩翩、头脑冷静？你应该会投给你喜欢的那一个。

这是史蒂芬·列维特（Steven Levitt）和史蒂芬·都伯纳（Stephen

Dubner）在他们热销的《魔鬼经济学》（*Freakonomics*）一书中的众多主题之一。他们谈论了人们普遍相信的观点：由于现在政治竞选会投入大量的金钱，有些人只是简单地认为谁筹得的钱最多，谁就能赢得选举。列维特和都伯纳检验了这一设想。

他们对比了两个候选人曾彼此两度竞争的众多案例。比如威廉·詹宁斯·布莱恩，他在1896年美国总统竞选中败给了威廉·麦金莱（William McKinley），而后于1900年再次与其竞争而二度败北。曾经的失败者再次尝试与同一当选者竞争，这样的案例不胜枚举。

他们调查了那些失利者在第二轮竞争中投入了更多金钱的案例，发现这样做并没有起到多大的作用。钱不是获胜的决定因素，讨人喜欢才是。当公众不喜欢候选人时，投入再多的钱也没法让这个人当选。

十七、"胖大伯布巴"与"铁氟龙总统"

彰显讨人喜欢的重要性的终极案例是什么呢？在过去的30年，这个案例是罗纳德·里根（Ronald Reagan）总统［人称"铁氟龙（Teflon）总统"］和比尔·克林顿（Bill Clinton）总统［人称"胖大伯布巴（Bubba)"］。他们两个都是美国受人爱戴的楷模，他们都仅靠个人魅力与领袖气质而成功地规避了一些事实。

我们都愿意相信普通民众总是兴致勃勃，擅长分析，悟性惊人，对于向他们所陈述的既定议题，他们会如饥似渴地阅读长篇累牍的演讲和辩论。但事实上他们不是。在我说"他们"的时候，也包括我自己。这些年我们都被信息所吞没，根本不可能阅读与分析身边的一切。

如果信息超过了一定水平，就像理查德·莱汉姆在《注意力经济学》中总结的那样，人们的关注点就从内容转向了形式，这是应对他称为"信息狂流"的唯一办法。

十八、讨人喜欢的律师

当然，这并不仅仅局限于政界，在各个领域，包括在法庭上，这种现象随处可见。

我的哥哥是蒙大拿州的一名律师，负责对本州的公共辩护律师进行培训。我曾寄给他《时尚先生》（*Esquire*）2006年1月刊载的一篇文章，现在他还会在研讨会中使用。文章标题为"昏昏欲睡的十二人"（*The Drowsy Dozen*），作者是查克·克洛斯特曼（Chuck Klosterman），他在文中的主张是，是时候抛弃愚蠢可笑、理想主义、陈腐过时的同行陪审团这个理念了，取而代之的应该是职业陪审员体系，即由普通人组成的陪审团。

查克这么认为，是因为他曾多次担任陪审团成员。在两周的时间里，陪审员的头脑中被塞进了法医科学、纤维分析、DNA测序，以及各种各样复杂的细节性证据。但当陪审员们在两周之后坐在陪审员评议室中时，他们完全被科学信息搅得晕头转向，最终做出裁决的依据却是两位律师的说服能力、可信度、权威性，以及基本上来说……就是他们被人喜欢的程度。总而言之，他们选择了形式而非实质内容。

十九、瞬间判断

如果人们缺少时间和精力去评估眼前的信息，那么他们就会去评估信息的呈现者。他们没有能力透过形式直达本质。如莱汉姆所说，形式变成了内容。

顺便提一下，你选择是否相信某个人的决定过程可能是瞬间发生的。马尔科姆·格拉德威尔在《眨眼之间》一书中引用了纳里尼·安巴蒂（Nalini Ambady）对"薄切"（thin-slicing）理论①的研究，该理论研究的是人们根据很短的录像片段做出判断的准确程度。她和同事詹姆

---

① 指根据有限的信息、经验或在较短的时间内找到事物规律的行为。——译者注

斯·罗森塔尔（James Rosenthal）收集了10秒钟的教授讲课片段让学生观看，并据此评估一系列标准变量，包括：这位教授热情吗？讲课有激情吗？讲的内容有意思吗？讲课有条理吗？就像他们在学期结束后做出的学生评估一样。当把这些结果与那些真的上了这些教授一学期课的学生的评估相比较时，他们发现二者的相关性达到了0.76，也就是说，几秒钟内做出的判断与上了几个月课之后做出的判断相似度很高。

科学家往往愿意相信，人们在了解他人的"真实情况"之前，会做周密的调查工作，并以此为基础得出结论。残酷的事实却是，这些评价几乎只是基于某人看起来是什么样的瞬间感知。这就意味着那些简单表面的因素，如抠鼻子、穿小丑装变得十分重要。

是的，这就是现今的世界。要传递这样的信息，我也觉得十分遗憾，但是讨人喜欢是个非常重要的因素。接下来我将讲讲自己在影视界关于这一点的亲身经历。

二十、杰克·布莱克的力量

我此前曾提到我编剧并导演过一个由20位喜剧明星参与的电视广告（或者叫公益宣传片），其中就有杰克·布莱克（Jack Black）。他出演了我们《海之交响乐》（*Ocean Symphony*）的总指挥一角（图4-1）。拍摄完这则广告后，我请发行商包装后发送给1000家电视台，然后让他给我们提供一下追踪统计数据，显示一下广告何时在哪里播放。

结果表明，这个广告大受欢迎，在350多家电视台播放了3万多次，使用了价值1000万美元的免费播放时间（电视台会免费播放一些公益广告）。

我们的发行人随机抽取了十几家播放了这个公益广告的电视台，和他们取得联系并做了简单的调查问卷。其中最主要的问题就是"鉴于你们会收到众多的公益广告，但只能播放其中很少的一部分，你们为什么会选择我们这一个呢？"

第四章　不要如此不讨人喜欢　139

图4-1　在2003年的公益广告《海之交响乐》中，扮演总指挥一角的喜剧演员杰克·布莱克呈现了精彩的滑稽表演，他受欢迎的程度就像他那双瞪大的眼睛一样
（图片来源：E. 施莫特金）

12家电视台中有9家的答案都没有提到是因为所传达的信息的重要性，或所传达的信息与观众的相关性，抑或是这条信息的有效性。他们完全没有提及这些，而这些都是我们制作影片时要考虑的标准。

相反，这9家电视台的回答都是："我们播放它是因为喜欢它。"

就是这么简单。他们将录像带推入录像机中（当时还不是DVD的时代），看了一遍广告，个个开怀大笑，他们都承认自己是杰克·布莱克的忠实"粉丝"，总之他们喜欢这个广告，所以他们播放了它。

现在，把这个广告的效果与我在第一章里提到的"不超过1%运动"的广告进行比较。在那个广告中，有个场景是垃圾填埋场中有一台推土机推动着堆积如山的垃圾，画面黑暗而阴郁。在画面转入黑暗之时，你能听到水底的气泡"汩汩"的声音和旁白"我们现在就是这样对待海洋的"。

我曾在洛杉矶的一家电视台与一名公益广告程序员聊天，他表示电视台在收到那个广告并看了一遍之后，工作人员都喃喃自语道："我们的观众可不想在电视上看到这么阴暗消沉的信息。"而后他们就把那个广告扔进了垃圾箱，他们真的是那么做的。

令人喜欢的公益广告能够获得价值1000万美元的免费播放时间，不受欢迎的则一秒都拿不到。

为了在电视台传达信息，我不得不卑躬屈膝地和一帮喜剧演员制作一支滑稽又难听的海洋交响曲，我是为此感到骄傲吗？并非如此。遗憾的是，从20世纪50年代开始，我们的社会就变了，当时美国全国广播公司（NBC）的节目《奇才先生》（Watch Mr. Wizard）面向上百万的儿童播放，并且带动了5万多个奇才先生俱乐部的建立。只是事情已经发生了变化。我们生活在规则不同的新媒体环境之中，这些新的规则让传达本质内容比以往任何时候都更加困难。但如果你愿意学习这个系统的基本制约的话，传达本质内容也并非完全不可能。

二十一、是什么让人变得讨人喜欢呢？

如果被人喜欢能被总结成某种公式，那么科学家就可以算出来并成为世界上最受欢迎的人。当然，那太主观了。但是我们知道的是，讨人喜欢不可避免地会与幽默、情绪和热情有关。

不要忽视有趣能发挥的总体作用。在2007年出版的《逃离虚拟世界：线上乐趣如何改变现实》（Exodus the Virtual World: How Online Fun is Changing Reality）一书中，爱德华·卡斯特罗诺瓦（Edward Castronova）就强调了这一点。他在一次演讲中说道："乐趣是一种政府还没有全面意识到的社会因素。"如果你能创造出欢乐有趣的氛围，就没有什么能阻止它广受欢迎。

最终，正是这些人类品质才能影响到那些对科学有执着兴趣的人之外的受众，它们在大众传播中发挥的作用可能让人难以相信。即便新媒体环境在许多方面都让传播变得更为困难，但同时也创造了新的机会。

过去，科学家被迫埋头苦干，如琢如磨，谦卑地做着研究，安静地等待着有一天记者会敲开自己实验室的门，请他们向全世界解释他们的科学研究。如今这样的日子已经一去不复返了。新技术给传播带来了很多改变，并且可能是科学世界中意义最为深远的进展之一。

随着如博客、视频技术和YouTube等的出现，科学家面对的是一个新的时代。他们不再需要守株待兔，等待来自媒体界的访客。但在他们发声以前，他们必须先学会倾听。这是第五章的主题。

因此（therefore），本书第二版的新增内容如下。

自我2008年撰写完这一章的内容以来，许多重要的事情都改变了。第一个改变的就是传播的世界。当时，博客仍然是网络上愤怒的人们发泄怒火与怨恨的主要场所。很快，神奇的科技世界带来了一种更为迅捷与高效的媒介形式——Twitter。谢谢你，科学！

第二个改变是，如我之前所说，我越来越深刻地理解叙事的重要性了。这意味着我会把叙事添加到讨人喜欢的核心属性之中。也就是说，无聊与混乱的叙事都不会被人喜欢，但有趣会。

二十二、学术界的自大继续盛行

避免高高在上是我在表演课上学到的，我也在本章中提醒大家不要犯这个错误。我希望有一天我也能说科学家已经不再"高高在上"了。

这样的事情每天都在发生，事实上，我觉得《纽约客》上刊登的作家阿图·葛文德（Atul Gawande）在2016年对加州理工学院科学专业毕业生所讲的内容，读起来的弦外之音让人感觉就是高高在上的一个例子。如果你问我的看法，我会说很遗憾，他的建议其实被误读了。

是的，有关当今反科学运动的危险，他向毕业生们讲述了许多重要的事情。但他也说了，"科学解释同神学、经验与常识的智慧是对立的"。这没有什么好争辩的，这只是一个语境的问题。他向这些年轻毕业生传达了一种隐晦的信号："凡人易受到宗教或'常识'的弱点的影响，但拥有了科学，你就超越了人类的那些弱点。"

这甚至可能是正确的，但我认为这条信息传递的方向出了问题。如果我要与这样一个天资聪颖的群体对话（不是每个人都愿意与平庸如我的人对话），我会选择相反的策略。我会把焦点放在"常识"这个词上，提醒他们说他们最缺少的东西就是常识。

那样才会是一场优秀的毕业演讲。我会这么说："不要那么着急，你们要知道，你们在常识方面是有缺陷的。"估计我会比在女权集会上的安·库尔特（Ann Coulter）更快被人赶下台。但这源于几十年来我对科学家傲慢自大的问题的思考，就像以前我那些有关珊瑚礁的美好时光回忆一样。

二十三、"我是如何获得博士学位的？"

如果我做这个演讲，我将回溯到35年前，回到我在位于澳大利亚大堡礁北端的蜥蜴岛研究站的日子，在那里度过的时光可能是我人生中最美好的回忆。

那几个月里，我周围满是蔚蓝色的海水和翠绿的珊瑚礁，我住在顶帐篷里，地面上铺着煤渣砖，那里位于与世隔绝的白沙滩的边缘。能够叫醒我的，只有帐篷的门帘被海风吹起时的翻动声，以及远方海鸥的叫声。这就是我为完成博士学位论文在大堡礁开展野外工作时的情景。

蜥蜴岛研究站的主管是澳大利亚一位科学家，他几乎能跟每个人都发生争吵，其中包括一个专程从悉尼飞来为实验室建造步入式冷冻柜的人。这位主管的外号叫"獾"，可谓名副其实。我曾在闷热难忍的热带高温中观战过一次争吵，精疲力竭的工人脸上满是水珠，其中既有汗水，也有屈辱的泪水。这位主管不断当他面叫他"白痴"。

几天以后，我在这位主管的办公室施展了我倒转看书信的技能［我在哈佛大学的同事马克·帕特森（Mark Patterson）曾经对我说，作为研究生，你应该学会倒转着看书信，这样当你站在导师的办公桌对面时，你就可以读到放在他面前的信件了］。就在他口若悬河地谈论着保养研究站的发电机时，我看到了放在他办公桌上的一封信。

那封信就是写给从悉尼来的那个可怜人的。这是他们相互之间侮辱痛骂系列信件中的一封（在人们能发电子邮件之前，他们要等待数日才能进行下一轮骂战）。这封信的开头这样写道："如果我正如你写的那样'全然无用、一无是处'，那我是如何获得博士学位的呢？"

那句话让我第一次意识到学术界存在的问题，很早以前就存在的问题。他基本上等于是在说："如果在你的专业领域（制冷技术）内我一无是处的话，那么我是如何在自己的学术领域海洋生物学获得博士学位的呢？"这就像是在说："如果我是一个差劲的高尔夫球手，你怎么解释我建造树屋的能力呢？"这完全是不合逻辑的推论。

二十四、"另一种愚蠢"

上一段故事发生在1981年。让我们切换到2011年，也就是本书第一版出版的几年以后，当时我正在考虑第二本书的书名。绝不是开玩笑，我一开始认真考虑的书名就是"另一种愚蠢"。

我知道，如果真用那样的书名必然会惹怒许多人，而且百分之百地不讨人喜欢。但每当谈及学术界，我仍然一直在考虑这个标题。

事实是，受过良好教育的人的确受到"另一种愚蠢"的折磨。我很热爱奥巴马（Obama）总统，并且真诚地认为他是自己总统任期中的"那位救星"。但在2016年7月27日的演讲中，他也表现出"另一种愚蠢"，他说："从来没有一个男人或女人，包括我，包括比尔，或任何人，比希拉里·克林顿（Hillary Clinton）更有资格成为美利坚合众国的总统。"

奥巴马的这番话就是一种"愚蠢"的陈述。如果总统这个职位需要的仅仅是信息处理，那么他可能是对的。但不幸的是，这个职位的一大半工作需要人际沟通技巧与领袖魅力，但希拉里·克林顿缺少这类品质。这些技巧并不是由智力决定的，而是包括情绪感染力、幽默与直觉等。

心脏、肠道甚至性器官的重要性是本书中讨论最广的信息。我请求科学家从他们的头脑中走出来，更多地使用心脏（更有情绪感染力）、肠道（更多的幽默与直觉）甚至是性器官（有时候增加一些性感的魅力）。

在2010年的畅销书《沟通用故事产生共鸣》（*Resonate*）中，商务沟通大师南希·杜阿尔特（Nancy Duarte）就"兰迪·奥尔森的四大器官传播理论"写了两页纸的内容，其中还包括本书第一版第一章里阿诺德·施瓦辛格（Arnold Schwarzenegger）的那张照片。一位给英国出版的《泰晤士高等教育》（*The Times Higher Education*）撰写书评的人说道："我会按照兰迪·奥尔森建议的方式写这本书的评论。"每个人都从这个理论中找到了很多乐趣。

8年以后，这个信息依然没有变，你需要从头脑中走出来。科学中理性的部分显然很重要，但你仍然需要幽默与直觉等。

关键是坐在那里整天喋喋不休地发布信息最终是徒劳无功的。那样做就是不招人喜欢。

注　释

[1] J. Steinbeck, *The Log from the Sea of Cortez*（New York: Penguin Books, 1951）.

[2] *The Century of the Self*, written by A. Curtis, produced by A. Curtis, L. Kelsall, and S. Lambert（BBC Four, 2002）,

[3] P. J. O'Rourke, "The Greenhouse Affect," originally published in *Rolling Stone*; reprinted in *The Rolling Stone Environmental Reader*（Washington, DC: Island Press, 1992）.

[4] E. Hoffer, *The True Believer: Thoughts on the Nature of Mass Movements*（New York: Harper Perennial, 1951）.

[5] R. A. Lanham, *The Economics of Attention: Style and Substance in the Age of Information*（Chicago: University of Chicago Press, 2006）.

[6] S. D. Levitt and S. J. Dubner，*Freakonomics: A Rogue Economist Explores the Hidden Side of Everything*（New York：William Morrow，2005）.

[7] C. Klosterman，"The Drowsy Dozen: An Impassioned Plea for Professional Jurors, from a Man Who Just Spent a Long Time as an Amateur," *Esquire*，31 December 2005.

[8] E. Castronova，*Exodus to the Virtual World: How Online Fun Is Changing Reality*（New York：Palgrave Macmillan，2007）.

[9] A. Gawande，"The Mistrust of Science," *New Yorker*，10 June 2016.

[10] N. Duarte，*Resonate: Present Visual Stories That Transform Audiences*（Hoboken，NJ：John Wiley & Sons，2010）.

第五章　别做差劲的倾听者

1998年，手机还是个新鲜事物。那时我住在洛杉矶的一所公寓里，购买了人生中的第一部手机。我在手机上设置了几个快速拨叫号码，其中之一是我公寓的座机，我将这个号码简单地标注为"家"。

几个星期后的一天，我刚从父母居住的堪萨斯城返回洛杉矶的公寓，我拿起手机，打算给父母报个平安。由于他们现在依然居住在我儿时的家中，我下意识地在快速拨叫列表中选择了"家"。就在我等待电话接通的时候，我的座机响了。我快速接起电话应答道："喂？"并没有人回答。我继续说道："你好！"依然没有回应。最后我发火了，对着话筒喊道："我听不见你说话，你再打一次吧！"之后便挂掉了电话，感到十分恼火。

随后，我意识到自己干了什么。一个焦躁的男人，在自己家里给自己打电话，自己接听，然后对着自己大喊大叫，告诉自己再打一次，最后挂掉电话，被自己气坏了……

一、我终于听到（听懂）了那个疯狂的表演课老师的话

我是可以倾听的。不过有的事情我用了20年的时间才真的听懂。

在本书的开头，我提到了那位疯狂的表演课老师，她对我出言不逊，大发雷霆。1994年8月，在加利福尼亚州圣莫妮卡，她在我上的第一晚的表演课上对我破口大骂，她的语言暴力让我如遭电刑一般，我用

了整整 20 年的时间才终于明白了她那时在说些什么。后来事实证明，被她痛骂的那一刻是我整个职业生涯中最重要的时刻之一。如果我能在那天晚上就"听到（听懂）"她的话，那一刻会更有价值。

我说的"听到"并不仅仅是指能重复对方说的话，就像一个在玩电子游戏的孩子在说："我当然在听，你说我要做这个，这个和这个。"而是指你需要真正地理解，并改变自己的思维过程。

那我当时为什么没听懂她的话？因为很多人通常是不懂倾听的。事实上，这也正是她对我咆哮时说的话，她说再也不想和"你这种人"打交道，因为"你不懂倾听"。这简直是个完美的讽刺：在她说我不懂倾听的时候，我确实没在倾听她的话。

没错，我的确没有在听，而是在忙着思考："这个女人是个傻子，她完全不知道自己在说什么。"现在，当许多学者没有倾听我关于叙事方面的观点时，他们应该也是这么看待我的。

二、如何使人倾听：蜂蜜还是醋？

过去几年中，我有时对科学家的批评过于尖锐了，很多人都曾用一句俗语来暗示我："要抓住苍蝇，蜂蜜比醋更有用。"

如果那位疯狂的表演课教师在那天晚上甜美温柔地对我说话，她能让我理解吗？如果她对我说："小伙子，我们在表演课上不是这样做事情的。我知道你可能不习惯这种方式，但是我们通常不会提问题。这是我更喜欢的教学方式。你看，我讲授内容，如果你安静地继续听下去，我觉得你提出的大多数问题都会在我后续的讲解中得到解答。我说清楚了吗？另外，我非常感谢你能来参加这次课程，很高兴你加入我们！"结果会怎样呢？

如果她当时用温柔和安慰的声音对我说了上述这些话，而不是像个鼓风炉一样朝我怒吼，结局会怎样呢？

即便到了现在，23 年过去了，每每回忆起那个晚上，它都会让我感觉是一件……美好的事情。怎么会这样？因为我终于还是听懂了她的话，只是这个过程耗费了些时间。

三、表演教会人倾听

那如何学会更好地倾听？讽刺的是，答案正是她所教授的内容——通过表演。一个不会倾听的演员一定不是一名优秀的演员，他们必须要在表演中判断方向，也必须能在一个场景中及时接上台词。倾听就是他们不可缺少的能力。

那位疯狂的表演课老师已经不再讲授表演入门课程了。那次事件过后不久，她转到了行政岗位，这也是她为自己激烈的咄咄逼人的风格所付出的代价。

就像她多次重复的那样，"表演就是本能反应"。观众想看的不是表演，那只不过是按照既定流程一次次完成的相同的演出，他们想看到的是演员的临场反应，看一个演员如何倾听其他演员的台词并理解其中的含义，然后再向观众展示出这些台词对自身的影响。

我用一个最喜欢的例子来说明观众是如何想看你的临场反应的。亚历克·鲍德温（Alec Baldwin）在访谈节目《在演员工作室里》（*Inside the Actor Studio*）中讲了一个"我发现自己不是个好演员的那一天"的故事。他当时参演了话剧《欲望号街车》（*A Streetcar Named Desire*），其中一个场景是，他对女主角布兰奇·杜波依斯（Blanche DuBois）发怒之后要冲过去拉开道具门退场，但当他拉门把手的时候，把手突然断在了他的手中。

他愣住了，站在舞台上，一时不知道该怎么办。他事后回忆说，他十分清楚一名真正优秀的演员在这种意外情况下会做出怎样的临场反应：他会继续留在角色中，一拳打穿道具门板，然后愤怒地扭动门另一侧的把手，开门离开。观众会被他的临场反应所吸引，甚至以为这一系列动作都是剧本中写好的。

然而，就像他说的，只有真正的天才演员才能做出那样的反应。

当时，他绕过舞台上的房间布景，从边缘退场。观众这时哄堂大笑，现场尴尬极了。他没能"倾听"场景中发生的一切，而只是依据脑海中"我要退场"的安排，选择了最直接的路线。

我太喜欢这个故事了。观众想要看到你的临场反应，看你接收周围信息并做出应对。所以说，表演课程就可以对倾听能力进行很好的训练。

一个残酷的事实是：一些科学家的倾听能力很差。2010年，生物学家彼得·卡里瓦（Peter Kareiva）在《科学》（Science）上发表了对本书的评论，他直接指出："科学家难以成为传播者的原因就在于他们不懂得如何倾听。"

直到读到这一行文字，我才意识到没有在第一版中写一章关于倾听的内容是一个巨大的遗憾。现在，这个遗憾终于有机会得到弥补了。

下面，我将展示三个倾听的失败案例，分别涉及一位曾经的科学家、一位现在的科学家，还有一位非科研工作者。

之后，在你可能会希望我提供一些"醋"之外的东西时，我会提供一些"蜂蜜"：再次谈到"ABT"结构，这一叙事工具不仅可以帮助你提高叙事技巧，还可以帮助你理解倾听的力量、重要性以及过程。

四、迈克尔·克莱顿：未来的科学世界

科幻作家、博士迈克尔·克莱顿曾对科学界尝试过"蜂蜜"路线，结果一无所获。

就像我在前言部分说过的，没有人曾像克莱顿一样对科学和媒体都有着如此深入的理解。他本是上天赐给科学界的珍宝，但太缺乏想象力的科学家没能听懂他想说的话。

他于1999年在美国科学促进会上所做的主旨演讲，正是这样一个缩影。他当时演讲的内容十分超前，即使在信息爆炸的今天，这个演讲

仍然是指导科学家应对媒体的最佳教材。

在发表演讲的过程中，克莱顿没有咆哮、呼喊，也没有说脏话，而是选择了"蜂蜜"路线，而这很可能是这个演讲被迅速遗忘的原因。他表现得和平时一样，展现在观众面前的是一个身高两米零八，儒雅、渊博、善谈的克莱顿。

他演讲的核心部分以"问题–解决方法"的简单形式呈现。他不仅提出了科学界在面对媒体时存在的四个主要问题，更重要的是，他还提出了解决这些问题的具体可行的建议。

下面是克莱顿提出的四个问题及解决方法。

第一，感觉被媒体"利用"。

问题：科学家常常抱怨媒体并不是来帮助他们的，而只是把他们作为媒体期望讲述的故事中的一个角色，不管这个故事是否准确。

解决方法：不要对抗并抵制记者，而应同他们携手合作。

第二，不准确的形象。

问题：媒体在科学上"总是搞错"，在描述科学和科学家时，总是会犯理性和感性上的错误。

解决方法：为媒体设立专门的服务机构。

第三，假新闻。

问题：记者往往更多地只追求"讲一个好故事"，而不是正确地陈述科学事实。

解决方法：给记者设立"好管家认证"，保证科学家拥有否决权。

第四，假专家。

问题：当基于科学的问题出现时，总有记者会去引用那些缺乏甚至完全没有资质的所谓专家的言论。

解决方法：确立被认可的发言人，指定受到尊重的专家作为科学的代言人。

这些清晰、简洁、有力、可实施的建议来自历史上第一位同时在写作、电影、电视节目上斩获销量冠军的人。他是在绘制一个"科学家能够理解媒体"的未来世界的图景。

科学家通常会双手欢迎媒体并且热切地希望与媒体进行沟通合作;"科学与媒体服务机构"(Science and Media Service Bureaus)网络得以建立;对记者颁发"优质科学印章";还有一个由大约10位来自不同主要研究领域的科学家组成的发言人团队。这就是他设想中的未来世界的样子。

让我们来看一下最后一点。也许这个专家团队可以被称作"科学之声"(Science Voices)。举例来讲,第一位完成太空行走的女航天员、海洋学家凯茜·沙利文博士(Dr. Kathy Sullivan)可以成为其中一员,担任"海洋之声"的发言人。她可以组织一个专家团队就海洋的各种问题与媒体沟通。她可能对藤壶一无所知,但如果藤壶开始在新英格兰的海滩上减少时,她会知道可以去咨询谁,以获取正确的观点,然后再通过科学与媒体服务机构将这些观点传达给受众。

五、让人扫兴到死

好,现在让我切换到我剩下的、仍然像科学家一样思考的49%的大脑,解释一下为什么在科学家看来克莱顿博士的观点非常糟糕。我会代表一些"乳臭未干"的人来发言,他们在解释为什么克莱顿所讲的一切都不可能奏效时,颇感自豪地尽展自己的批判性技巧。

他们的批判很可能会非常简单和明显,并且是正确的。他们会提出问题:由谁来挑选这些"科学之声"?由谁来主持这些"科学与媒体服务机构"?诸如此类的这些事情都由谁来做?在提出所有这些问题之后,后面发生的事会像我还是一名教授时所看到的那样,众多论文指导委员会成员对学生的工作大肆批评,直到那名学生终于决定离开科学界——我在第四章中写过这些故事。

在说完所有的批评之后,这些批评者会骄傲地拂袖而去,而科学又回到了没有领袖的当前状态,于是当科学事件发生时,大街上没有任何一个人可以告诉你该如何应对。这样做的结果就是，在社会上为科学代言的依旧是为气候变化发声的政客（阿尔·戈尔）、探讨进化理论的娱乐艺人［比尔·奈（Bill Nye）］，以及在电视节目中推荐保健疗法的所谓健康专家［奥兹博士（Dr. Oz）、菲尔博士（Dr. Phil）］，而他们的推荐大部分都没有科学依据。

克莱顿知道自己想表达什么，但是科学家没能理解他的话，因为就像他自己所说的那样，科学家不懂媒体。

我肯定当时听他演讲的大部分科学家都在下面一边偷笑一边窃窃私语："这家伙个子真高。"他不属于科学家的圈子，不说他们的行话，所以他们没有听他说。

他充满智慧的提议得到执行的结果是：几乎为零。

六、迈克尔·曼博士：我找到了敌人，它是唯智主义

环顾四周，尽是充耳不闻。

学术圈喜欢争论。他们喜欢检视一种陈述，并努力"找出漏洞"。这正是导致那位疯狂的表演课老师对我发火的原因。她想要讲授课程，而不想被迫面对我那个想要确认她的一字一句是否正确的否定式的大脑。在面对如此多的否定时，你是没法讲课的。

那位疯狂的表演课老师告诫我们，任何情况下都不允许提出问题。我马上并且十分肯定地把她看成了最差劲的教师——一个绝不允许自己的权威遭受质疑的独裁者。

20年后，我终于完全理解了她。现在，我也希望自己想要教导的人能同样做到。

是的，我知道苏格拉底式传统是质疑一切并在质疑中获取新知。对于追求知识来说，这一点非常正确。然而，唯智主义不只是有效传播的大敌，它还是路障，把车流全部引向一个闭合的环岛，汽车只能环绕着转圈，直到终于互相碰撞而爆炸。

这是实实在在的问题。很多科学家不仅不善于传播，甚至于他们在解释科学应该如何传播时表现得更为糟糕。

在下面这个故事里，我试图让一位科学家学会倾听，结果却碰得鼻青脸肿。2009年，他参加了我的电影《嗡嗡声》的映后论坛，我随后拜访了他所在的宾夕法尼亚州立大学（Pennsylvania State University）。从那时开始，我们就成了某种程度上的朋友。

他是迈克尔·曼博士（Dr. Michael Mann）[请不要和电影《盗火线》（Heat）的导演迈克尔·曼混淆，这位导演的名字前没有"博士"头衔]。他是一位气候学家，取得过许多优秀和重要的成果。

1999年，他和两位合作者一起创造了著名的"曲棍球杆"曲线，用来描述近年来全球气温的快速上升情况。他将一组至关重要的数据用简洁的图示表示出来，使得它成为向大众传播气候变化核心问题非常有效的工具。然而，这并不意味着他是一位优秀的传播者。

迈克尔把我介绍给了他的好友——气候学领域的博主乔·罗姆（Joe Romm）。乔实际上是一位非常有技巧的传播者，曾经写过一部短小精悍的作品《语言的智慧》（Language Intelligence）。多年来，我们三人借助群组邮件频繁沟通，很多时候都是他们两个就传播的某些方面与我进行争论。

2016年，他们认为希拉里·克林顿将成为我们的下一任总统，还给我提供了他们能够找到的所有投票数据。我反驳说，基于以我的叙事原则为依据的分析，与历史上所有的总统竞选者相比，唐纳德·特朗普更加深谙叙事技巧以及对媒体的理解。乔和我打赌100美元。结果我赢了。

再回到2010年，那时我在自己的博客上对迈克尔做了一次长篇采访，访谈后我给他提出了一些改进沟通的建议。他在气候科学领域有着举足轻重的地位，所以经常接受媒体采访。我一直努力影响他，但是多年来没有任何迹象表明他听进去了我的建议。

从1999年提出"曲棍球杆"曲线以来，迈克尔就成为气候科学领域的主要发言人，他还成为气候变化怀疑论运动的重点攻击对象。2009年，有人通过黑客手段获取了一组气候学家之间的往来邮件，气候变化怀疑论者据此宣称全球变暖只是气候学家伪造的阴谋，其中迈克尔所说的那句"把（气温）降低隐藏起来"成为众矢之的。

几年后，我参加了美国家庭影院频道《马赫脱口秀》（*Real Time with Bill Maher*）节目的录制，并且见到了这个节目的一个制片人，他问我是否有推荐的嘉宾人选。因为迈克尔被气候变化怀疑论者猛烈攻击的亲身经历，我多次推荐他做出镜嘉宾。2015年，这个节目终于邀请他参加录制。

节目播出后，迈克尔问我他表现得怎么样。我问他："你想听恭维之词还是肺腑之言？"他说他都想听。我选择了后者，指出他从节目开始就一直在反驳主持人比尔的话。关于气候变化的问题，比尔问他的第一个问题是："这不是一个已经确定了的科学事实吗？"迈克尔回答道："我想，你不需要问我这个问题。"这就是否定，和简单地回答"是的"相比，否定表达的效果就要差很多。这是大众传播的基本原则。

我向他指出了这一点以及其他几处问题，我相信是这几处问题促使我的女朋友在他的采访环节刚开始几分钟就觉得无聊了，并且逼着我换台。迈克尔没有回复我的邮件，我们的联系中断了一年。

他不是最差劲的传播者，事实上，他愿意花时间与媒体沟通，这是非常值得尊重的。但是，他真的不去倾听。在这一次以及其他一些时候（比如他邀请我收听他在洛杉矶的演讲时），我都向他详细讲解了"ABT"结构在叙事中的重要性。当他2016年的作品《疯人院效应》（*The Madhouse Effect*）出版时，我翻阅了前几页，如我所料，满篇都是"AAA"结构。他依然没有采纳我的建议。

在他于同一年发表在《华盛顿邮报》（*Washington Post*）上的社论文章中，这一点表现得更加淋漓尽致。我在博客中使用"ABT"结构对这篇文章进行了叙事分析。我指出，这篇文章基本上只是用二十多个事实陈述来引出了一个"因此""我希望科学家都能充满勇气。"

我给迈克尔发了一封邮件，指出这篇社论的不足之处。他在回信中罗列了他的众多同事对这篇社论的肯定性评论，他们都认为这篇文章引人入胜并且充满说服力（他又一次表现出对倾听毫无兴趣）。后来，我干脆把这些内容全部发到了博客上，让公众看到一个经典案例：一个学术界人士无力的论证。

这件事依旧不了了之。事实上，就在今早我写下这部分内容的时候，我还在给他写邮件，和他讨论2017年夏季的两次大飓风，以及气候科学界站出来提供更清晰信息的必要性，说明变暖的海水对这些灾难性事件的推动作用。他接受过很多的采访，所以他终归是可以向公众传递这些信息的，至少在一定程度上可以。我向他提供了一些具体的建议，但得到的回复依旧是"我已经知道了"。

他不知道。他不会使用这些方法的，但是……也许我是错的，因为他刚刚获得了2017年度美国地球物理学会颁发的斯蒂芬·H. 施奈德气候科学传播杰出奖（Stephen H. Schneider Award for Outstanding Climate Science Communication）。

我还能说什么呢？斯蒂芬·H. 施奈德（Stephen H. Schneider）可能是我知道的最无趣的科学传播者了。没错，我知道他是一位为气候科学做出卓越贡献的非常有勇气的科学家，但这依然无法掩盖他是无趣之人的事实。2004年，我参加了一个在圣莫妮卡举办的沙龙活动，在那里他跟一群心不在焉的好莱坞人士喋喋不休地大谈气候科学，直到屋子里后来几乎空无一人。我还记得我也终于走上屋顶天台，看到一群人正因为感觉他的讲话太过无聊而在不停摇头。用他的名字来冠名这个奖项，真是再合适不过了。

很多人通常不会倾听。我明白这一点，因为在遇到那位疯狂的表演课老师之前，我也曾经是他们其中一员。我想很多人会觉得倾听意味着有些东西是自己不知道的，而"不知道"通常是人最不愿意承认的事情。

七、叙事指数

这是有史以来最悲伤的故事。它不涉及科学界，但其结果无疑影响了科学。为了讲清楚这个问题，我要先介绍一下叙事指数，正是这个工具让我关注到了这个故事。

在几乎连续四年不间断地谈论和思考"ABT"结构之后，2015年夏天，一个简单的发现突然启发了我。这个发现来自动画片《南方公园》创作者的"替换法则"。正如我在《科学需要讲故事》中所说的那样，他们在一部纪录片中提到，每一次把"并且"（and）替换为"但是"（but）或者"因此"（therefore），故事都会变得可读性更高。

我忽然意识到，应该可以用一个指标来度量"替换法则"的结果。如果你像马特·斯通和特雷·帕克建议的那样，把任何给定的文本和主题中的"并且"（and）替换为"但是"（but）和"因此"（therefore），应该有一个指数反映相应的变化。当"并且"（and）的数量减少时将会有更多的"但是"（but）。这个指数的计算非常简单，那就是"但是"（but）和"并且"（and）的比值。

我把它称作叙事指数。要计算这个指数，只需要把文本复制后粘贴到word文档中，分别搜索"但是"（but）和"并且"（and），统计出它们分别在文中出现的次数，然后将两者相除，再转换为百分比就可以了。

我试着计算了数千份材料，其中包括演讲、文案、辩论词、书籍，甚至一些歌曲。图5-1中展示了几个代表性的计算结果。在这张图的最右端，你看到的是每周喜剧脱口秀演员和政治评论员比尔·马赫（Bill Maher）的得分，他背后有一整个写作团队在帮助他打磨每一期讲稿，越有攻击性越好。图的最左端是最明显的非叙事性的《仪器维护指南》的得分，它们并不需要讲述一个故事或者论证什么道理。如果我们计算电话号码簿的叙事指数，结果还会更低。

我收集了希拉里·克林顿的所有讲稿并计算叙事指数值。结果不出所料，她是一个非常喜欢使用"并且"（and）的人。她的演讲稿和辩论稿

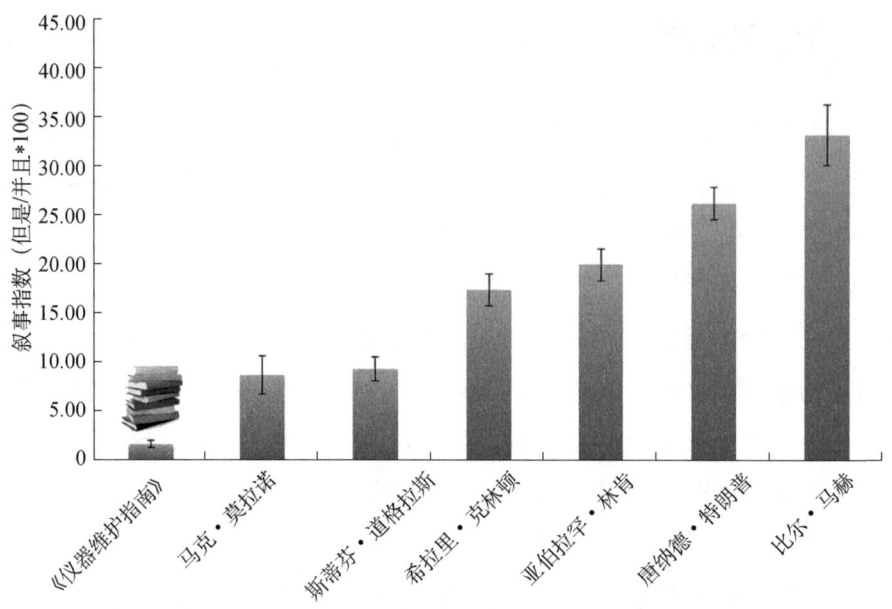

图 5-1　叙事的"齿状"指数

比尔·马赫的数据来源于家庭影院频道《马赫脱口秀》中"新规则"版块后的 52 段独白；唐纳德·特朗普的数据来源于他的 11 场辩论表现；亚伯拉罕·林肯的数据来源于他 1858 年与斯蒂芬·道格拉斯（Stephen Douglas）的 7 场辩论；希拉里·克林顿的数据来源于她的 9 场辩论；道格拉斯的数据来源于他和林肯的 7 场辩论；气候变化怀疑论者马克·莫拉诺（Marc Morano）的数据来源于他的 9 次电视露面。最左边的指数是 4 篇来自网络的《仪器维护指南》的平均结果（另外，本书第一版 6 个章节的得分全部超过 20，平均为 22）

的平均得分是 14（图中的数值稍高一些，因为统计只包含了她的辩论稿）。听起来不算太糟，但是林肯（Lincoln）、肯尼迪（Kennedy）、马丁·路德·金（Martin Luther King）等伟大演讲家的平均得分都是 20。

真正令人震撼的结果来自特立独行的唐纳德·特朗普，在当时的统计中，他的辩论稿和演讲稿的平均得分高达 29，其中几篇讲稿的得分高达 30 多。

八、希拉里·克林顿：可悲的是，她像这样一个科学家

回头再看这些事时，一切都显得顺理成章。希拉里是一位充满智慧的政策专家，但非一个优秀的传播者。她很像一个科学家——头脑异常冷

静，缺乏想象力，不会讲故事……

特朗普带着他简单直白的政治观点，一次又一次实践着"ABT"模式。他说："我们爱墨西哥人，并且（and）我们也想和他们做朋友，但是（but）有太多墨西哥人非法入境了，所以（therefore），我们需要一堵墙。"或者"我们的税法很重要，并且（and）我们希望税收是公平的，但是（but）现在的税收体系需要改变，所以（therefore），我会找到最合适的人来做成这件事。"

反观希拉里，在进入下一个"ABT"结构话题之前，她总是会用很长的时间来提出更加实际、复杂和微妙的解决方法，其结果就是低很多的叙事指数值。

我草拟了一篇评论文章，想要将它发表出来，结果却碰了壁。各家主流出版商都已经约请了各自的御用记者撰文，来解释特朗普为何受到欢迎。我遭遇了新闻界的"部落"特性——它们的文章（尤其是社论）更多的是受到社会动态而非事实的驱动。据我所知，没有人认真对待我的观点。一位曾经在2015年与我合作的图书公关人员替我奔走呼号，争取发表机会，但我们还是没能成功。

到2016年春天，我已经无计可施了。每隔几天，希拉里和特朗普就会公开演讲，而我也会计算他们演讲稿的叙事指数，得到的结果依然类似。特朗普依然在发挥叙事的威力，而希拉里依然没能为她的竞选活动找到任何一个单一的叙事，更糟糕的是，她的竞选口号设计得也很差劲。

3月，我带着绝望在搜索栏中输入了"希拉里·克林顿 无趣"几个关键词，排在首位的文章是詹姆斯·卡维尔（James Carville）写的一篇采访文章，他是1992年比尔·克林顿竞选活动的竞选总管和战略策划师。这篇采访的题目是《詹姆斯·卡维尔承认希拉里·克林顿"无趣"》（*James Carville Acknowledges Hillary Clinton Is 'Boring'*）。我会心一笑："你说的对。"

我写了一封信，托一位朋友转交给卡维尔。几天后，我就和他通了电话，听他激烈地嘲讽民主党的无能。我在电话里听到了他的声音，就像你们在电视上听到的一样。他终于还是谈到了我的叙事指数和"ABT"结构。他说："好多年来我都在想，一定有一个简单的模式能够决定如何讲好一个故事。"

他让我把我所有的文章和视频材料都发给他，但在此之后就杳无音信。一个月之后，我收到一封邮件，发件人自称是克林顿竞选团队成员，是我的"粉丝"并且希望我加入竞选团队。

在接下来的三个月中我逐渐意识到，这个人是个好人，他只是在执行他接到的对卡维尔先生进行安抚的任务，"和那个笨蛋联系，让他觉得自己很重要"。他说，连续三个星期五，卡维尔都试图在竞选团队周会上向其他人讲述我的"ABT"结构，但是没有人对此感兴趣。为什么会这样？因为他们都没有在倾听。

事实证明，希拉里竞选团队没有在听取他人的意见。一个好莱坞朋友告诉我，有一位你一定知道名字的顶尖导演曾经试图向她提供一些传播方面的建议，她同样没有采纳。

到了12月，我终于有机会在新奥尔良和詹姆斯·卡维尔共进午餐。我问他最近是否和比尔·克林顿联系过，他说两人每天都会联系。5分钟后，他就离席接了一个比尔打来的电话。我问他竞选是怎么回事——为什么希拉里没有沿用比尔竞选时的那些成功策略？他带着悲伤的表情回答说："她不愿意听我们说。"

实际上，这就是最可悲的地方了。卡维尔说比尔竞选总统时有三句口号，其中之一是"他和我们在一起"。卡维尔说："你知道她的口号是什么吗？是'我和她在一起'。我建议她做个小改动，改成'她和我们在一起'。"

这个修改可能会改变她整个竞选活动中超然、冷漠的基调，但事实上她并没有做出改变。

九、如果让你为希拉里起草讲稿，你会怎么做？

如果让你来为希拉里起草讲话稿，你一定可以利用"ABT"叙事结构提高她的竞争力。这不是妄想的陈述，而是简单的事实。

我向希拉里竞选团队发去了一些发挥作用的"ABT"结构，下面是其中之一。首先呈现的是希拉里演讲的一段节选，然后我遵循"ABT"结构对其进行了改写。与原文相比，改变并不突兀，只是稍微强化了一下叙述结构。

十、希拉里·克林顿演讲节选

我非常希望能有一个机会来讨论我们如何打破阻止人们取得并保持高生活水准的障碍。我将首先从经济层面开始。我将集中精力为家庭提供更多高薪酬工作以提高其收入，并且实行离境税制，防止企业将工作机会带离美国，要求企业将它们得到的税收减免全部返还。但是，我们同样需要为制造业企业、小型企业和企业主制定一个积极的行动日程。

十一、"ABT"结构改写

辛勤工作的美国人民有权利过上更好的生活，但是他们常常遇到阻碍。我的目标就是打破这些障碍。如何打破？答案是提供更多的高薪酬工作。我们同时也会实行离境税制，防止企业将工作机会带离美国，要求企业将它们得到的税收减免全部返还。我们从这些方面开始改变，但是还远远不够。我们还需要为制造业企业、小型企业和企业主制定一个积极的行动日程。

对大篇幅文本进行此类结构性改写一定会有成效，特别是应用在整体规模更宏大的文字结构上时更是如此。此外还有很多可以改变的地方,比如找到一个明确的核心叙事点。

特朗普有一个明确、简单的叙事主题,那就是"伟大"。希拉里·克林顿也有,但是她的竞选团队没能找到并围绕它进行宣传,他们本可以做到的,但他们没有倾听。

十二、在没有招牌的饭店里享用晚餐

但是有一个人确实听进去了我的话,他就是卡维尔,他还是新奥尔良杜兰大学(Tulane University)兼职政治学教授。2017年1月,他邀请我到他每周一次的政治学课程上做一场演讲。他从2010年开始教授这门课程,这是一门传奇式的课程,他会从众多选课的大学本科生中挑选出50人。你知道他上课的地点在哪里吗?在距离校园三条街的他自己那栋富丽堂皇的豪宅的客厅里。

对我而言,做那场演讲就像是参加一场舞会,那是我人生中经历过的最有趣的夜晚之一。我们两个人坐在豪宅中央楼梯平台上的两张宽大舒适的椅子里,一侧是屏幕,50名学生坐在摆在我们下方的折叠椅上。他们提早接我过去,那时助教还在做准备工作。卡维尔穿着满是汗水的慢跑服走进来,身上是一件美国海军陆战队的T恤(他曾在海军效力)。和我打完招呼后,他就上楼了。

半小时后,已经座无虚席,卡维尔再次出现并且开始像一名教官一样大声号令学生。你能感受到学生们有多么敬爱他。和他一起开设这门课程的另一位老师是一名律师,他向我介绍了这门课曾经邀请过的一些演讲嘉宾,其中包括三位前任总统。比尔·克林顿来过两次。第二次的时候,比尔的安保人员最后不得不打断了他——他本想讲一整晚。

卡维尔用他浓厚的卡津[①]口音问学生们,有没有人听说过爱德华·埃弗里特(Edward Everett)。当然没有人听说过,包括我。他继续解释说埃弗里特曾任马萨诸塞州州长,是1863年11月在林肯发表葛底

---

① 卡津指路易斯安那州本地人(法国移民后裔)。——译者注

斯堡演说（Gettysburg Address）之前进行主旨演讲的发言者。

那一天埃弗里特讲了两个多小时，而林肯只讲了两分钟。"你们认为，大家记住了谁的演讲？"卡维尔用这个问题引出了我的核心观点：在被信息充斥的当今世界中，简洁明了是确保高效的关键。

图5-2是我与卡维尔的合影。

图5-2　本书作者（右）与詹姆斯·卡维尔（左）

之后，卡维尔说道："好了，让我们来好好听听这个人有什么要说的。"在场的人确实认真听我讲了。我从头到尾讲了两个小时，而每当有学生提出了出人意料的聪明而又具有挑战性的问题时，卡维尔就会在笔记本电脑上查找着什么（他也许还在给比尔和他的同僚们发邮件）。

每隔五分钟，他就会打断我，从笔记本电脑上读出某些内容，或者向学生们提出问题。当我讲到"叙事"一词的简短概念（在为一个问题寻找答案的过程中发生的一系列事件）时，他让我停下来，回过头去再讲一遍，然后再讲一遍，而在我又一次重复时他会告诉学生们"把这个记下来"。学生们都一一照做了。

你知道这意味着什么吗？一个真正的教育者懂得重复的重要性。

我讲到了我的核心观点，那就是希拉里没有传递什么明确信息。坐在第二排的四个女生提出了反对意见,她们曾经为她的竞选工作过。其中一个女生说,她在上学期办理了休学,就是为了住到布鲁克林,好在希拉里·克林顿竞选总部工作。她提出了强烈的反对意见,说希拉里传递的信息非常明确……竞选团队的每个人都很清楚她的观点。

整个晚上,我都能听见卡维尔的妻子玛丽·马塔琳(Mary Matalin)在楼上高声打着电话。他们是政坛中一对著名的神奇夫妻——丈夫是民主党人士,妻子是共和党人士,而且两个人在各自的党派中都十分活跃。

课程接近尾声的时候,卡维尔又上了一次楼,5分钟后便急匆匆地回来了,显得有些烦躁,又开始了对学生们命令式的吼叫:"好了,所有人离开,今天结束了,把椅子折起来。"这场景就像是老板回到家里,发现我们正在进行一场非法集会。从学生们采取行动的速度,我意识到这样的场景已经是他们的常态了。我想,对于丈夫在自己的房子里和一群年轻的民主党人高谈阔论,玛丽的忍耐程度是有限的。

房前的马路上,学生们缓缓散去,其中一些还在附近徘徊。那四个曾经为希拉里工作过的年轻人过来对我说:"你知道吗,我们明白你的意思了,她确实没有清晰的整体叙事。"我回答道:"没错,这很可悲,但却是事实。"

接下来是当晚的"大餐",在餐桌上听卡维尔讲故事,我们畅谈了足足有两个小时。一起用餐的除了我和卡维尔,还有那位律师。我们开车穿过三条街,停在了另一个住宅区中一栋平平无奇的房子前。在往大门口走时,卡维尔说道:"在新奥尔良,如果你在饭店门口立一块招牌,就意味着这不是一家多好的饭店。"

大门打开,精致的餐桌和优雅的用餐者出现在我们面前。老板对我们表示了欢迎,所有人都把目光投向卡维尔,我们被安排在餐厅正中的餐桌用餐。接下来的两个小时里,我听到了很多难以置信的故事,有人路过我们的餐桌边停下来旁听,或者从隔壁的餐桌上探身过来听。这就像是一场以詹姆斯·卡维尔为中心的聚会。

可以说,詹姆斯·卡维尔拥有我所谓的终极传播目标——一种深层次的叙事直觉。他的思路完全围绕着"问题–解决方法"动态展开，他有能力在复杂迂回的内容中寻找到简单的叙事核心。

如果你怀疑这一点，可以看看拍摄于1993年的纪录片《战争空间》（*The War Room*）。这是对比尔·克林顿胜选过程的记录，影片中的核心人物是詹姆斯·卡维尔。你会一次又一次地看到，人们来征求他的意见，不仅仅是关于战略的，还包括关于信息传播的，也就是叙事的。一次又一次，他接起比尔伙伴们征求建议的来电，不假思索地回复说："告诉他这样说……"他给出的措辞简单明确，而其中最著名的就是那句"笨蛋，问题是经济。"①

詹姆斯·卡维尔就是传播技巧的化身。他拥有叙事直觉，充满激情（他在纪录片的结尾落下泪来），幽默，整个人都充满趣味。要是科学界也能出现几个有这些特质的同等水平的发言人那该有多好啊！

也许有一天会有的。此外，从希拉里的竞选活动中，我们还得到另外一个非常重要的教训。我认识的一个名叫雪莉（Shirley）的非常酷的人把这个教训阐述了出来，她是华盛顿特区的科学共同体的一员。

十三、雪莉法则

在希拉里·克林顿、詹姆斯·卡维尔的经历之后，我对发生在一般公共关系领域的问题做出了如下的界定。如果你不讲出自己的故事，就会有其他人替你讲（而你很可能会对他们的表述感到不满）。

这个简单的准则来自雪莉·马尔科姆博士（Dr. Shirley Malcom），大部分人都明白其中的道理，但还是需要将它正式地表述出来。雪莉·马尔科姆博士是一位71岁的非裔美籍女性，是美国科学促进会的教育工作负责人，她总是喜欢把我介绍为"我的异母弟弟"。而我则更愿意把她看作是和我在学术上拥有同一个父亲——鲍勃·佩因——的姐姐。

雪莉有着常人难以想象的传奇式人生。20世纪50～60年代，她在

---

① 这是比尔·克林顿在竞选中的一句名言。——译者注

美国深南部腹地的亚拉巴马州伯明翰长大，当时那片土地正在经受着民权斗争的洗礼。在冲突中，有一些教堂遭遇了爆炸袭击，其中就包括她的家庭教堂——伯特利浸礼会教堂（Bethel Baptist）。最大的不幸发生在她离开伯明翰到华盛顿大学就读之后。

1963年9月15日，白人至上主义者在第十六街浸礼会教堂（16th Street Baptist Church）安放了15枚炸弹，爆炸导致4名11~14岁的女童死亡，其中就包括与雪莉家有世交的家庭的女儿。在斯派克·李有关这一事件的纪录片《四个小女孩》（*4 Little Girls*）中，有一组画面展示了早前发生的伯特利浸礼会教堂爆炸事件，而雪莉的身影就出现在其中一张照片中。

在西雅图的华盛顿大学读本科期间，她主修动物学，并在一门由我的科学偶像、海洋生态学家鲍勃·佩因讲授的本科生课程中担任助教。10年之后，佩因成为我的本科生导师，他是一位极具魅力的科学家，我在本书的第一版中专门致敬了他。当雪莉在2009年发现了我们之间的这一关联后，我们马上成为灵魂密友。

雪莉在宾夕法尼亚州立大学取得博士学位后，开始投身于提高科学组织中女性和少数族裔的地位以及支持传统黑人大学（HBCU）的不懈努力之中。今天，她已经是美国科学促进会教育方向的长期负责人了。2012年初，我向她介绍了"ABT"叙事结构，她马上成为最早一批"理解"这一结构的人，并应用到了传播的方方面面（图5-3）。

回到雪莉法则，希拉里正是这个法则的不幸示例。2016年，我有好多对政治不感兴趣的朋友都在说："谁会给希拉里投票？"

我简直不敢相信有这么多人都在这样说。希拉里·克林顿优秀、努力，为这个国家做出过巨大贡献。和所有的政治家一样，她曾做出过一些带有矛盾的无关紧要的陈述，但她也从来没有因作伪证或者其他任何的不诚实行为而遭到起诉。

然而就像我说过的，她的团队为她建立和传播明确的竞选方针的工作一败涂地。我和雪莉在不计其数的邮件往来中讨论了这个问题，她一

图 5-3　2017 年 "为科学而游行" 中的重要一幕。我抬起头，看到人们高举着这样一组科学的代表人物的头像，雪莉·马尔科姆博士的头像也在其中，与众多科学传播领域的巨星并列

直说，当你没能讲好自己的故事时，结果一定会是这样。因为这些邮件，我决定将这一准则命名为"雪莉法则"。

于是其他人——也就是唐纳德·特朗普——代替希拉里讲述了她的故事，她被贴上了简单粗暴的标签："骗子希拉里"。结局不忍直视。

我还能给出许多雪莉法则的实例。这也应和了迈克尔·克莱顿演讲的核心——科学家总是抱怨他们被错误地解读，而实际情况是他们没能正确地展示自己。世界很残酷，你必须找出自己的叙事方式，并且积极主动地将它传播出去。这也正是我想要通过故事圈叙事训练计划做到的事情。

十四、最后，"ABT"结构中的"A"才是倾听的秘诀

和其他问题一样，倾听的挑战也可以追溯到我正疯狂宣传的"ABT"结构。我对这个结构越深入地研究，具体地说是研究共识、冲

突和后果的三种力量,我对传播的方方面面看得就越清楚。现在,在探索如何提高倾听能力时,让我们来看看"A"这个元素。先来简单回顾一下我听过的一个小故事。

一位女士告诉我,她曾和丈夫受邀与一群商界领袖在西澳大利亚州参加一场晚宴。她坐在一位煤矿公司总裁的旁边,向他谈起气候变化,以及煤炭燃烧造成的大气污染。几分钟后对方就发火了,不再和她说话,并且直接把座位换到了桌子的另一边,直到晚宴结束。她想知道如何才能更好地应对这种情况。

答案就在"ABT"结构之中。有效传播的过程应当从达成共识开始,在投入"战斗"之前,需要首先打开传播的通道。"ABT"中的A代表"并且"(and),它正是最常用的表达赞同的词汇。要做到这一点,你需要倾听。

想象一下,如果她漫不经心地从澳大利亚一些运动项目聊起,并且假设那位煤矿公司总裁提到自己酷爱高尔夫球,再假设这时她能够仔细倾听,认真思考,将自己对高尔夫球的全部知识用在对话里。

首先通过倾听来找到双方达成共识的基础之后,叙事过程才能正式开始。在传播通道已经建立并且稳固之后,这时才是引入矛盾来源的时候。在这个例子中,他们可以交流关于煤矿开采的不同观点。

而这恰恰是呆板的科学家所普遍存在的问题,就像我在第二章中讲过的那样。当他们头脑中想着气候变化的时候,就觉得完全没有理由扯得那么远,比如浪费时间去讨论高尔夫。他们想要直奔主题,马上开始辩论。然而,一旦你通过冲突点燃了对方大脑中叙事部分的怒火,想要灭火就没有那么容易了。

我给这位女士的建议是,首先需要通过倾听来实现有效的传播。而问题的关键在于,这位声称自己正在寻求建议的女士,是否能够真正听取提供给她的建议。有时候,科学家在听到建议后会立刻认定"不,这个不对",然后继续我行我素。而在另一些时候,我明白他们只是无力改变。他们试着去倾听,但他们的大脑早已固化,那么就到了下面的这个话题。

十五、程式化大脑的自动重启

我绝不是科学家的反对者。单看我对科学家的种种批评，很容易得出我不喜欢科学家的结论，但事实并非如此。在我所有的经历中，他们始终是我所见过的最诚恳、最有善意的一群人。他们中的一些人只是无法摆脱他们程式化大脑的思考方式。当意识到这一点的时候，你几乎会感到心碎，比如下面提到的这位。

在本书第一版出版的时候，我运行的"移动基线海洋媒体项目"正接近尾声。洛杉矶地区的几个环保组织在绝望之中找到了我，想就于2008年新设立的海洋保护区（Marine Protected Areas，MPA）与我进行交流。海洋保护区是封闭管理并禁止捕鱼的部分海岸区域，渔民们不愿放弃他们钟爱的捕鱼地点，所以海洋保护区总是一个热议的话题。

环保组织急切地希望开展某种形式的媒体宣传，于是我开始寻找合适的角度来解决这个问题。最后，我和一位曾经参与州政府资助设立海洋保护区项目的朋友通了电话。我们谈到了与之相关的方方面面，打了足足有两个小时的电话。就在我努力寻找一个宣传主题时，我开始注意到她在重复提起一个简单的信息。她说："令人遗憾的是，十年前我们没有开展足够的研究证明海洋保护区是否是一个好主意，但是人们不知道的是我们现在已经能够证明海洋保护区是有用的了。"

问题就在于最后的这几个字——"海洋保护区有用"。我开始在自己的脑海中重复这几个字，听起来感觉不错，这有可能成为一句标语。它的优点是简短、有力、非常积极（它指向结果，而不是问题），而且不带有任何谴责（不同于某组织曾在它们失败的宣传中使用过的基本信息："渔民破坏了我们的资源"）。

我策划了一个完整的方案，拍摄了由皮尔斯·布鲁斯南（Pierce Brosnan）主演的公益广告［媒体报道写的是："詹姆斯·邦德（James Bond）拯救海洋！"］。这些宣传成功地打击了过度捕捞的气焰。在此次的成功和媒体的诸多报道下，来自全国各地的多家机构都来联系我，想要做同类的宣传。

于是就发生了下面这段堪称可爱的小故事。夏威夷的一位科学家给我写了一封非常友善的邮件，他说他认为这次宣传非常成功，他们也正面临同样的问题，而我所传播的信息正是他们想要宣传的信息，但是……（科学思维又来了）……他们认为应该对宣传语进行一点修改，改成"合理管制的海洋保护区有用"。

他并非没有理解我那句简短有力的宣传语，只是他的大脑已经程式化了，认为信息完整比简洁明确更加重要。我敢肯定，他心里认为他这句12个字的宣传语和我的7个字的一样好。我还肯定，如果我对他大喊"不，它们不一样！"时，他会完全摸不到头脑地说："天哪，你不必这么暴躁，神经质先生。"

有些科学家只是情不自禁，但他们确实是出于好意。

十六、你能用到的倾听建议：如何讲解海报

这是最后一点。2014年，我邀请"底层"即兴表演团体的演员萨曼莎·杰克斯（Samantha Jacks）参加了在夏威夷举办的海洋科学会议（Ocean Sciences Meeting），她在我的专题论坛中进行了即兴表演。当时萨曼莎还不到30岁，是一个聪慧、有激情的天才演员，之前从未参加过学术会议。

在我们的环节结束后，有一个学生问萨曼莎如何做好会议海报的讲解。即便她几乎不了解学术会议中用到的海报是什么，她仍然自信地给出了很好的解释。

她说道："首先，你要构思好项目的'ABT'叙事结构。有人走过来，你就讲给他听。其次，你要询问他们的工作内容，更重要的是，你要仔细倾听他们的回答。最后，你要找到你们工作之间的共同点，并就共同点做进一步的交流。"

我曾经做了差不多20年的科学家，从来没有人告诉过我应该如何

讲解海报，更不用说是这样精辟的解释了。她所说的完全正确。此外，你应该能够看到，其中最关键的一点正是你需要去倾听。如果你能做到这一点，它就能让你的工作受到所有人的关注。你倾听他们，他们便会倾听你。

注 释

[1] P. Kareiva,"If Our Messages Are to Be Heard,"*Science* 327，no.5961（2010）：34-35.

[2] M. E. Mann，R. S. Bradley，and M. K. Hughes,"Northern Hemisphere Temperatures during the Past Millennium Inferences，Uncertainties，and Limitations,"*Geophysical Research Letters* 26，no. 6（15 March 1999）：759-762.

[3] J. Romm，*Language Intelligence：Lessons in Persuasion from Jesus，Shakespeare，Lincoln，and Lady Gaga*（North Charleston，SC：CreateSpace Independent Publishing，2012）.

[4] Michael E. Mann，*The Madhouse Effect：How Climate Change Denial Is Threatening Our Planet，Destroying Our Politics，and Driving Us Crazy*（New York：Columbia University Press，2016）.

[5] Michael E. Mann,"I'm a Scientist Who Has Gotten Death Threats. I Fear What May Happen Under Trump,"editorial，*Washington Post*，December 16，2016.

[6] *The War Room*，directed by C. Hegedus and D. A. Pennebaker（October Films，1993）.

[7] *4 Little Girls*，directed by Spike Lee（HBO Documentary，1997）.

第六章　要为科学发声

2013年，我拍摄了《海之交响乐》公益广告，杰克·布莱克同意扮演总指挥的角色。当时我给他发了一封电子邮件，附了几页详细的说明，包括需要他做哪些舞蹈动作和搞怪表情，以及这个公益广告要表现的海洋保护方面的具体问题是什么。我在附件中多处问到他能否讲些笑话，比如有关腰鞭毛虫繁殖和缺氧事件的俏皮话。他只回复了一句话："我不会讲笑话，但我可以表现得像个混球一样。"

曾经有段时间，向大众传播科学是件相当容易的事。19世纪50年代，哈佛大学比较动物学博物馆（Museum of Comparative Zoology）的创始人路易斯·阿加西（Louis Agassiz）在剑桥公园（Cambridge Common）做了多场广受欢迎的公开演讲。几百人在闷热的盛夏里聚集在一起，听他发表三四个小时的演讲，主题是鱼类分类学。

那些人出了什么问题吗？我想当时他们的大脑空无一物。那个时候还没有电视、网络、手机，甚至连电都没有，他们的大脑急需刺激。想想看，仅仅是听到单词和信息，就如同让他们的大脑坐上了振动按摩椅，一坐就是三小时。感觉一定超棒！

不过那样的日子已经一去不复返了。

如果今天让与路易斯·阿加西来自同一个比较动物学博物馆的鱼类解剖学家，也是一位才华横溢的演说家的卡尔·列姆（Karel Liem）于炎热的夏天在户外做三四个小时的鱼类分类学讲座，你认为会是怎样的情形呢？

听众已经不再是往日的听众，但不清楚科学界是否了解了这一点。这有点让人惊讶，因为有一个致力于研究变化（称之为"进化"）的完整的科学领域，不过似乎其更多地关注化石的研究，而非普通公众已经如何演变。

今天有了一个新的媒体环境。大型科学组织对这种环境的适应是非常缓慢的，但在基层和个体的层面上，情况不大一样，变化已经切切实实地在发生。你可以在大量扩散的新传播模式中看到，包括从博客到视频制作，再到风格迥异的图表报告。科学界中的个体并未等待大型组织来"指路"，他们自己已经在"为科学发声"。

那么究竟什么是科学的声音？最好的代表仍是卡尔·萨根（图6-1）。假如你还不知道他是谁，那么我在这里简单地介绍一两句，他是一位天文学家、天体化学家，也是举世无双的科普从业者。1977年，他出版了一本畅销书《伊甸园的飞龙》（*The Dragons of Eden*），从此在媒体圈名声大噪。1980的电视片《宇宙：个人之旅》（*Cosmos: A Personal Voyage*）更是让他成为家喻户晓的超级明星。他的畅销书和电视系列片取得如此巨大的成就，他成为近几十年来把纯科学传播给大众最成功的科学家。现在让我们结合本书前四章的主题，看看他是如何做的。

图6-1　卡尔·萨根，他证明了"别做这样的科学家"有助于与大众建立良好关系
[图片来源：迈克尔·J. 奥科尼耶夫斯基（Michael J. Okoniewski）]

首先，他当然是一个理智的人，是一位真正伟大的思想家，但他并没有过分沉迷于思考过程而无法付诸行动。事实上，正如威廉·庞德斯通（William Poundstone）在萨根的传记中所写的那样，他在努力传播、普及科学时表现得如此精力旺盛，以至于他的朋友们常常好奇他何时睡觉。

卡尔·萨根同样没有受制于缺乏想象力，不然他怎么可能有那么多个夜晚出现在强尼·卡森的节目《今夜秀》的沙发上？很多科学家认为这档节目是一串愚蠢的戏谑，但萨根充分认识到了电视对美国社会的巨大影响力。

那么卡尔·萨根讲故事的能力如何呢？萨根1985年的小说《接触》（Contact）不仅是一部畅销书，还被搬上了大银幕。他懂得欣赏讲述一个好故事所带来的力量，他本人虽然不是宗教徒，但深刻地理解宗教和神话在人类心目中的地位。从他的第一部畅销书《伊甸园的飞龙》起，他就在多部作品中探索过这个主题。

至于受欢迎程度，萨根有些呆，有些书生气，有时甚至会犯傻，但他具有让自己受到喜爱的某些特点。20世纪90年代末，在为美国国家地理学会（National Geographic Society）的系列纪录片《生命的形状》（The Shape of Life）寻找出镜主持人时，海洋演播室的制片人、我的朋友马克·雪莱（Mark Shelley）目睹了卡尔·萨根持续的影响力。制作团队四处寻找主持人，他们找了一些科学家试镜，将样片向目标观众焦点小组试播，并听取相关反馈。

结果观众并不喜欢那些主持人，一个都不喜欢，这让制片团队极其抓狂。他们最后只能问焦点小组的成员："你们想要谁来主持？"结果得到的答案很简单："像卡尔·萨根那样的。"

在几十年的时间里，卡尔·萨根身上充分体现出一位科学家最好的特质，并因而广受大众的喜爱。总之，关于我想通过本书传达的一切，他是方方面面都做得很出色的例子。

不过，卡尔·萨根的职业生涯中有个悲伤的注脚，这是每一位有志进行科学传播的科学家都需要了解的。

一、被美国国家科学院拒之门外的卡尔·萨根

卡尔·萨根的一些传记中记述了他遭到美国国家科学院不公正对待的细节。

简而言之，由斯坦利·米勒（Stanley Miller）（以"米勒和尤里"而闻名，二人是最早描述出地球生命可能的非生物起源原理的团队）牵头的一个小组提名萨根进入美国国家科学院。美国国家科学院就相当于足球或棒球运动员在他们职业生涯末期可能进入的名人堂一样。

萨根顺利地通过了最初的投票并进入了前60名（当年有120位候选人）。如果没有人提出异议，他就能顺利进入美国国家科学院。历史上，进入这一阶段的1000位被提名者中，只有一个人遭到过反对。不幸的是，萨根成为第二个这样的人。这意味着，他要想进入美国国家科学院，必须增加一场专门的投票。

投票前，美国国家科学院举行过一场公开辩论。在这场辩论中，很多院士猛烈地抨击萨根，诋毁他是个"轻量级的"科学家——尽管萨根发表过100多篇经过同行评议的论文，出版过大量书籍，并且在天文学领域做出了重大贡献。德州农工大学（Texas A&M University）的化学家弗兰克·阿尔伯特·科顿（F. Albert Cotton）提到，萨根参与科普的工作是"没有能力开展科学研究的表现"。

萨根需要获得2/3以上的赞同票才能当选为美国国家科学院院士，但最终没能成功。究竟发生了什么？

萨根的第一任妻子林恩·马古利斯（Lynn Margulis）尽管与他婚姻破裂，但仍力挺他。（我曾听到她在哈佛大学所做的一场报告的问答环节亲切地称萨根为"蠢货"。）她抛开一切个人恩怨，积极地为萨根卓越的事业辩护。

据萨根的传记作者庞德斯通所说，萨根从未公开抱怨过这次未能进

入美国国家科学院的失败，但在一封信中，马古利斯告诉萨根说：科顿的发言与现场每一个头脑狭隘、身体丑陋和谈吐蹩脚之人都产生了共鸣，而且人数占现场成员一半之多。他们嫉妒你的传播技能、魅力、出色的相貌和坦率的态度，特别是在"核冬天"问题上……总之，你早就应该进入美国国家科学院，现在仍然如此，将你拒之门外的是人类最糟糕的弱点：嫉妒。

简言之，美国国家科学院无法原谅萨根这么受欢迎。

这次事件提醒我们进行大众（科学）传播的风险。尽管如今从事科学传播的科学家数量比以往都多，并且美国国家科学基金会甚至要求受资助者将相当一部分经费用于科学传播的工作，但这种困境仍然存在。事实上，我甚至愿意给出一个具体数字。

二、科学同类相残的三分之一法则

接下来，我提出这样一个假设：在所有其他因素等同的情况下，在任意一个科学家群体中，约有1/3的人不会喜欢那些鹤立鸡群并尝试直接向公众进行传播的人。如果你是一位科学家，不妨检验一下这个假设。

我提出这个假设首先基于1/3的美国国家科学院成员投票反对萨根进入美国国家科学院这一事实，同时我也有些个人经验可以进一步支持这一点。

在斯克里普斯海洋研究所，海洋科学研究生新生要上为期12周的强化入门课程，我有几年教授其中一周的传播课。每年在课程结束时，学生都会填写课程评估。有意思的是，每年都会出现同样的一个简单模式：大约1/3的学生将我所教授的传播课程称为"改变生活"的经历。他们十分享受这门课程，觉得令他们大开眼界，以至于他们认为自己未来科学工作的一个重要部分将涉及传播项目。

还有1/3的学生认为上这一周的传播课非常有价值。但最后1/3的学生，他们猛烈地抨击这完全是在浪费时间，指责我"装腔作势"。他们看不到上这门课和他们的科学生涯有任何关系，还暗示要退还他们的学费。

每年，这些学生的态度都与我的电影《咝咝声》收到的评论大致吻合。大约1/3的科学家博主赞不绝口，1/3的人认为差强人意，1/3的人仿佛传达出将萨根拒之美国国家科学院门外的那些人的心声。

三、不加批判的科学：如同没有鲨鱼的大海

2007年末，有人提出了一个新颖的想法：在美国总统候选人之间组织一场关于科学问题的辩论。从中，你同样可以看到三分之一法则。被称为"2008科学辩论"的想法来自达尔文的曾曾孙马修·查普曼（Matthew Chapman），他发现在总统候选人的辩论中，宗教问题获得大量的关注，与之形成强烈对比的是几乎没有关于科学的讨论，他对此深感不满。查普曼成功地为这一想法赢得了大量的支持，最终召集了所有大型科学组织和一大批诺贝尔奖获得者来背书。但在这一过程中，如果你阅读科学博客，就会发现大约1/3的声音否定了整个想法，他们认为这尽管得到了大多数科学领袖的支持，但仍然会因为各种原因而无法实现。大多数反对者似乎对参与政治和与公众接触有种厌恶情绪，或者他们生来就是反对者。

因此，科学界里消极、否定、愤世嫉俗的声音仍然存在，并且在往后的日子里可能会继续如此。没关系，你不会希望它消失的。如果它真的消失，我们倒是要担心了。因为果真那样的话，科学界就如同没有鲨鱼的大海，虽然我们不想被鲨鱼袭击，但我们也不希望它们灭绝。对于生活中的一些事情，你只需要找到一种与其共存的方式就好了。

就个人而言，我在很久以前就意识到了这个问题。从一开始参与媒体工作，我就知道自己不想最终成为一个既进行严肃的科学研究又开展天马行空的电影制作的人。这个跨度太大了！我有可能可以做到，但对我的同事和学生来说，要求他们接受同时作为权威人物和谐星的我，很不公平。

事实上，当我还是新罕布什尔大学的教授时，我就非常清楚地意识

到了这一点。在我的第一部短片 Lobstahs 中，我使用了与真名没有半点关系的假名查理·阿加西（Charlie Agassiz）。当然，我最终辞去教授职位，从而解决了这一难题。但那是因为我意识到自己会比普通的科学家更深入地进入媒体领域。

至于纯粹主义者与那些屈尊降贵地把手伸向更广泛受众的人之间存在的主要分歧，你可以在其他行业中看到差不多一样的动态。以约翰·斯坦贝克为例，他的文学作品广受读者欢迎，但他却一直被评论家所诟病。当他最终获得诺贝尔文学奖时，文学界发出了强烈的抗议。在新闻发布会上，记者竟然问他是否认为自己应该得奖（可悲的是，他谦卑地回答说并不十分确定）。如果换作被提名进入美国国家科学院，他可能会遭遇与卡尔·萨根相同的命运。

但是说到底，在科学的世界里，批评是发展过程的必要组成部分。这一点毋庸置疑。这又一次让我想起了我的表演课老师。

四、否定的精致艺术

她是个非常严苛的人，绝不允许犯错。关于她可以给你们讲些非常"恐怖"的故事：比如曾经有学生批评她的教学方式，她竟然和那个学生大吵了一架，指责学生表现得就像青春叛逆期的女孩跟母亲闹脾气一样。

争吵迅速升级，直到那个学生大哭着跑出教室，表演课老师也跟了出去。我们坐在教室里，听着走廊里此起彼伏的争吵声，那个学生最终歇斯底里地尖叫道："不许谈论我的母亲，她五年前就去世了！"表演课老师仍不罢休，继续朝她怒吼道："那你该去她的坟墓上发泄一通！"

说真的，读到这样的故事，你不想上表演课吗？好莱坞是个如此"美好"又"滋养心灵"的地方。

不过每隔三天，就会换另一位表演课老师来上课。他是个非常好的人，长相英俊，为人和善，从不和学生发生冲突，总是鼓励你。他允许每个人发表意见，而且总是耐心倾听。第一个月时，每个人都盼着他来上课，急切地想摆脱那个刻薄的表演课老师。

结果怎么样？后来，大家逐渐厌倦了那位"好好先生"。他足够体贴，足够正能量，但就是不够有趣、刺激，缺乏挑战性。那个刻薄的表演课老师反而能像电流一样激活课堂气氛。在她的课上，每个人都小心翼翼，希望做到最好。她要求苛刻、爱挑剔、冷酷无情，但当她终于称赞你时，那意味着你真的做得很好。

对我而言，她像个噩梦般的存在，她也一直不喜欢我，但我不得不承认她是位优秀的老师。让我们面对现实：重要的是，真正好的教学中多少都夹带着一些痛苦，无论是做一些无聊作业时的痛苦，还是被严厉批评时的痛苦，想要寻找一种毫无痛苦的教育只是异想天开。

对于年轻科学家来说，注意到这点尤为重要。对他们来说，想要成为更好的传播者，至关重要的是要从批评中吸取教训，而不是被批评打垮。同样，某些时候做好"科学领域对传播缺乏兴趣"的思想准备。尤其是，在我对科学传播20年的探索过程中，我观察到了一个非常重要的普遍模式。

五、找到优秀的传播者！

这些年来，在寻找支持科学传播的创新方法时，我碰壁无数。（美国国家科学基金会的一位项目官员说："大多数科学家都按惯用的方法传播科学，好方法总是好的，坏方法总是坏的。"）但我同样发现了很多坚定的支持者。终于，我发现了一点，我相信在这一点上得到的模式是不会错的。

这种模式就是：优秀的传播者相信传播的力量，反之亦然。

有些科学家、行政人员、基金会官员甚至是政府官员觉得，把大量的金钱用于像拍电视广告或者电影这样的事情上是在浪费资源。通常，当你遇到这些人时，就会发现他们自身也相对缺乏传播技能。

我认为，在人的生命中会发展出一个正反馈循环，或者用不那么科学的术语来说，是雪球效应。终其一生，那些人际交往能力差的人在通过沟通（比如说服）达到目标时总是频频受挫，他们试图和隔壁邻居理论，让对方把夜间狂吠不止的狗拴在屋里，却发现无法通过讨论来说服对方。于是他们最终放弃了这种方法，直接向警方求助，通过诉诸法律解决问题。

这样的情况发生得越频繁，他们便越容易得出"谈话是浪费时间"的结论，"让我们采取行动"就成为他们的态度。如果让他们负责一个环境保护组织，他们宁愿邀请律师，推进立法来阻止在公园旁边开发新住房，也不愿意发起大型的媒体宣传活动来说服当地居民捍卫他们的权利。如果有人在会议期间站出来，提出花钱进行更好的沟通，他们会回复说已经做过相关努力，但并不见效。

人际交往能力强的人则完全相反。他们和邻居之间的沟通并不费劲，他们会请对方过来喝一杯，谈笑间聊起狂吠的狗，然后达成友好协议，比如用额外的草坪椅来换取安宁。不需要诉诸法律，一切都通过更加主动的沟通得以解决了。

多年以后，他们就会自然而然地看重沟通的重要性，他们在生活中已经非常有效地使用了这种手段。当你提出"需要在传播（沟通）上投入更多精力和资源"时，他们会给出积极的反馈，因为这在他们过去的经验中非常奏效。

当然，这只是我的个人经验。并非巧合的是，所有支持我的科学家都是优秀的传播者。所以我的简单建议就是：向那些知道如何谈话和倾听的人寻求支持。他们懂得良好沟通（传播）的力量，并且能在你的传播工作最重要的方面给予帮助——发现并且改善你的"声音"。

这将我们带向了传播中一个重要的概念——"声音"，它的含义远比从声带发出的声音丰富。无论是机场警示标志上的"权威声音"，还是人道主义行动背后"同情的声音"，这个主观元素对于有效的传播都至关重要。

六、科学家的声音

第一章开头提到的那个给《首映》杂志的编辑写信说马克·沃尔伯格认错了灰鲸的人,就是我。截至目前,我太了解自己的声音了。我知道尽管在好莱坞奔波近二十年,和演员打成一片,制作电影,假装自己是其中一员……但我仍然拥有科学家的声音。

无论是先天遗传还是后天养成,可以肯定的是,当你取得科学博士学位时,这种声音就将伴随你一生,你无法摆脱它。

关于我在公共场合的声音,这里举个小例子。在南加利福尼亚大学电影艺术学院迎新日的讲座中,班上所有50名学生都坐在剧场里,每个人需要用几句话做自我介绍。轮到我时,我说:"我是一名海洋生物学家,我取得了博士学位,在澳大利亚研究大堡礁多年,并且……"有位教授打断了我,问道:"你修好了没?"

直到后来我才明白他说的是什么意思。在科学界,你问同行的第一个问题往往是"你研究什么?"或者"你在关注什么?",比如"我在研究蟾蜍的同地种群的物种形成"。如果你是一位科学家,这样的对话再普通不过了。但是对于那位电影制作方向的教授来说,我的自我介绍听起来就好像我是在珊瑚礁上工作的修理工。

关键在于,那是一种你下意识地拿起来就用的科学"方言"。你认为你说得很平常普通,但别人听起来并非如此。要让许多科学家意识到这一点是最难的事情之一。他们会疑惑:"你说的什么意思?我们明明和所有人一样说话。"而且他们很确信这一点(误差概率小于5%)。

我也是花了很多年时间才完全意识到这些差异的。拥有科学家的声音有很多好处(有些人会对你留下深刻的好印象),但有时也会让人付出代价。我甚至为此遭受过经济损失。

七、从未有过的生活

善意地提醒一下,那是大约30年前的事了。1990年我写过一部叫

《冰蓝》（*Ice Blue*）的小说，描述的是发生在南极洲的悬疑故事，故事以20世纪80年代中期我在那里的经历为原型。那是一个狂野而粗犷的故事——遭遇海难的邮轮，潜水到南极的冰层之下，还有疯狂的直升机在冰川上搜寻。

我当时还是新罕布什尔大学的教授，我有个名人朋友在好莱坞三大经纪公司之一的威廉·莫里斯（William Morris）经纪公司拥有一位作品经纪人。朋友将我的小说送给了那位经纪人，这位经纪人是个狂热的潜水爱好者，读过我的小说后表示非常喜欢，他给我打电话说希望代理这部小说。一个月后，我们在好莱坞见了面，他问我需要20万美元还是30万美元的预付款，以及电影版中的主角该由哪些一线明星来饰演。我尽了最大的努力去抵挡这种好莱坞式大肆炒作的忽悠。

在我设想的平行宇宙中，这部小说被一家顶尖的出版社买下，连续一年进入《纽约时报》畅销书排行榜，并且被拍成了电影。这部电影轰动一时，让我成为千万富翁，与迈克尔·克莱顿出入同一家俱乐部。

不幸的是，在我们生活的这个宇宙，这部小说被十几家出版商拒绝了。我的经纪人收到了资深编辑的拒收信，我曾在汤姆·克兰西（Tom Clancy）、斯科特·特罗（Scott Turow）和约翰·格里森姆（John Grisham）的畅销书上见过这些编辑的名字。他们读过这本书后做出了相同的决定，那就说明它的确有问题。

今天回过头来，我可以准确地说出问题所在。那就是，我采用了科学家的声音来叙事——非常真诚、谦逊、精准，但所有这些都意味着，从讲故事的角度来说它不是一部最佳的小说。整部小说由我在南极洲做研究时听说的真实故事"编织"而成，在故事的高潮，女主角游到了冰层之下刺骨的海水中，那里的温度比空气中高约50度。浑身湿透的攻击者想要追上她，但当爬出水面接触到严寒的空气时，攻击者被冻死了。我的经纪人非常喜欢这一幕，并且一直念念不忘，多年后，他还在讨论这个情节，多次问我空气的温度是不是真的比冰下海水低很多。当然是真的。

但对出版社的编辑来说，这个故事不够宏大，不够动人。我猜想他们觉得故事中需要有核武器、喜马拉雅雪人，或者外星人（我的作家朋友们多年后给我提出了这样的建议）。

这部小说始终未能面世，但科学家的声音一直伴随着我。归根到底，用《嗡嗡声》和《渡渡鸟群》中都出现过的一句话来概括，我"被对真相的盲目痴迷所累"。

这就是科学家和科学传播者面临的困扰——讲故事和现实之间永恒的抗衡。我希望在本书中已经将这点阐释清楚了。这并不是一个无法克服的挑战，如果能够使用来自真实世界的完全准确的事实讲一个好故事，那将是最有感染力的故事。

很多有史以来取得巨大成功的电影，从《阿拉伯的劳伦斯》（*Lawrence of Arabia*）到《泰坦尼克号》，它们主要都是由各种现实交织而成的，一些自由发挥是为了让故事拥有最强大的力量，但总的来说，这两部电影都已尽可能忠于事实了。

我绝不是鼓励任何人去扭曲科学，而是鼓励科学家多做一点努力，帮助大众理解他们工作中关键的见解。我相信科学家能够理解我在说什么，他们懂得如何撰写论文，所以应当知道怎样把一个粗略的初稿精雕细琢成优秀的成品。唯一的问题是你愿意付出多少努力，这就归结到你对传播有多么重视。

八、让变革开始：达达主义和注意力

我们该看一看艺术界，再为科学界提出一个并行的模式。在科学的诸多领域，存在着一个从古老传统的描述性阶段到振奋人心的现代实验阶段的进程。

在我的研究领域——海洋无脊椎动物胚胎学，至少有一个世纪，科学家都是坐在显微镜旁，观察动物胚胎在不同发育阶段的样貌，并且谦逊地描述着他们所能看到的一切。但是后来，很多科学家似乎厌倦了简单的描述，开始想要知道事物是如何运作的。这促使他们开始做实验，他们将注意力转向了把胚胎置于不同的物理条件下，或者移除单个细胞，然后观察这样操作的结果。除了描述模式之外，他们开始更深入地研究产生这个模式的过程。

"描述主义者"（如果我们可以杜撰这样一个术语的话）通常被认为是传统保守和缺乏想象力的，并且安于现状，甚至对挑战既有方法的同行进行打压。实验主义者则被认为更大胆、勇敢，具有对抗性，拥有创造力，决心摆脱传统的束缚。描述主义者还被认为更加循规蹈矩，而实验主义者更加无所顾忌。

在艺术界，重大转变始于1917年的一次爆炸性事件，由玩世不恭的法国艺术家马塞尔·杜尚（Marcel Duchamp）发起策划。当时，只有大师的宏伟画作才被视为艺术，而杜尚和两个朋友买了一个铁制的小便池，将它倒转过来，取名为"泉"（*Fountain*）（图6-2）。他们将这件作品提交给瑞士苏黎世的艺术展。作为传统主义者的布展方认为那"不是艺术"，拒绝接收。这在新兴的达达文化运动（此运动产生了有时候被称为"反艺术"的风潮，类似第三章中谈到的反情节）中产生了骚动。杜尚从独立艺术家协会（Society of Independent Artists）辞职以示抗议。从此，艺术界发生了天翻地覆的变化。

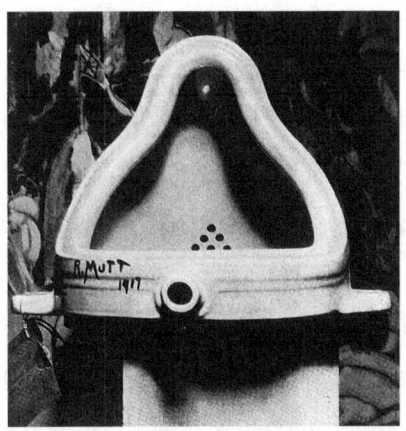

图6-2　这件马塞尔·杜尚的艺术作品《泉》在1917年震惊并且冒犯了保守的艺术界。科学传播界能否做出类似的重大改变？

若想充分理解这一事件，就要对当时欧洲的社会背景有所了解：当时欧洲正值第一次世界大战前夕，艺术界整体的沉闷和严肃令很多人失望，杜尚的这个小便池代表一种反叛的声明，遭到许多知名艺术家的敌视，然而却为今天众多的现代艺术运动奠定了基础。时至今日，《泉》都被视为一件里程碑式的作品，它甚至在1989年成为一个博物馆展览的核心作品。

对于"究竟什么是艺术"的讨论一直在持续，在看到杜尚所谓的"现成品"（仅仅通过贴上艺术的标签就让普通物品变成艺术）时，很多人依然心存困惑。2007年，一部出色的纪录片《天才画童》(*My Kid Could Paint That*) 从另一个角度提出了类似的问题：孩子的抽象画真的可以被视为艺术吗？不过，我们可以用一种新方式来看待这些非传统艺术家的作品。

在理查德·莱汉姆对注意力经济学的讨论中，他对于杜尚的反传统姿态提出了一种全新的有趣观点。如果你不把达达主义者及其继承者，比如安迪·沃霍尔（Andy Warhol）和克里斯托（Christo）看成艺术家，而把他们看成注意力经济学家的话，就会发现他们非常聪明。在注意力成为越来越重要的货币的经济社会中，他们知道怎样做，并且知道如何获利最多。

以上这些都为我们如今看到的科学传播奠定了基础。目前科学传播的风格极其传统——安静、虔诚、信息密集、极度准确、缺乏幽默感、冷漠无情，而且效果越来越差，正如我在讨论劳瑞·戴维两部关于全球变暖的电影中的第一部时所提到的那样。

一般而言，在纪录片制作这个领域，与《泉》在艺术界的地位相当的是迈克尔·摩尔（Michael Moore）1989年的开创性电影《罗杰与我》(*Roger and Me*)。在电影中，摩尔抛弃了作为外部观察者或是纪录片制片人这个陈旧的观念，相反，他作为积极的参与者出现在了镜头前。纪录片纯粹主义者对这部作品的愤怒，不亚于艺术界纯粹主义者对《泉》的愤怒。但这部作品同样成为当时商业上最成功的纪录片之一。

就像杜尚引起艺术界思考"究竟什么是艺术？"一样，摩尔促使纪录片制作者开始思考"究竟什么是纪录片？"

在如今的后现代时代中，通过科学纪录片这种传统僵化的方式来展示科学也需要引入实验。从本质上说，这其实就是劳瑞·戴维和阿尔·戈尔所做的，《难以忽视的真相》就是实验性的，它还利用戈尔的名人效应吸引了众多关注。

重要的是，实验对于进步至关重要，并且为了让实验成功，你必须能够利用自己的声音。

九、你的声音

在某种程度上，每个人都拥有富有表现力、创造性和个性化的声音，它带着你的印迹，如同指纹一样抹不掉。我们在电影艺术学院看到了这一点。在第一堂课上，我们需要制作5个超级8毫米胶片的片段。每周都有5名学生展示他们的最新杰作，班上一共15名学生，可以轮流三周。到了第四周，导师挑出任一周的5个片段，剪掉开头的制作者信息，这样就没有人知道制作者是谁了，然后让大家猜每段短片出自谁手。

太简单了！每人都能猜得到："啊，这是哈维尔（Javier）的片子！""那是赛利尔（Zellie）的片子！""那是安（Ann）的片子！"每个人的风格都很明显，即便有人试图转变，比如从塔伦蒂诺（Tarantino）式的暴力影片转向浪漫喜剧的风格，你仍能感觉到那是他的制作。有些东西是贯穿始终的，这就是"声音"。

如果你是一位科学家（或者任何身份），想要参与大众传播，这就是你正式的起点。你需要倾听自己的"声音"，并且明白它究竟是怎样的一种声音。

我了解我的"声音"是什么。你可以在我20年的电影制作生涯中甚至更早的时期发现这一点。它的特征是：鲜艳的色彩，欢快的音乐，愚蠢甚至有些做作的幽默，"高调"的灯光（意味着场景光线明亮，而不是阴暗沉闷），简单但井然有序的故事，真情实感，近乎冒犯的不敬以及具有挑衅的倾向。

在电影艺术学院三年的紧张学习并没有改变我的"声音"。我在1991年制作了关于藤壶的音乐视频，在2007年拍摄了《嗞嗞声》。它们相隔16年（中间的3年我就读于电影艺术学院），但无论好坏，两部片子的"声音"完全一样——结合了愚蠢和严肃、科学和胡扯，有着明亮的颜色、欢快的音乐和大量幽默元素。

我可以说出自己的"声音"所不具备的一些元素——没有旋律的音乐，复杂交错的故事线，酷炫的视觉特效，浓重的神秘色彩，让人眼花缭乱的快闪片段，很多帅哥美女，等等。那些不属于我的"声音"。

那么，说到向公众进行传播时，如今科学的声音是什么样的呢？

首先，与任何学科都一样，最强的声音是个体的声音。当美国要发动战争时，它并非始于五角大楼的媒体发布，而是由个人——总统本人，站在国会前，由他一人的声音宣布战争开始。

没有什么比第一人称叙事更有力，这个声音可以对着大众说："这是我所知道的；这是我所经历的；这是我的感受。"

1999年，四位作者发表了《市场就是谈话：扭转传统企业思维的95个观点》（*The Cluetrain Manifesto：The End of Business as Usual*）（以下简称《市场就是谈话》）一书，这是一部面向商业界的作品，要求尊重新生的互联网所打开的传播渠道，强调人类"声音"的重要性。关于互联网带来的市场，四位作者发出了以下警示：

> 这些市场就是谈话。人们在市场中通过语言交流，这种市场语言自然、公开、诚实、直接、幽默，甚至危言耸听。无论是解释、抱怨，还是开玩笑、说正经事，我们口中说出来的话无疑是真实的，而且也不可能作假。
>
> 然而，大多数公司却只知道用一种单调乏味的方式表达思想，它们在介绍公司业务、发行宣传手册和接听电话时，总是语气平

静，且一本正经。它们使用同样的腔调，说着同样的话。所以，电子商务市场对不能或不愿很好交流的公司不以为然就不足为奇了。

但是学会用真实的语言进行交流算不上什么窍门。如果公司只是嘴上说"听顾客的话"，我们也不会相信它们是真心实意的。它们只有派代表亲自表达这一意向，我们才会相信它们是真心实意的。

《市场就是谈话》是否对互联网产生了任何影响虽然是有争议的，但无论怎样，其中的基本信息与科学传播息息相关。它讲的是培养个人声音，而科学界未能迅速地认识到这一点。

在我关注科学界的三十多年里，我看到科学的个性化和渐进的人性化开始慢慢出现。20世纪70年代，当我还是个本科生时，科学界仍然采用第二次世界大战后的研究所形成的风格：机械化的、零散的以及采用第三人称的写作和演讲方式。科学研究论文会使用这种奇怪的仿佛来自另一个世界的声音，"研究者收集了样本"，即便作者本人就是研究者。这就像是田先生说，"当田先生想要教训某人时，田先生教训了某人"。

所幸这种情况没有持续多久。如今，大多数期刊允许作者采用更加直接的叙述："我收集了样本。"公开演讲也远没有几十年前那样呆板和拘谨了。

从同情（另一个人性因素）的角度来看，当我还是研究生时，很多年轻的科学家取得了博士学位，被冷冰冰地抛到了达尔文自然选择模式的就业市场中。1983~1988年是我生命中最悲惨、最苦涩的5年，为了找到终身教职，我拼命地投递工作申请。那些年里，资深教授们不断告诉我"优秀的人才能找到工作"，意思是说"你自己什么也做不了，就业市场会告诉你，你是否足够优秀"。

对于年轻科学家来说，就业在今天仍然很艰难，但至少《科学》、《自然》（Nature）上几十年来的社论已经唤醒了部分同情心。今天，

《自然》旗下的科研求职信息（Naturejobs）网站可以帮助挣扎着的年轻科学家，大多数科学组织也投入巨大精力，帮助刚刚起步的科学家找到归宿。希望他们能比我们这一代人少经历一些痛苦。

科学界正在缓慢且逐渐地变得更加人性化，为个体科学家提供了越来越多的空间，让他们能够发出自己独特的声音。

让我们回到科学界那些喜爱与普通公众接触的个人。是的，我是在跟你说——科学家，科学传播者，甚至是科学爱好者。关于向公众传播科学，我最后还想说一些鼓励的话，当然也是现实情况。我先从本书的实际情况讲起。

十、本书是科学传播的宝典？

你期待本书能成为向公众传播科学的最佳指南吗？让我再讲一个发生在好莱坞的故事吧！

在电影艺术学院的第一个夏天，我找到了一份工作，出任由马莎·库利奇（Martha Coolidge）导演、帕特里克·斯威兹（Patrick Swayze）主演的好莱坞电影《三个愿望》（*Three Wishes*）的助理。那真是棒极了（如果你能租到这部片子的DVD，就会在片尾演职员表的制片助理名单中看到我的名字——兰迪·奥尔森博士）。当时我38岁，身为一名终身教授（确切地说，当时我还没有辞职），我的工作是为所有的制片人订咖啡和午餐，很多制片人都比我年轻，这一点让我感觉自尊心非常受挫。

后来的几个星期，我设法得到了和选角导演一起对试镜人员进行录制的工作安排。一些演员过来试镜时，有时我会在休息室里与他们聊天。那时我刚刚开始上梅斯纳技巧训练课，尽管受到一些打击但依旧非常兴奋，所以我会问他们是否接受过同样的训练，还有更重要的，他们认为最好的、最必要的表演课是什么。

我从每个演员那里听到的答案都是相同的。没有哪门表演课程或哪种方法是表演的终极撒手锏。相反,你需要参加各种课程,包括场景学习、冷读、即兴创作、梅斯纳技巧等,然后从每种课程中获取与你相关且有用的东西,日积月累,方有望成为一个全面的演员。

对于本书在科学传播方面的作用,我给出的答案也是如此。正如我在第一章中提到的,现在有很多不错的研讨会和指导手册,告诉你如何将科学信息打造成易于理解的信息。那些知识对于开展有效的科学传播来说至关重要,而我在本书里还没有对此深入探讨。

仅仅依靠本书,还不足以帮助你成为一名成功的大众传播者。它更像是一堂课程,告诉你如何反思自己的传播风格,以便你可以触及更多的受众。

十一、那么,本书的名字是什么意思?

我们的旅程即将结束,让我回过头来讲讲本书的书名吧,它并不是说"不要做科学家",而是指"别做这样的科学家"。

我在自己科学家职业生涯的各个方面都享受了无穷的乐趣(除了写基金申请的时候)。我喜欢做研究,喜欢参加学术会议、做报告,喜欢读(好的)论文,也喜欢写最终被接收的论文(我不喜欢论文被拒),但我最喜欢的是用科学方法、用理性和逻辑解释自然。我在澳大利亚的蜥蜴岛生活过一年,每天与科学为伴,呼吸着科学的气息,那是我生命中最美好的一年。

终有一天,我会回到蜥蜴岛,重新研究我博士论文里提到的那些神奇的白色、棕色小斑点,我的心也将永远留在蜥蜴岛的潟湖。我热爱自己的科学生涯,选择离开只是因为我同样享受通过电影讲故事。本书的标题和内容没有任何对科学职业本身"反感"的意思。

我曾和一位女性结婚并一起生活了11年,但最终我们离婚了,那是我科学生涯中的一大半也是最好的一段时光。无论从哪个角度说,她都不是一个科学家。在高中时期,她就是成功的歌手、舞者和演员,要从事相关的职业轻而易举，但她选择了学习环境政策，最终获得了硕士学位。

在一起的那些年，她是我的头号"粉丝"和支持者，和我一起参加学术会议，和我在海洋生物实验室共度数月，也在无数个夜晚听科学家谈论他们的研究——那是他们最喜欢做的事。她是史上最伟大的科学"粉丝"之一，也极有风度。但是……

有些时候，科学生活把她包围得有些透不过气来。所有科学家的配偶都知道我在说什么，所有律师、会计、政客、工程师、房地产经纪人等大多数专业人士的另一半也都能理解（比如我的父亲就可以很容易地写一本关于我母亲的书，题目就是"别做这样的房地产经纪人"）。所有这些职业都可能需要高度专注和大量投入，这会导致偶发性"近视"。而由于科学是信息相当密集的行业，我认为它甚至比其他行业需要更多的专注和投入，因此情况格外糟糕。

尽管科学生活有趣又迷人，但我有时也会表现出本书中谈到的一些糟糕的特征——倾向于脑力活动（喜欢读书甚过跳舞），缺乏想象力（不愿意抛开怀疑去读一个完全不可信的故事），不会讲故事（沉迷于科学研究，因为我觉得数据如此迷人），最终……有时候变得让人讨厌（有时还极端地愤世嫉俗）。所有这些，不止一次地让我的前妻大声抱怨，有时是带着一点幽默，但有时又含着眼泪地说道："求你了……别做这样的科学家！"

这就是"别做这样的科学家"这一劝诫背后的故事。并不是要做一名吝于倾尽脑力的科学家，而是要意识到过分地关注科学可能会让你"走火入魔"。作为一名科学家，你想要健康、高效地生活吗？那你必须提高警惕，防止出现"近视"，适当分散注意力。实际上，你需要做到以下几点。

十二、成为"双语"人才

这是我的具体建议。作为一名科学家，你需要知道自己有两类受众，我前面都已经谈到过。让我通过科学家能理解的一种形式——表格对某些基本的动态原理进行一下总结（表6-1）。

表6-1 大众和学术界对传播的各方面的反应

传播的方面	大众	学术界
主要信息渠道	视觉	音频和视觉
结构	需要一个故事	信息就可以
回应模式	发自肺腑	来自大脑
是否需要幽默	非常需要	非必要
是否喜欢真诚	总是如此	对此持怀疑态度
是否性感	终极目的	潜在的灾难
是否被提前激发	否	是
有效元素	幽默、真诚、性感	信息
有效器官	心脏、肠道、性器官	大脑
喜爱的声音	人声	机器声

作为科学家或科学传播者，你需要成为"双语"人才，也就是说，你需要在你的专业领域精通两种语言。

当然，也有很多例外。许多研究人员不会和普通公众接触，因此不必费心于使用大众的语言，而许多科学传播者也从来不需要与科学家接洽，因此他们只需要考虑面对大众的传播。尽管如此，"双语"对于任何同科学界有关联的人来说都可能会是一种意外收获。

那么具体应该怎样做呢？"双语"意味着选择正确的受众并对他们使用正确的语言。我的一位科学家好朋友最近跟我抱怨说，她的研究生在学术会议发表演讲时，所有幻灯片上都使用了滑稽的漫画，让在座的科学家觉得讨厌，甚至感到有失体面。的确如此，我在其他科学家身上也看到过这样的情况。就像科学家用大量晦涩难懂的术语同普通大众进行交流一样，用大众化、过于浅显的声音来跟科学家同行交流同样糟糕。

十三、真正为科学发声

如果想在科学传播领域做出重要贡献，你从一开始就需要知道，这是漫长而孤独的旅程，绝非易事，也让你没有安全感，甚至连能否掌控时间表都无法确定。

没有人告诉卡尔·萨根要去写科幻小说，进入好莱坞制作电影，或是参加卡森的《今夜秀》，而是他内心的声音驱动着他走出去，和别人分享他对科学的热情。他通过自己的所作所为成为科学的声音。

在写作本书时，我设法联系上了他的遗孀安·德鲁彦（Ann Druyan）。她说，虽然美国国家科学院事件对于萨根来说肯定是个挫折，但他在最后的几年时光里，比以往任何时候都更加心满意足，并且完全沉浸在与世界各地的广大观众分享科学的乐趣之中。他去世前的日子是快乐和满足的。

我的情况大致相同，不过影响力要比萨根小得多。在科学界，没有人曾经建议我去参与电影制作：这一切都源于我的内在动力，我喜欢通过电影与大众建立联系，于是我开始尝试。

我当时并没有明确的时间表。1994年，去好莱坞一个月后，我参加了一个娱乐业的鸡尾酒会，在自助餐厅排队就餐时，我与一位瘦削的老者攀谈了起来，他是一位经验丰富的经纪人。我跟他讲了自己关于电影制作的各种雄心壮志，他将一块餐前点心夹到盘子里，头也没抬地问道："你要花多久做到？"

我顿时哑口无言。我只是买了一张去洛杉矶的单程机票，至于接下来的时间里要做什么，我甚至没有想过。

15年后，我仍在制作与科学相关的电影，总的来说是非常值得的。最温暖的经历之一是我从《渡渡鸟群》影片中收到的回应。

虽然没有一个大型科学组织表现出有意愿支持我所做的事情，但是在基层却突然涌现出了大量的新老朋友。他们联系到我，希望到他们所在的大学放映这部电影。在接下来的两年时间里，举行了50多场相关的大型活动，以及精彩的小组讨论。所有这些活动都不涉及大型科学组织。

所有这些都在告诉我，人们对科学的大众传播有着新的兴趣，并且对这一运动最大的支持存在于个体之中。

据在我的电影《嗞嗞声》中担任主角的纳奥米·奥雷斯克斯讲述，100年前，科学家非常善于富有激情地致力于同普通公众进行交流，而且亲力亲为。但在第二次世界大战后的美国，情况发生了变化，政府开始创建大量的科学机构，支持大型科学项目，并且培养了新一代的研究型科学家，他们不再需要通过吸引大众来寻求支持。于是科学界出现了一种新的规范：科学家认为他们有权只进行研究而不必向普通大众进行解释。科学机构的管理者欣然同意了科学家的这种愿望，于是向公众传播科学这一理念从第二本能变成了次要的考量。

到了今天，情况又不一样了。就像互联网革新了普通大众个人主义的驱动力一样，它还在科学传播领域培养起一批基层力量。今天，新生的个体科学传播者带来了一些反叛。他们正在探索新领域，推翻边界，改变传统——他们在辞旧迎新。但在他们以自己的方式和更广泛的受众建立沟通时，我希望至少其中一些人能够遵循一个非常简单的经验法则。也许偶尔当他们无法很好地与公众沟通时，会有一个科学传播者悄悄地对另外一个说："也许该尝试一下，别做这样的科学家。"

因此（therefore），本书第二版的新增内容如下。

自从我在本书第一版里写了这一章之后，9年时间里，很多人开始对科学传播产生了兴趣。2009年前后，至少还有三本同样出色的书和本书的第一版一起面世，包括南希·巴伦（Nancy Baron）的《逃离象牙塔》（*Escape from the Ivory Tower*）、科妮莉亚·迪安（Cornelia Dean）的《科学家与公众沟通指南》（*Am I Making Myself Clear?*）[①]，以及克里斯·穆尼和雪莉·柯申鲍姆的《科学离我们有多远？》。这些作品不仅让人们越来越意识到科学传播是科学的一个重要组成部分，而且最终让人们认识到科学传播至少是整个科学事业的半壁江山。如果一棵树在森林里倒下，但是有关的消息没有被准确地传播，那么人们可能

[①] 该书中文版由上海交通大学出版社出版，张会亮译。——译者注

会认为是森林里开出了花，那有什么意义呢？

我想给一个流行的谬见泼点冷水，这很可能会进一步降低我在学术界的受欢迎程度，那就是"年轻人更善于沟通"这个观点。不是的，他们并不擅长，我并不这样认为。的确，他们越来越沉迷于用于沟通和传播的各种设备，但若他们在传播方面做得并不好，那他们真的是在传播吗？

我认为这个问题已经在我的故事圈叙事训练计划中有所体现。这项训练对于职业科学家来说非常有用，但对研究生，效果则相差不少。为什么呢？

归根结底，参与者要么需要这项培训，要么想要参加培训。我们从职业科学家身上得到的反馈是他们迫切需要这种训练。他们目睹了无数项目由于糟糕的传播而失败的案例，而且他们的工作有可能依赖于他们传播的能力。这项训练非常具有挑战性，需要全力以赴才能奏效。他们有这样的动力，因为他们有明确的需求。

但研究生还不知道他们将来需要这种技能。他们似乎总在忙碌，也没有很多传播失败的经历。最让人担忧的是，他们因为整天都泡在Facebook和YouTube上，就认为自己非常善于传播。然而，如果你在这些社交平台上发布的内容都是非叙事性的"AAA"式的流水账，那么实际上并没有多少实质性的传播。

科学传播是一个挑战。但没有关系，我喜欢战斗，向来如此。事实上，我想通过分享一些自己热爱战斗的个人细节来结束本章。作为一位62岁的老人，我越来越倾向于选择冲浪，多于对抗性斗争。

十四、与权威斗争

如果幸运的话，接下来几年我会把我家在第二次世界大战中发生的故事搬上大银幕（或者更有可能是迷你电视剧）。我的父亲是臭名昭著的"巴丹死亡行军"（Bataan Death March）中最后幸存的军官，他写了三本相关的书。我的外祖父是第二次世界大战末期道格拉斯·麦克阿瑟（Douglas MacArthur）的总参谋长。如果能成功地把这些搬上荧幕的话，你会了解到那位我素未谋面的舅舅理查德（图6-3）。我一直用到大学的名字理查德，便是为了纪念他而取。

图6-3　我的舅舅小理查德·J.马歇尔（Richard J. Marshall Jr.），照片摄于1942年

他是个爱惹是生非的人，永远与权威斗争，并对科学充满兴趣。孩童时期，他在菲律宾的丛林里收集昆虫，我的母亲，也就是他的小妹妹，是他的小助理。在我上6年级时，母亲把舅舅的解剖工具包送给了我，但我当时一无所知，丝毫不感兴趣。

第二次世界大战开始后，舅舅追随他父亲的脚步，进入弗吉尼亚军事学院（Virginia Military Institute，VMI）。但他很快和权威发生了冲突，最终因为擅离职守被抓获并开除。后来他加入军队，被派往欧洲参战。他所在的多切斯特号（Dorchester）军舰在离开格陵兰岛时，遭到了德国U艇的鱼雷袭击，他牺牲了。

在我上高中时，母亲有一次给我看了一封信，最后写着"爱你们的，理查德"，还附言说将在7月4日回家。这封信上有些大炮和烟花的涂鸦。那是我的笔迹，也是我的涂鸦风格。她问我是否记得写过这封信。我看了半天，但完全想不起来。

然后她展开了信头，日期是1942年6月，原来这封信来自我的舅舅。相同的笔迹，相同的涂鸦，太不可思议了！

我的舅舅鄙视权威，这一点我很像他。我总是与我的陆军上校父亲争吵不休，最终在18岁那年，我偷了他的车，和几个大学朋友跑到加利福尼亚。而现在，我鄙视科学界的诸多"权威"。

也许这种反叛是存在于基因中的。我研究反科学运动已经大约15年了，我确切知道的是，科学界的领导者对此束手无策。他们无所作为，永远在隔岸观火，而不是参与其中。如果我留在学校，这可能也会是我的选择，但现在不是。整个事态一团乱麻，人们也是如此。如果你想了解科学如何"在根本上就不理解人性"这一点的话，看看美国国家科学基金会项目申请的评审流程知道了。该基金会不仅资助研究项目，也为科学传播项目提供资金。在征集提案、同行评审、召开小组评议会方面，两种项目的待遇完全相同。我多次作为评审人员，研究项目和非正规科学教育项目的小组评议会都参加过。

令我惊讶的是，对两种项目的处理方式怎会如此相同？科学研究和科学传播完全不是一回事。研究需要追求完美，而这在科学传播中是大忌。关于这一点，我可以说很多。

最重要的是，科学必须要知道如何与人打交道。目前还没有可以解决这个问题的办法，或者基于证据得出的策略。你的团队中需要有这样一种人，他拥有直觉，可以理解其中牵涉的社会动力学。

十五、少有人走的路

当我在1994年打破我的终身教职这副"枷锁"时，我也远离了学术界的条条框框。从那以后，我做的绝大部分事情都不再受那些束缚了。

例如，我在2008年制作了一部低成本电影《咝咝声》。我成功地在两个电影节上首映了这部影片，然后又举行了100多次公映，包括从美国国家航空航天局到史密森学会的各种场所。

关于这部电影，还有一件非常有趣的事。在美国科学促进会媒体会士项目组织的一次活动上演讲时，我展示并介绍了电影中的一个片段。有听众向我询问资金来源：申请了哪些资助？哪些基金会提供了支持？我的咨询委员会里都有谁？我面无表情地看着他们说："没有。"他们对此表示十分困惑。

答案就是"没有"，没有资助，没有基金会，没有咨询委员会。我自己花了12万美元，招募了我在好莱坞的所有演员和制作人朋友，然后就有了这部电影。

我对他们说："不管你信不信，真正地去做一些与科学有关的事情，而不必被迫经过无数的航道，每个人都会为了让自己的船稳稳当当的而施加他们的控制，这是有可能的。"我做到了。这让很多科学家感到有些恐惧。

有些人深陷架构庞大且充满官僚主义的科学界，因而失去了自由思考和行动的能力。这正是科学失去人性因素的地方：与世隔绝，绝对理性，还受到各种约束。正如我说过的那样，这比以往任何时候都更加重要，因为我们生活在一个越来越受媒体驱动的世界里，然而（再次引用迈克尔·克莱顿的话）很多科学家不理解媒体。

让我们花点时间，深入思考一下其中的缘由。

十六、科学家为何不理解媒体？

我认为这很可能是一个发展问题。这只是我的假设，但我还是希望花点时间来阐明理由，因为我觉得没有其他人提出过这个观点。

第一点：人类大脑直到25岁才完成发育。过去10年中，神经科学的研究已经确定，人类大脑直到25岁左右才完成发育。这些新发现改变了很多社会问题的有关考量。例如，少年司法制度便利用这些结果，终止了美国几乎所有州的青少年死刑。因为认识到他们的大脑还没有发育完全，与其过早终止他们的生命，不如相信他们的大脑仍可重塑。

第二点：叙事会刺激大脑。许多神经生理学家正在研究大脑如何对叙事做出反应，普林斯顿大学神经科学研究所（Princeton Neuroscience Institute）的尤里·哈森（Uri Hasson）是这方面研究的先驱。我"骚扰"他5年了。去年，他在实验室向我展示他们团队研究的样本时，我跟他聊了两个小时"ABT"结构。重要的是，叙事结构的素材更能让大脑兴奋，非叙事性素材的作用则没有那么明显。虽然有关大脑与叙事的研究仍处于起步阶段，但很明显的是，如果你讲述了一个好故事，那么大脑就会变得兴奋，而仅仅呈现信息并不能达到这样的效果。

第三点：大多数科学家在青少年时期便开始接受密集的科学教育。我认识的大多数职业科学家在进入大学时就已踏上了科学教育的道路。这意味着他们在十八九岁的时候，便开始享用几乎全是科学内容、信息量巨大的教育"大餐"。也就是说，他们大脑发育的最后阶段就发生在这个领域。

第四点：科学教育在很大程度上是非叙事性的。尽管科学的实践是一个完全围绕着"问题–解决"动力机制，即叙事的本质而建立起来的叙事性过程，但科学教育在很大程度上仍然是非叙事性的。我的意思是，科学教材仍然充斥着无尽的事实、事实、事实。无论是生物、化学、物理还是数学，灌输给人们的都是连篇累牍的事实，并没有尝试围绕一个核心的叙事把这些事实组织起来。值得称赞的是，许多生物学教材是从进化论的角度编写的，遵循著名遗传学家狄奥多西·杜布赞斯基（Theodosius Dobzhansky）的格言"若无进化之光，生物学毫无道理"。但在大多数情况下，科学仍然通过事实进行教授。更重要的是，科学专业的学生每学期会在书店购买多少与科学相关的小说？并不多。

第五点：媒体是叙事性的。如我在第五章中所说，媒体是由叙事内容驱动的，那些通过"AAA"模式进行传播的人上不了电视。就这么简单。

如果将以上5点综合起来，你就会知道我所认为的科学家不理解媒体的主要原因所在。科学家大脑发育的最后10年在非叙事性内容之中度过。人文专业的学生恰好与此相反，他们被要求阅读堆积如山的文学作品，埋头于大量叙事性内容之中，你会发现培养这两个群体的基本环境之间的差异。此外，把这种现象与大量关于语言学的研究发现放在一起看，年长者要摆脱某种口音是极其困难的，如果不是不可能的话［看看外交官亨利·基辛格（Henry Kissinger），他从德国移民到美国，但从未失去厚重的德国口音］。

我的假设是，到38岁时，科学家的大脑就会沿着下降的路径在发展，在这种路径中，神经元已经形成，并且永远不会逆转。

为何我如此肯定？因为我知道一个支持这个观点的实验。

十七、大脑移植实验

我在这里提出的假设是全新的。到目前为止，我并不知道有任何支持或反驳它的研究，但我确实知道一系列与此密切相关的观测。

在一项实验中，一个年轻人让自己的头脑沉浸于一个高度非叙事性的科学教育环境中，直到38岁，他最终成为海洋生物学的终身教授。

在他38岁"高龄"的时候，他将自己的大脑"移植"到高度叙事化的好莱坞世界中，并且从此在好莱坞工作、生活。没错，这个实验者就是我。

我可以告诉你的是，虽然我的叙事能力已经获得了很大提升，好到足以为此写三本书，但我现在也愿意接受的事实是：我永远不可能用好莱坞伟大的剧作家那种成熟、细腻、复杂又连贯的风格写出故事来。努力如我，三年电影艺术学院，五门以上写作课程，无数讲述故事的电影项目，我能取得的进步也不过如此。

我相信这最终取决于基因和环境的组合，但我确实认为这是一个可能重要的假设，值得考虑研究一下。如果你给正处于发育阶段的年轻大脑塞满了非叙事性内容，多年以后，你还指望有什么改变呢？

十八、赋予科学人性

这是我最后想说的。科学界在抱怨说"科学没有足够的经费"时，不要继续盲目地踩踏人性。这太重要了。

未来的科学仍将面临的挑战是，它能否与社会相连接，以及掌控有可能"误入歧途"的知识。结果取决于科学家在引领社会的过程中真正顺畅地分享知识的能力，而非在社会边缘生存的能力。

我仍然非常喜欢与科学家合作。特别是在帮助科学家看到叙事的力量这一方面，我的故事圈叙事训练计划不断地取得突破。在我写作本书时，我们正与科罗拉多州国家公园管理局的32位科学家进行着6个故事圈叙事训练计划。

最近，我们与位于科罗拉多州柯林斯堡的国家公园管理局分局的公关协调员拉里·佩雷斯（Larry Perez）举行了电话会议，他负责监管这6个故事圈。10周的研讨会进行到了第七周，在电话会议上，拉里说："我不断地感到惊喜。在参加的每一场研讨会上，至少会产生一个让人醍醐灌顶的时刻，这就是当故事圈的5名成员发现叙事如何发挥作用的另一面的时候。"

了解叙事何等深刻和重要是一个漫长的过程。实际上，正如克里斯托弗·沃格勒所说，即使对最优秀的人来说，这也是一生的旅程。我在2015年参加了一场好莱坞活动，并与埃里克·罗斯（Eric Roth）进行了交谈——他凭借电影《阿甘正传》（*Forrest Gump*）赢得了奥斯卡最佳编剧奖。

我询问年届七十的他，是否觉得自己终于懂得了叙事。他笑了笑说并没有。他说，每一个新剧本都能给他带来觉醒和顿悟的时刻，就像故事圈的成员一样。

这也意味着这个旅程永无止境，但它同样无比重要，它是赋予任何事物人性的核心要素。所以我最后的建议是：请继续"做科学的声音"。但也要知道，成为科学的声音最大的挑战在于理解叙事的重要性，并将叙事原则融入工作中。只有这样，我们才能实现终极目标：赋予科学人性。

注　释

U. Hasson，O. Landesman，B. Knappmeyer，I. Vallines，N. Rubin，and D. J. Heeger，"Neurocinematics：The Neuroscience of Film，" *Projections* 2，No.1（1 June 2008）：1-26.

附录　为科学家制作电影

随着YouTube的出现以及视频技术的创新，科学传播的新时代已经到来。如今，我拜访的每所大学都有大量理科专业的教职工和学生在制作自己的视频。这非常振奋人心，并且是让科学逐渐"人性化"的一部分。

我们于斯克里普斯海洋研究所开设了暑期研究生课程，在年度视频制作研讨会中，我们会看到学生们从"0"到"60"的进步，因为他们中的大多数都毫无经验，但是几天下来，他们都学会了制作时长60秒的视频。

考虑到这一点，我在此为初学者提供几个简要的提示。

一、在约束之内开展工作

电影是一个非常强大的媒介，可能有双向的作用。你可能会激发观众采取实际行动的决心，也可能会让观众感到特别厌烦，以至于他们会永久地将你的主题打上"无聊"的标签。制作影片时，你大可以采用一种"鱼雷走开，全速前进"的态度，也就是说，"我不在乎你说什么，我只想把所有的事实塞进我的电影"。但若你果真这样做，那就只是在方枘圆凿，必定会格格不入。

你最好接受电影这种媒介的各种局限性，并且围绕着它们开展工作。电影重风格轻内容，科学则恰恰相反，这只是意味着你需要把内容转变成风格。下面是完成这种转换的一些方式。

二、这是一种视觉媒介

学者讲课，而电影制片人首先用图片来讲述他们的故事。在电影艺术学院，教授在整个第一年都不允许我们使用声音，而是要求我们必须观看默片。他们希望向我们传达的是，视觉渠道要比听觉渠道更加有力。

经验之谈就是，一部好的影片甚至可以在关闭声音的情况下传达基本信息。这意味着，头部特写的片段（只有对人进行采访的视频）自身不会发挥作用。如果你关闭声音，就无从得知他们讨论的是分子生物学还是足球。这并不是说你不需要有采访对象的一些小片段，而是说如果想覆盖到广大的受众，仅有头部特写是不够的。总而言之，一个好的经验法则是，当对你的影片完成首次剪辑之后，你应该关掉声音并展示给陌生人，看看他们能否接收到你想传达的信息。

三、故事结构

这方面没有限制。我在第三章中讨论过相关的基本要素。无论你信不信，即使是最短的影片，那些因素依然是相关的。几秒钟的时间，你就可以讲述一个短暂且引人注目的故事。看看电视商业广告就知道了，它可以在不到一分钟的时间内讲述一个完整的故事。

四、故事的核心是张力或冲突的源头

这是在电影艺术学院的时候我们大脑里被灌输的基本原则，这也是绝对正确的。如果给我看一部无聊的纪录片，我大多可以指出来这是怎样一部缺乏任何张力或冲突的作品。

也许你会问:"我如何在有关线粒体DNA的影片中找到张力或冲突呢?"答案就在问题之中——找到标准叙事冲突或张力在科学上的对等物。你可以用三幕来讲述故事。第一幕从阐述开始(简要地描述一下你所工作的"系统"),结束于"引发事件"(就像他们在剧本中说的那样),也就是形成一个问题。这是抓住观众并让他们想继续看下去的黏合剂——他们会有这样的感觉。"我在找到问题答案之前是不会关掉电视的。"每次我在电视上看到天气预报员时就会有这样的想法,他总会在开头问一个小问题,在播报完天气后才给出答案。许多个晚上我都会听他没完没了的报道,但在他给出那个问题的答案之前,我是不会切换频道的。这真的有用。

在第二幕,去探索这个问题可能的答案(这就是假设)。在第二幕的结尾,把这个话题带入高潮,此时揭示能够回答这个问题的关键信息。在第三幕,把信息汇总起来,回答这个问题,然后结束,此时释放所有的张力并让观众有一种满足感。

五、好故事的力量在于细节

在一般原则上,我已经说得够多了。上周,我参加了一个整整一天的环保主题讨论。你知道我从这一整天的讨论中记住了什么内容吗?只有一件事情,那是一个人讲的故事。他说,在飞机上,一个人邻座的女士要求给自己的咖啡加点奶油,但是当空乘人员拿来一个小塑料盒装的奶油时,她说:"不用了,谢谢,塑料是不可降解的。"这个人心里暗自想道:"听着每分钟燃烧大量燃油的喷气式发动机的声音,我几乎听不到她说话,她竟然为一个这么小的塑料盒感到担忧?"

这就是我在那天唯一记住的事情。为什么会这样?这就是一个讲得非常好也非常具体的故事所具有的力量。含糊其词、泛泛而谈的故事是软弱无力的,而细节给予它力量。

六、唤醒和满足

如第二章中所述，对于普通公众来说，大多数科学内容都过于陌生，很难引起他们的兴趣。想要初步唤醒他们注意力的最有效方式通常就是进入人文领域。史蒂芬·杰·古尔德在他的《自然史》中出色地做到了这一点，他以体育领域（棒球）、卡通（米老鼠）、戏剧、建筑和绘画中的一些趣闻作为自己文章的开头，这些都是为了引起非科学人士的兴趣，接着就可以把他们引入科学领域之中了。关键是确保在向受众摆出事实之前（也就是满足）已经"唤醒"了他们。只要看看最流行的电视广告，你就会发现他们通常会用一条"唤醒式"的信息作为开头（比如美国家庭人寿保险公司广告片中的那只鸭子），然后转入满足阶段——这个广告片是关于什么内容的（对产品的实际描述），最后结尾来一条娱乐性的结束语，让你有所思考或会心一笑。

七、挑选演员

你可以对下面这种不公平的事实发发牢骚，帅气的年轻人的确要比脾气暴躁的老家伙更吸引人，但你最好接受，并且在媒介的这种限制中开展工作。观众不在乎出镜的发言人获得过多少个诺贝尔奖，如果他的眼眉会不由自主地抽动，那么他说的每一个字观众都听不进去。挑选演员是艰巨的任务。演员在被拒绝的时候，一整天基本上听到的就是他们不够吸引人。你认为自己足够坚强来应付这种情况吗？可没有人说制作有效的视频是容易的事情。

八、展示给我们看，不要讲给我们听

最后，这是一个最重要的原则。如此习惯于发表演讲的学术界最终错误地相信了文字的力量，并且总是错误地认为他们只要通过影片就可以告诉观众他们想表达的信息。可惜事情并没有这么简单。

在我的科学职业生涯开始时,我第一次与我的论文指导老师肯·西本斯(Ken Sebens)走到了大自然中,回来后我告诉他说,我看到的东西都十分吸引人。他对我说,他不想听这些,除非我可以向他展示我说的是什么,通过数据具体地展示。这才是科学要做的事情。如果一位科学家在会议上告诉观众他认为自然界正在发生什么事情,那毫无意义,他必须向观众展示数据,然后让观众自己决定那是否就是真实情况。

电影制作也是如此。就像科学家必须去采集数据一样,电影制片人也必须采集镜头。这可能会非常枯燥乏味,但基本过程是相同的。如果你的采访对象说森林正在消失,你就必须去找到森林消失的镜头展现给观众,让他们真正了解。

所有这些都可以回到我最初为什么解释说我从来没有觉得自己的两份职业——科学和电影制作有特别大的差异。它们都是讲述故事的实践。因而若要正确地做好这两种工作,它们都遵从非常类似的规则。

尽你所能去找到二者的相似之处,最终你会发现制作一部有效的影片实际上与开展一项有效的科学研究真的没有太大差别。

致　　谢

2017年本书第二版出版，在此我要感谢一些人。对于我在本书第一版中诚挚地感谢过的那些朋友们，我仍然永远心怀感激，这里还有一些另外要感谢的人。

首先是托德·鲍德温（Todd Baldwin），他是本书第一版的编辑，并且非常友善地再次帮助我获得了出版本书第二版的机会。同样重要且具有同样风度的是本书第二版的编辑丽贝卡·布莱特（Rebecca Bright）。与艾兰德出版社（Island Press）的同一个团队的两位成员沙丽斯·西莫尼安（Sharis Simonian）以及帕特·哈里斯（Pat Harris）进行第二次合作是一种真正的享受。

接下来是我的故事圈叙事训练计划的联合创办者杰德·洛弗尔。三年前，正是本书激发她辞去了在澳大利亚一家毫无生气的公共关系公司的工作，来到了纽约市，全身心地投入改善科学传播的工作，并且给我发了一封冒着傻气的邮件。那封邮件写得非常完美，于是在一个月内我就把她拉到了我的团队中，让她帮我打造故事圈叙事训练计划的第一个原型。接下来，她就成了并且还将继续成为我生命中最重要的专业合作伙伴。我希望当某一天决定把自己的所有时间都用在冲浪旅行上时，她可以继续高举这个"惹是生非"的火炬，一路前行。

杰德已经成为我故事圈孵化团队中的一员。我们团队成员之间会互相发送不计其数的邮件，尽力向彼此解释"ABT"结构的动态原理，如同故事圈参与者一样不断学习这个绝妙的叙事结构。团队成员包括亚利桑那州立大学（Arizona State University）可持续发展学院的帕克·霍维尔（Park Howell）、美国农业部的迈克·施特劳斯（Mike Strauss）、雪莉·马尔康姆（Shirley Malcom）、美国鱼类及野生动物局（U. S. Fish and Wildlife Service）的里奇·尼尔森（Rich Nelson）、美国国家航空航天局的彼得·格里菲思（Peter Griffith）、艾伦·胡尔塔斯（Aaron Huertas），以及利兹·福特（Liz Foote）。

最后，我要感谢我的两位马里布灵性大师——劳拉·罗森塔尔（Laura Rosenthal）和朱莉·卡门（Julie Carmen），他们一直充当我的顾问，帮助我疏解了很多困惑。25年来，麦克·巴克斯（Mike Backes）一直是我的智谋大师，激发我的创意。我的朋友萨曼莎（Samantha）也是我的一位志同道合之人。最后，我要永远感谢我的母亲墨菲·穆斯。就像我在开篇的献词中所说，她每次为我提出建议后都会加一句简短的鼓励："你必须振作起来！"

关键词中英文对照

阿尔·戈尔（Al Gore）
《阿特拉斯耸耸肩》（*Atlas Shrugged*）
阿图·葛文德（Atul Gawande）
埃里克·霍弗（Eric Hoffer）
艾德莱·史蒂文森（Adlai Stevenson）
艾恩·兰德（Ayn Rand）
《艾恩·兰德的激情》（*The Passion of Ayn Rand*）
艾芬尼·恩乔库（Ifeanyi Njoku）
艾利克斯·托马斯（Alex Thomas）
艾伦·格林斯潘（Alan Greenspan）
艾伦·科恩（Alan Kohn）
艾伦·谢泼德（Alan Shepard）
《艾薇塔》（*Evita*）
爱德华·伯尼斯（Edward Bernays）
爱德华·卡斯特罗诺瓦（Edward Castronova）
爱德·里克茨博士（Ed "Doc" Ricketts）
安迪·沃霍尔（Andy Warhol）
安吉丽娜·朱莉（Angelina Jolie）

安·库尔特（Ann Coulter）
案例（example）
奥本海默（Oppenheimer）
《奥普拉脱口秀》（*The Oprah Winfrey Show*）
奥斯卡金像奖（Academy Awards）
澳大利亚海洋科学研究所（Australian Institute of Marine Science）
巴里·戈德华特（Barry Goldwater）
芭芭拉·布兰登（Barbara Branden）
保罗·雷宾斯（Paul Reubens）
保罗·麦卡特尼（Paul McCartney）
鲍勃·伍德沃德（Bob Woodward）
被提前激发的观众（prearoused audience）
比尔·克林顿（Bill Clinton）
比尔·默瑞（Bill Murray）
比约恩·隆伯格（Bjørn Lomborg）
彼得·布雷恩·梅达瓦爵士（Sir Peter Brian Medawar）
避免（avoiding）
表演课老师（acting teacher）

《冰蓝》（Ice Blue）
并置（juxtaposition）
博客圈（Blogosphere）
布拉德·皮特（Brad Pitt）
采访（interview）
查尔斯·达尔文（Charles Darwin）
查克·克洛斯特曼（Chuck Klosterman）
《差佬911》（Reno 911!）
肠道（gut）
成龙（Jackie Chan）
创造力（creativity）
翠贝卡电影节（Tribeca Film Festival）
达达文化运动（Dada cultural movement）
达尼埃尔·盖瑟（Daniele Gaither）
大堡礁（Great Barrier Reef）
大门乐队（Doors）
《大人物拿破仑》（Napoleon Dynamite）
大卫与露茜尔·派克德基金会（David and Lucile Packard Foundation）
戴维·哈伯斯塔姆（David Halberstam）
戴维·威尔莫特（David Wilmot）
戴维斯·古根海姆（Davis Guggenheim）
丹·艾克罗伊德（Dan Aykroyd）
丹尼·萨格曼（Danny Sugerman）
丹尼尔·保利（Daniel Pauly）
《德州巴黎》（Paris, Texas）
低俗化（dumbing down）
笛卡儿（Descartes）
笛卡儿坐标系（Cartesian coordinates）
"底层"即兴表演团体（Groundlings School）
第二城市剧团（Second City）

《第一滴血》（Rambo）
蒂姆·布伦南（Tim Brennen）
电梯演说（elevator pitch）
电影（film）
定义（definition）
东海岸底栖生态学会议（East Coast Benthic Ecology Meetings）
独立艺术家协会（Society of Independent Artists）
《读者文摘》（Reader's Digest）
《渡渡鸟群》（Flock of Dodos）
恩斯特·钱恩（Ernst Chain）
发现研究所（Discovery Institute）
反对改变（opposing change）
反情节（antiplot）
反应（response）
菲尔·哈特曼（Phil Hartman）
《风的传人》（Inherit the Wind）
《疯狂电视秀》（MADtv）
弗兰克·阿尔伯特·科顿（F. Albert Cotton）
弗朗西斯·克里克（Francis Crick）
《干杯酒吧》（Cheers）
高概念（high concept）
格尔达·赖德娜（Gilda Radner）
格雷戈尔·孟德尔（Gregor Mendel）
个人声音（personal voice）
公民税收改革组织（Citizens for Tax Reform）
《古舟子咏》（The Rime of the Ancient Mariner）
《故事》（Story）
故事接龙（add-on story game）
故事结构（story structure）

故事圈叙事培训（Story Circles Narrative Training）
观察者效应（observer effect）
广告（advertising）
滚石乐队（Rolling Stone）
国家海洋和大气管理局（National Oceanic and Atmospheric Administration）
国家科学基金会（National Science Foundation）
过渡（transition of）
海上老人（Old Man of the Sea）
海蛇怪（sea serpent）
海洋保护（ocean conservation）
海洋演播室（Sea Studio）
《海之交响乐》（Ocean Symphony）
好莱坞（Hollywood）
好莱坞电影（Hollywood movie）
亨弗莱·鲍嘉（Humphrey Bogart）
《红番区》（Rumble in the Bronx）
《红磨坊》（Moulin Rouge!）
猴子审判（Scopes Monkey Trial）
互联网电影数据库（Internet Movie Database）
《华盛顿邮报》（Washington Post）
唤起和满足（arouse-and-fulfill）
《回到未来》（Back to the Future）
《昏昏欲睡的十二人》（The Drowsy Dozen）
激励（motivational）
吉米·科斯特洛（Jimmy Costello）
吉姆·波特（Jim Porter）
吉姆·莫里森（Jim Morrison）
吉普赛国王（Gipsy Kings）
即兴表演（improv acting）

《记忆就是武器》（Memory Is the Weapon）
记者（journalist）
《寂静的春天》（Silent Spring）
贾森·恩斯勒（Jason Ensler）
贾斯汀·肯尼（Justin Kenney）
假阳性（false positive）
假阴性（false negative）
简洁（concision）
建议（recommendations on）
讲故事（storytelling）
降低了的标准（lowered standards）
《教师与机器：自1920年以来教室中应用的科技》（Teachers and Machines: The Classroom Use of Technology Since 1920）
教育媒介（educational medium）
杰尔姆·格鲁普曼（Jerome Groopman）
杰克·布莱克（Jack Black）
杰克·帕兰斯（Jack Palance）
杰克·斯特恩（Jack Sterne）
杰里·霍普金斯（Jerry Hopkins）
杰里米·杰克逊（Jeremy Jackson）
杰里米·罗利（Jeremy Rowley）
杰·洛伊（Jay Lowi）
《今夜秀》（The Tonight Show）
进化论（evolution）
精确（accuracy）
警告（warning）
《巨蟒与圣杯》（Monty Python and the Holy Grail）
卡尔·弗格（Kåre Fog）
卡尔·列姆（Karel Liem）
卡尔·荣格（Carl Jung）

卡尔·萨根（Carl Sagan）
《卡萨布兰卡》（Casablanca）
凯库勒（Kekulé）
凯文·尼龙（Kevin Nealon）
凯文·诺顿（Kevin Norton）
考特尼·阿什利（Courtney Ashley）
科妮莉亚·迪安（Cornelia Dean）
《利特斯海航行日志》（The Log from the Sea of Cortez）
科学（science）
《科学》（Science）
科学报告（scientific talk）
科学传播（science communication）
科学方法（science approach）
科学和娱乐交流项目（Science and Entertainment Exchange）
《科学家与公众沟通指南》（Am I Making Myself Clear?）
《科学家与媒体打交道指南：来自忧思科学家联盟的实践建议》（A Scientist's Guide to Talking with the Media: Practical Advice from the Union of Concerned Scientists）
《科学离我们有多远？》（Unscientific America）
《科学论文是骗局吗？》（Is the Scientific Paper a Fraud?）
科学思维（science-think）
《科学需要讲故事》（Houston, We Have a Narrative: Why Science Needs Story）
科研求职信息网站（Naturejobs）
克莱伦斯·丹诺（Clarence Darrow）
克里斯·法利（Chris Farley）

克里斯·卡坦（Chris Kattan）
克里斯·穆尼（Chris Mooney）
克里斯汀·阿曼普（Christiane Amanpour）
克里斯汀·韦格（Kristen Wiig）
克里斯托（Christo）
克里斯托弗·洛伊德（Christopher Lloyd）
克里斯托弗·沃格勒（Christopher Vogler）
客观因素（objective element）
客观主义思想流派（objective school of thought）
肯·奥莱塔（Ken Auletta）
肯·西本斯（Ken Sebens）
拉尔夫·博林博士（Dr. Ralph Bolin）
拉里·戴维（Larry David）
拉里·库班（Larry Cuban）
莱昂·帕内塔（Leon Panetta）
莱纳斯·鲍林（Linus Pauling）
兰迪·奥尔森（Randy Olson）
烂水母奖（Rotten Jellyfish Awards）
《劳拉快跑》（Run Lola Run）
劳瑞·戴维（Laurie David）
《老大哥》（Big Brother）
雷克斯·英格拉姆（Rex Ingram）
蕾妮·齐薇格（Renée Zellweger）
蕾切尔·卡森（Rachel Carson）
类型二（type two）
类型一（type one）
理查德·莱汉姆（Richard Lanham）
林恩·马古利斯（Lynn Margulis）
路易斯·布努埃尔（Luis Bunuel）
罗比·克里格（Robby Krieger）

罗伯特·麦基（Robert McKee）
罗伯托·贝尼尼（Roberto Benigni）
罗杰·鲁夫（Roger Rufe）
《罗杰与我》（Roger and Me）
罗纳德·里根（Ronald Reagan）
《洛杉矶时报》（Los Angeles Times）
《旅行》（Travels）
马尔科姆·格拉德威尔（Malcolm Gladwell）
《马赫脱口秀》（Real Time with Bill Maher）
马克·沃尔伯格（Mark Wahlberg）
马克·雪莱（Mark Shelley）
马塞尔·杜尚（Marcel Duchamp）
马莎·库利奇（Martha Coolidge）
马特·斯通（Matt Stone）
马修·查普曼（Matthew Chapman）
马修·温克勒（Matthew Winkler）
马娅·鲁道夫（Maya Rudolph）
迈尔斯－布里格斯类型指标（Myers-Briggs Type Indicator）
迈克尔·克莱顿（Michael Crichton）
迈克尔·曼博士（Dr. Michael Mann）
迈克尔·摩尔（Michael Moore）
《卖得太多，用得太少》（Oversold and Underused）
《没有人能活着出去》（No One Here Gets Out Alive）
梅斯纳技巧（Meisner technique）
《媒介与权势：谁掌管美国》（The Powers That Be）
美国步枪协会（National Rifle Association）
美国地球物理学会（American Geophysical Union）
美国国家地理学会（National Geographic Society）
美国国家科学教育中心（National Center for Science Education）
美国国家科学院（National Academy of Sciences）
美国家庭人寿保险公司广告（AFLAC ad）
《美国派》（American Pie）
美国喜剧中心频道（Comedy Centra）
美属萨摩亚群岛（American Samoa）
《魔鬼经济学》（Freakonomics）
纳奥米·奥雷斯克斯（Naomi Oreskes）
纳里尼·安巴蒂（Nalini Ambady）
纳撒尼尔（Nathaniel）
奈尔·德葛拉司·泰森（Neil deGrasse Tyson）
《南方公园》（South Park）
南极洲（Antarctica）
南加利福尼亚大学电影艺术学院（University of Southern California of Cinematic Arts）
南希·杜阿尔特（Nancy Duarte）
《难以忽视的真相》（An Inconvenient Truth）
内容（substance）
尼桑汽车广告（Nissan car commercial）
《逆转潮流：制定提高海洋公众宣传有效性的路线》（Turning the Tide: Charting a Course to Improve the Effectiveness of Public Advocacy for the Oceans）
牛顿（Newton）

《纽约客》(New Yorker)
《纽约时报》(New York Times)
诺贝尔奖(Nobel Prize)
诺姆·乔姆斯基(Noam Chomsky)
帕顿·奥斯瓦尔特(Patton Oswalt)
帕特里克·斯威兹(Patrick Swayze)
培训(training)
批判(criticism)
批判性思维(critical thinking)
皮尔斯·布鲁斯南(Pierce Brosnan)
皮尤海洋委员会(Pew Oceans Commission)
评估(evaluation)
评论(review)
《奇才先生》(Watch Mr. Wizard)
奇才先生俱乐部(Mr. Wizard Science Clubs)
《启示录四骑士》(The Four Horsemen of the Apocalypse)
潜意识诱导(subliminal seduction)
强尼·卡森(Johnny Carson)
乔恩·拉威茨(Jon Lovitz)
乔恩·斯图尔特(Jon Stewart)
《乔恩·斯图尔特每日秀》(The Daily Show with Joe Steward)
乔·罗姆(Joe Romm)
乔治·W.布什(George W. Bush)
青霉素(penicillin)
屈尊俯就(condescension)
《全球变暖的真相》(Too Hot Not to Handle)
《泉》(Fountain)
人性化(humanization of)
萨曼莎·杰克斯(Samantha Jacks)

塞德里克·亚伯勒(Cedric Yarbrough)
塞缪尔·泰勒·柯勒律治(Samuel Taylor Coleridge)
三分之一法则(one-third rule)
《三个愿望》(Three Wishes)
"杀手兰迪"("Randy, the" expression)
莎莉·菲尔德(Sally Field)
莎士比亚(Shakespeare)
《上周今夜秀》(Last Week Tonight)
《生命的形状》(The Shape of Life)
声音(voice)
《时代》(Time)
《时尚先生》(Esquire)
史蒂芬·都伯纳(Stephen Dubner)
史蒂芬·霍金(Stephen Hawking)
史蒂芬·杰·古尔德(Stephen Jay Gould)
史蒂文·米勒(Steven Miller)
《市场就是谈话：扭转传统企业思维的95个观点》(The Cluetrain Manifesto: The End of Business as Usual)
试镜季(pilot season)
《首映》(Premiere)
受众(audience)
《双螺旋》(The Double Helix)
水生实验室海底栖息地(Hydrolab Undersea Habitat)
《咝咝声：一部全球变暖的喜剧》(Sizzle: A Global Warming Comedy)
斯蒂芬·H.施奈德(Stephen H. Schneider)
斯科特·特罗(Scott Turow)
斯克里普斯海洋研究所(Scripps Institution of Oceanography)

斯坦利·米勒（Stanley Miller）
《宋飞正传》（Seinfeld）
《他们说/我说》（They Say/I Say）
泰·卡莱尔（Ty Carlisle）
《泰坦尼克号》（Titanic）
《谈论科学：科学对话的深奥艺术》（Talking Science: The Elusive Art of the Science Talk）
《探求自我的世纪》（The Century of the Self）
汤姆·赫理翰（Tom Hollihan）
汤姆·克兰西（Tom Clancy）
唐·马特拉（Don Mattera）
唐纳德·特朗普（Donald Trump）
《逃离象牙塔》（Escape from the Ivory Tower）
《逃离虚拟世界：线上乐趣如何改变现实》（Exodus the Virtual World: How Online Fun is Changing Reality）
特雷·帕克（Trey Parker）
《特立独行》（Iconoclasts）
《藤壶不会说谎》（Barnacles Tell No Lies）
替换法则（Rule of Replacing）
《天才画童》（My Kid Could Paint That）
《条纹》（Stripes）
头部（head）
《土拨鼠之日》（Groundhog Day）
《退化：为什么智能设计不是》（Devolution: Why Intelligent Design Isn't）
托马斯·爱迪生（Thomas Edison）
瓦洛丽·阿奎诺（Valorie Aquino）
《完美风暴》（The Perfect Storm）
威尔·法瑞尔（Will Ferrell）
威廉·麦金莱（William McKinley）
威廉·莫里斯经纪公司（William Morris agency）
威廉·庞德斯通（William Poundstone）
威廉·詹宁斯·布莱恩（William Jennings Bryan）
微情节（miniplot）
为科学而游行（march for science）
《为所应为》（Do the Right Thing）
《温柔的怜悯》（Tender Mercies）
《温室效应》（The Greenhouse Affect）
《文学传记》（Biographia Literaria）
《午后的迷惘》（Meshes of the Afternoon）
《物种起源》（Origin of Species）
西格蒙德·弗洛伊德（Sigmund Freud）
希拉里·克林顿（Hillary Clinton）
蜥蜴岛（Lizard Island）
现代综合论（Modern Synthesis）
《消消气》（Curb Your Enthusiasm）
小理查德·J.马歇尔（Richard J. Marshall Jr.）
《小鱼公共服务通告》（Tiny Fish Public Service Announcement）
效果（effect）
谢尔盖·爱森斯坦（Sergei Eisenstein）
心脏（heart）
新媒体（new media）
《新赛场：广告还有用吗？》（The New Pitch: Do Adds Still Work?）
《新闻周刊》（Newsweek）
《星际迷航》（Star Trek）
《星球大战》（Star Wars）
《幸存者》（Survivor）

性器官（sex organ）
叙事指数（Narrative Index）
雪莉法则（Shirley's law）
雪莉·柯申鲍姆（Sheril Kirshenbaum）
雪莉·马尔科姆博士（Dr. Shirley Malcom）
雪球效应（snowball effect）
亚历克·鲍德温（Alec Baldwin）
亚历山大·弗莱明（Alexander Fleming）
《一名种族隔离反抗者的回忆录》（Memoirs of an Apartheid Protester）
《伊甸园的飞龙》（The Dragons of Eden）
移动基线（shifting baselines）
移动基线海洋媒体项目（Shifting Baselines Ocean Media Project）
艺术（art）
忧思科学家联盟（Union of Concerned Scientists）
油管（YouTube）
娱乐时间电视网（Showtime）
《宇宙：个人之旅》（Cosmos: A Personal Voyage）
原型情节（archplot）
原则谱系（discipline spectrum）
约翰·F.克里（John F. Kerry）
约翰·奥利佛（John Oliver）
约翰·贝鲁西（John Belushi）
约翰·菲茨杰拉德·肯尼迪（John F. Kennedy）
约翰·格里森姆（John Grisham）
约翰·卡尔弗特（John Calvert）
约翰·斯坦贝克（John Steinbeck）
暂停怀疑（suspension of disbelief）

《眨眼之间》（Blink）
詹姆斯·汉森（James Hansen）
詹姆斯·罗森塔尔（James Rosenthal）
詹姆斯·卡梅隆（James Cameron）
詹姆斯·卡维尔（James Carville）
詹姆斯·沃森（James Watson）
詹妮佛·库里奇（Jennifer Coolidge）
张力或冲突（tension/conflict）
珍妮·杰克逊（Janet Jackson）
真人秀（reality show）
《真实体育》（Real Sports with Bryant Gumbel）
《真正的信徒》（The True Believer）
证实（affirmation）
政治选举（political elections）
《芝加哥》（Chicago）
直觉（intuition）
《制造共识：乔姆斯基与媒体》（Manufacturing Consent: Noam Chomsky and the Media）
制作视频（making video）
质量（quality）
智能设计（intelligent design）
重要性（significance of）
《周末夜现场》（Saturday Night Live）
《侏罗纪公园》（Jurassic Park）
主观因素（subjective elements）
《注意力经济学：信息时代的形式与本质》（The Economics of Attention: Style and Substance in the Age of Information）
《壮志凌云》（Top Gun）
《自然》（Nature）
《自然史》（Natural History）

自然资源保护委员会（Natural Resources Defense Council）

《作家之旅：源自神话的写作要义》（*The Writer's Journey: Mythic Structure for Writers*）

2008 科学辩论（Science Debate 2008）

"9·11"独立调查委员会报告（9·11 Commission report）

"ABT"叙事结构（"And，But，Therefore" narrative template）

H. 艾伦·奥尔（H.Allen Orr）

P. J. 欧鲁克（P.J. O'Rourke）